말씀을 듣다

홍성사의 오십 해는
독자와 함께 걸어온 감사의 여정이며, 출판으로 구현된 믿음의 발자취입니다.
오늘도 우리는 살아 있는 책을 만듭니다.

개역 한글 성경

말씀을 듣다

마태복음
마가복음
누가복음
요한복음

홍성사.

간행사

홍성사가 이 땅에 있어진 지 쉰 해가 되었습니다.
오래도록 품고 있던 거룩한 소명 하나가 있었습니다.
성경, 준엄하지만 친절한 하나님의 말씀을 제책하는 일입니다.
이즈음 그 소명을 받듭니다.
이재철 목사가 골방에서 비가 오나 눈이 오나 아프거나 힘겨워도
한 음절 한 음절 진정으로 읽어 녹음한 소리성경입니다.
황병준 집사가 바쁜 일상 중에서도 듣기를 방해하지 않도록
소리를 정성스럽게 다듬어 주었습니다.
골방 성전을 만들어 준 김혁 집사의 도움도 있었습니다.
최소 100여 명의 성도들이 지근거리에서 주께 하듯 전심으로
거들어 완성된 소리성경입니다.
이렇게 홍성사는 쉰 해를 맞아 19세기 말 처음 이 땅에 성경을
유포한 권서인勸書人의 심정으로 『말씀을 듣다』를 펴냅니다.

2024년 9월
홍성사 정애주

『말씀을 듣다』 활용법

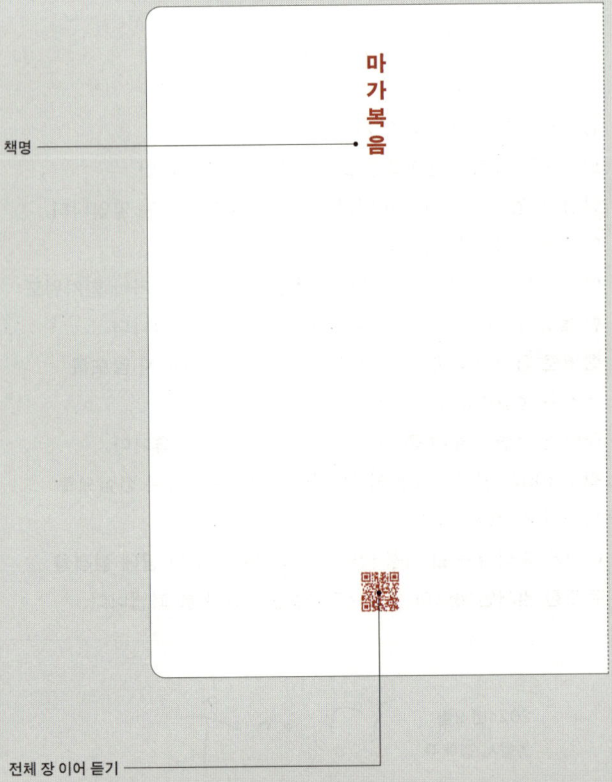

장 번호

성경 장 표시

각주 표시

「성경전서 개역한글판」(H73S)과 같은 쪽 번호

마가복음 제1장 53

세례 요한의 전파(마 3:1-12; 눅 3:1-9, 15-17; 요 1:19-23)

1 [1]하나님의 아들 예수 그리스도 복음의 시작이라 2 선지자
이사야의 글에 ㄱ보라 내가 내 사자를 네 앞에 보내노니 저
가 네 길을 예비하리라 3 ㄴ광야에 외치는 자의 소리가 있어 가로
되 너희는 주의 길을 예비하라 그의 첩경을 평탄케 하라 기록된
것과 같이 4 세례 요한이 이르러 광야에서 죄 사함을 받게 하는
회개의 세례를 전파하니 5 온 유대 지방과 예루살렘 사람이 다 나
아가 자기 죄를 자복하고 요단강에서 그에게 세례를 받더라 6 요
한은 약대털을 입고 허리에 가죽띠를 띠고 메뚜기와 석청을 먹더
라 7 그가 전파하여 가로되 나보다 능력 많으신 이가 내 뒤에 오
시나니 나는 굽혀 그의 신들메를 풀기도 감당치 못하겠노라 8 나
는 너희에게 물로 세례를 주었거니와 그는 성령으로 너희에게 세
례를 주시리라

세례를 받으시다(마 3:13-17; 눅 3:21-22)

9 •그 때에 예수께서 갈릴리 나사렛으로부터 와서 요단강
에서 요한에게 세례를 받으시고 10 곧 물에서 올라 오실쌔 하늘이
갈라짐과 성령이 비둘기 같이 자기에게 내려오심을 보시더니 11 하
늘로서 소리가 나기를 너는 내 사랑하는 아들이라 내가 너를 기뻐
하노라 하시니라

시험을 받으시다(마 4:1-11; 눅 4:1-13)

12 •성령이 곧 예수를 광야로 몰아내신지라 13 광야에서
사십 일을 계셔서 사단에게 시험을 받으시며 들짐승과 함께 계시
니 천사들이 수종들더라

1) 어떤 사본에는, 「하나님의 아들」이 없음 ㄱ. 말 3:1 ㄴ. 사 40:3

관주 표시

절 번호

각 단락의 소제목

병행구절

단락 표시

각주 및 관주 해설(난하주)
※히-히브리어, 헬-헬라어

각 장 듣기

일러두기

1. 성경 본문 및 관주

- 본서의 성경 본문과 난하주는 대한성서공회 발행 「성경전서 개역한글판」(1961년 7월 10일, 초판)을 대한성서공회의 허락을 받아 사용하였다.
- 「성경전서 개역한글판」의 번역 및 편집의 시기적 특성상 현대 맞춤법(문자 표기법, 띄어쓰기 등)과 다른 적용이 발견될 수 있다. 홍성사는 대한성서공회에서 제공받은 성경 본문을 수정 또는 가감 없이 그대로 사용하였다.

2. 편집 체제

- 성경 본문은 1단 가로쓰기로 구성하였고, 가독성을 고려한 글자 크기와 서체를 사용하였다.
- 성경 본문의 쪽 번호와 단락 구분(●)은 「성경전서 개역한글판」(H73S)과 일치시켰다.
- 성경 각 권의 속표제지와 본문 하단에 '이재철 목사의 성경 낭독' QR코드를 수록했다.

3. 출간 취지

홍성사 오십 해를 맞이하여 감사하는 마음으로 성경을 출간하게 되었다.

신약전서 차례 및 약자표

마태복음

예수의 세계(눅 3:23-38)

1 아브라함과 다윗의 자손 예수 그리스도의 세계라 2 아브
라함이 이삭을 낳고 이삭은 야곱을 낳고 야곱은 유다와 그
의 형제를 낳고 3 유다는 다말에게서 베레스와 세라를 낳고 베레
스는 헤스론을 낳고 헤스론은 람을 낳고 4 람은 아미나답을 낳고
아미나답은 나손을 낳고 나손은 살몬을 낳고 5 살몬은 라합에게
서 보아스를 낳고 보아스는 룻에게서 오벳을 낳고 오벳은 이새를
낳고 6 이새는 다윗왕을 낳으니라 • 다윗은 우리야의 아내에게서
솔로몬을 낳고 7 솔로몬은 르호보암을 낳고 르호보암은 아비야
를 낳고 아비야는 아사를 낳고 8 아사는 여호사밧을 낳고 여호사
밧은 요람을 낳고 요람은 웃시야를 낳고 9 웃시야는 요담을 낳고
요담은 아하스를 낳고 아하스는 히스기야를 낳고 10 히스기야는
므낫세를 낳고 므낫세는 아몬을 낳고 아몬은 요시야를 낳고 11 바
벨론으로 이거할 때에 요시야는 여고냐와 그의 형제를 낳으니라
12 • 바벨론으로 이거한 후에 여고냐는 스알디엘을 낳고 스알디
엘은 스룹바벨을 낳고 13 스룹바벨은 아비훗을 낳고 아비훗은 엘
리아김을 낳고 엘리아김은 아소르를 낳고 14 아소르는 사독을 낳
고 사독은 아킴을 낳고 아킴은 엘리웃을 낳고 15 엘리웃은 엘르아
살을 낳고 엘르아살은 맛단을 낳고 맛단은 야곱을 낳고 16 야곱은
마리아의 남편 요셉을 낳았으니 마리아에게서 그리스도라 칭하
는 예수가 나시니라 17 • 그런즉 모든 대 수가 아브라함부터 다윗
까지 열 네 대요 다윗부터 바벨론으로 이거할 때까지 열 네 대요
바벨론으로 이거한 후부터 그리스도까지 열 네 대러라

예수의 나심(눅 2:1-7)

18 ● 예수 그리스도의 나심은 이러하니라 그 모친 마리아
가 요셉과 정혼하고 동거하기 전에 성령으로 잉태된 것이 나타났
더니 19 그 남편 요셉은 의로운 사람이라 저를 드러내지 아니하
고 가만히 끊고자하여 20 이 일을 생각할 때에 주의 사자가 현몽
하여 가로되 다윗의 자손 요셉아 네 아내 마리아 데려오기를 무서
워 말라 저에게 잉태된 자는 성령으로 된 것이라 21 아들을 낳으
리니 이름을 예수라 하라 이는 그가 자기 백성을 저희 죄에서 구
원할 자이심이라 하니라 22 이 모든 일의 된 것은 주께서 선지자
로 하신 말씀을 이루려 하심이니 가라사대 23 ㄱ보라 처녀가 잉태
하여 아들을 낳을 것이요 그 이름은 임마누엘이라 하리라 하셨으
니 이를 번역한즉 하나님이 우리와 함께 계시다 함이라 24 요셉
이 잠을 깨어 일어나서 주의 사자의 분부대로 행하여 그 아내를
데려왔으나 25 아들을 낳기까지 동침치 아니하더니 낳으매 이름
을 예수라 하니라

동방으로부터 박사들이 경배하러 오다

2 헤롯왕 때에 예수께서 유대 베들레헴에서 나시매 동방으
로부터 [1]박사들이 예루살렘에 이르러 말하되 2 유대인의
왕으로 나신 이가 어디 계시뇨 우리가 동방에서 그의 별을 보고
그에게 경배하러 왔노라 하니 3 헤롯왕과 온 예루살렘이 듣고 소
동한지라 4 왕이 모든 대제사장과 백성의 서기관들을 모아 그리
스도가 어디서 나겠느뇨 물으니 5 가로되 유대 베들레헴이오니
이는 선지자로 이렇게 기록된바 6 ㄴ또 유대 땅 베들레헴아 너는

1) 점성자들이 ㄱ. 사 7:14 ㄴ. 미 5:2

유대 [1]고을 중에 가장 작지 아니하도다 네게서 한 다스리는 자가
나와서 내 백성 이스라엘의 목자가 되리라 하였음이니이다 7 이
에 헤롯이 가만히 박사들을 불러 별이 나타난 때를 자세히 묻고
8 베들레헴으로 보내며 이르되 가서 아기에 대하여 자세히 알아
보고 찾거든 내게 고하여 나도 가서 그에게 경배하게 하라 9 박사
들이 왕의 말을 듣고 갈새 동방에서 보던 그 별이 문득 앞서 인도
하여 가다가 아기 있는 곳 위에 머물러 섰는지라 10 저희가 별을
보고 가장 크게 기뻐하고 기뻐하더라 11 집에 들어가 아기와 그 모
친 마리아의 함께 있는 것을 보고 엎드려 아기께 경배하고 보배합
을 열어 황금과 유향과 몰약을 예물로 드리니라 12 꿈에 헤롯에게
로 돌아가지 말라 지시하심을 받아 다른 길로 고국에 돌아가니라

애굽으로 피하다

13 ● 저희가 떠난 후에 주의 사자가 요셉에게 현몽하여 가
로되 헤롯이 아기를 찾아 죽이려하니 일어나 아기와 그의 모친을
데리고 애굽으로 피하여 내가 네게 이르기까지 거기 있으라 하시
니 14 요셉이 일어나서 밤에 아기와 그의 모친을 데리고 애굽으로
떠나가 15 헤롯이 죽기까지 거기 있었으니 이는 주께서 선지자로
말씀하신바 [ㄱ]애굽에서 내 아들을 불렀다 함을 이루려 하심이니
라 16 이에 헤롯이 박사들에게 속은 줄을 알고 심히 노하여 사람
을 보내어 베들레헴과 그 모든 지경 안에 있는 사내 아이를 박사
들에게 자세히 알아본 그 때를 표준하여 두 살부터 그 아래로 다
죽이니 17 이에 선지자 예레미야로 말씀하신바 18 [ㄴ]라마에서 슬
피하며 크게 통곡하는 소리가 들리니 라헬이 그 자식을 위하여 애

1) 헬, 두령 중에 ㄱ. 호 11:1 ㄴ. 렘 31:15

곡하는 것이라 그가 자식이 없으므로 위로 받기를 거절하였도다
함이 이루어졌느니라

애굽에서 돌아오다

19 ● 헤롯이 죽은 후에 주의 사자가 애굽에서 요셉에게 현
몽하여 가로되 20 일어나 아기와 그 모친을 데리고 이스라엘 땅
으로 가라 아기의 목숨을 찾던 자들이 죽었느니라 하시니 21 요셉
이 일어나 아기와 그 모친을 데리고 이스라엘 땅으로 들어오니라
22 그러나 아켈라오가 그 부친 헤롯을 이어 유대의 임금 됨을 듣
고 거기로 가기를 무서워하더니 꿈에 지시하심을 받아 갈릴리 지
방으로 떠나가 23 나사렛이란 동네에 와서 사니 이는 선지자로 하
신 말씀에 [ㄱ]나사렛 사람이라 칭하리라 하심을 이루려 함이러라

세례 요한의 전파(막 1:1-8; 눅 3:1-18; 요 1:19-28)

3 그 때에 세례 요한이 이르러 유대 광야에서 전파하여 가로
되 2 회개하라 천국이 가까왔느니라 하였으니 3 저는 선
지자 이사야로 말씀하신 자라 일렀으되 [ㄴ]광야에 외치는 자의 소
리가 있어 가로되 너희는 주의 길을 예비하라 그의 첩경을 평탄
케 하라 하였느니라 4 이 요한은 약대 털옷을 입고 허리에 가죽띠
를 띠고 음식은 메뚜기와 석청이었더라 5 이때에 예루살렘과 온
유대와 요단강 사방에서 다 그에게 나아와 6 자기들의 죄를 자복
하고 요단강에서 그에게 세례를 받더니 7 요한이 많은 바리새인
과 사두개인이 세례 베푸는데 오는 것을 보고 이르되 독사의 자식
들아 누가 너희를 가르쳐 임박한 진노를 피하라 하더냐 8 그러므
로 회개에 합당한 열매를 맺고 9 속으로 아브라함이 우리 조상이

ㄱ. 사 11:1　ㄴ. 사 40:3

라고 생각지 말라 내가 너희에게 이르노니 하나님이 능히 이 돌들
로도 아브라함의 자손이 되게 하시리라 10 이미 도끼가 나무 뿌리
에 놓였으니 좋은 열매 맺지 아니하는 나무마다 찍어 불에 던지우
리라 11 나는 너희로 회개케 하기 위하여 물로 세례를 주거니와 내
뒤에 오시는 이는 나보다 능력이 많으시니 나는 그의 신을 들기도
감당치 못하겠노라 그는 성령과 불로 너희에게 세례를 주실 것이
요 12 손에 키를 들고 자기의 타작 마당을 정하게 하사 알곡은 모
아 곡간에 들이고 쭉정이는 꺼지지 않는 불에 태우시리라

세례를 받으시다(막 1:9-11; 눅 3:21-22)

13 ● 이 때에 예수께서 갈릴리로서 요단강에 이르러 요한에
게 세례를 받으려 하신대 14 요한이 말려 가로되 내가 당신에게 세
례를 받아야 할 터인데 당신이 내게로 오시나이까 15 예수께서 대
답하여 가라사대 이제 허락하라 우리가 이와 같이 하여 모든 의를
이루는 것이 합당하니라 하신대 이에 요한이 허락하는지라 16 예
수께서 세례를 받으시고 곧 물에서 올라 오실쌔 하늘이 [1)]열리고
하나님의 성령이 비둘기 같이 내려 자기 위에 임하심을 보시더니
17 하늘로서 소리가 있어 말씀하시되 이는 내 사랑하는 아들이요
내 기뻐하는 자라 하시니라

시험을 받으시다(막 1:12-13; 눅 4:1-13)

4 그 때에 예수께서 성령에게 이끌리어 마귀에게 시험을 받
으러 광야로 가사 2 사십 일을 밤낮으로 금식하신 후에 주
리신지라 3 시험하는 자가 예수께 나아와서 가로되 네가 만일 하
나님의 아들이어든 명하여 이 돌들이 떡덩이가 되게 하라 4 예수

1) 어떤 사본에, 자기에게 열리고

께서 대답하여 가라사대 기록되었으되 ㄱ사람이 떡으로만 살것이
아니요 하나님의 입으로 나오는 모든 말씀으로 살 것이라 하였느
니라 하시니 5 이에 마귀가 예수를 거룩한 성으로 데려다가 성전
꼭대기에 세우고 6 가로되 네가 만일 하나님의 아들이어든 뛰어
내리라 기록하였으되 ㄴ저가 너를 위하여 그 사자들을 명하시리
니 저희가 손으로 너를 받들어 발이 돌에 부딪히지 않게 하리로다
하였느니라 7 예수께서 이르시되 또 기록되었으되 ㄷ주 너의 하나
님을 시험치 말라 하였느니라 하신대 8 마귀가 또 그를 데리고 지
극히 높은 산으로 가서 천하 만국과 그 영광을 보여 9 가로되 만일
내게 엎드려 경배하면 이 모든 것을 네게 주리라 10 이에 예수께
서 말씀하시되 사단아 물러가라 기록되었으되 ㄹ주 너의 하나님
께 경배하고 다만 그를 섬기라 하였느니라 11 이에 마귀는 예수를
떠나고 천사들이 나아와서 수종드니라

갈릴리에서 전파하시다(막 1:14-15; 눅 4:14-15)

12 ●예수께서 요한의 잡힘을 들으시고 갈릴리로 물러 가
셨다가 13 나사렛을 떠나 스불론과 납달리 지경 해변에 있는 가버
나움에 가서 사시니 14 이는 선지자 이사야로 하신 말씀을 이루려
하심이라 일렀으되 15 ㅁ스불론 땅과 납달리 땅과 요단강 저편 해
변 길과 이방의 갈릴리여 16 흑암에 앉은 백성이 큰 빛을 보았고
사망의 땅과 그늘에 앉은 자들에게 빛이 비취었도다 하였느니라
17 ●이때부터 예수께서 비로소 전파하여 가라사대 회개하라 천
국이 가까왔느니라 하시더라

어부들을 제자로 부르시다(막 1:16-20; 눅 5:1-11)

ㄱ. 신 8:3 ㄴ. 시 91:11, 12 ㄷ. 신 6:16 ㄹ. 신 6:13 ㅁ. 사 9:1, 2

18 ●갈릴리 해변에 다니시다가 두 형제 곧 베드로라 하는
시몬과 그 형제 안드레가 바다에 그물 던지는 것을 보시니 저희는
어부라 19 말씀하시되 나를 따라 오너라 내가 너희로 사람을 낚는
어부가 되게 하리라 하시니 20 저희가 곧 그물을 버려 두고 예수
를 좇으니라 21 거기서 더 가시다가 다른 두 형제 곧 세베대의 아
들 야고보와 그 형제 요한이 그 부친 세베대와 한가지로 배에서
그물 깁는 것을 보시고 부르시니 22 저희가 곧 배와 부친을 버려
두고 예수를 좇으니라

무리에게 복음을 전파하시다(눅 6:17-19)

23 ●예수께서 온 갈릴리에 두루 다니사 저희 회당에서 가
르치시며 [1)]천국 복음을 전파하시며 백성 중에 모든 병과 모든 약
한 것을 고치시니 24 그의 소문이 온 수리아에 퍼진지라 사람들
이 모든 앓는 자 곧 각색 병과 고통에 걸린 자, 귀신 들린 자, 간질
하는 자, 중풍병자들을 데려오니 저희를 고치시더라 25 갈릴리와
데가볼리와 예루살렘과 유대와 요단강 건너편에서 허다한 무리
가 좇으니라

복이 있는 사람(눅 6:20-23)

5 예수께서 무리를 보시고 산에 올라가 앉으시니 제자들이
나아온지라 2 입을 열어 가르쳐 가라사대 3 심령이 가난
한 자는 복이 있나니 천국이 저희 것임이요 4 애통하는 자는 복이
있나니 저희가 위로를 받을 것임이요 5 온유한 자는 복이 있나니
저희가 땅을 기업으로 받을 것임이요 6 의에 주리고 목마른 자는
복이 있나니 저희가 배부를 것임이요 7 긍휼히 여기는 자는 복이

1) 헬, 그 나라의 복음을

있나니 저희가 긍휼히 여김을 받을 것임이요 8 마음이 청결한 자
는 복이 있나니 저희가 하나님을 볼 것임이요 9 화평케 하는 자는
복이 있나니 저희가 하나님의 아들이라 일컬음을 받을 것임이요
10 의를 위하여 핍박을 받은 자는 복이 있나니 천국이 저희 것임이
라 11 나를 인하여 너희를 욕하고 핍박하고 거짓으로 너희를 거스
려 모든 악한 말을 할 때에는 너희에게 복이 있나니 12 기뻐하고
즐거워하라 하늘에서 너희의 상이 큼이라 너희 전에 있던 선지자
들을 이같이 핍박하였느니라

소금과 빛(막 9:50; 눅 14:34-35)

13 • 너희는 세상의 소금이니 소금이 만일 그 맛을 잃으면
무엇으로 짜게 하리요 후에는 아무 쓸데 없어 다만 밖에 버리워
사람에게 밟힐 뿐이니라 14 너희는 세상의 빛이라 산위에 있는 동
네가 숨기우지 못할 것이요 15 사람이 등불을 켜서 말 아래 두지
아니하고 등경 위에 두나니 이러므로 집안 모든 사람에게 비취느
니라 16 이같이 너희 빛을 사람 앞에 비취게 하여 저희로 너희 착
한 행실을 보고 하늘에 계신 너희 아버지께 영광을 돌리게 하라

예수와 율법

17 • 내가 율법이나 선지자나 폐하러 온 줄로 생각지 말라
폐하러 온 것이 아니요 완전케 하려 함이로라 18 진실로 너희에게
이르노니 천지가 없어지기 전에는 율법의 일점 일획이라도 반드
시 없어지지 아니하고 다 이루리라 19 그러므로 누구든지 이 계명
중에 지극히 작은 것 하나라도 버리고 또 그같이 사람을 가르치는
자는 천국에서 지극히 작다 일컬음을 받을 것이요 누구든지 이를

행하며 가르치는 자는 천국에서 크다 일컬음을 받으리라 20 내가
너희에게 이르노니 너희 의가 서기관과 바리새인보다 더 낫지 못
하면 결단코 천국에 들어가지 못하리라

노하지 말라

21 ● ㄱ옛 사람에게 말한바 살인치 말라 누구든지 살인하면
심판을 받게 되리라 하였다는 것을 너희가 들었으나 22 나는 너
희에게 이르노니 형제에게 노하는 자마다 심판을 받게 되고 형제
를 대하여 [1]라가라 하는 자는 공회에 잡히게 되고 미련한 놈이라
하는 자는 지옥 불에 들어가게 되리라 23 그러므로 예물을 제단에
드리다가 거기서 네 형제에게 원망 들을만한 일이 있는줄 생각나
거든 24 예물을 제단 앞에 두고 먼저 가서 형제와 화목하고 그 후
에 와서 예물을 드리라 25 너를 송사하는 자와 함께 길에 있을 때
에 급히 사화하라 그 송사하는 자가 너를 재판관에게 내어주고 재
판관이 관예에게 내어주어 옥에 가둘까 염려하라 26 진실로 네게
이르노니 네가 호리라도 남김이 없이 다 갚기 전에는 결단코 거기
서 나오지 못하리라

간음하지 말라(마 19:9; 막 10:11-12; 눅 16:18)

27 ● ㄴ또 간음치 말라 하였다는 것을 너희가 들었으나 28 나
는 너희에게 이르노니 여자를 보고 음욕을 품는 자마다 마음에 이
미 간음하였느니라 29 만일 네 오른눈이 너로 실족케 하거든 빼
어 내버리라 네 백체 중 하나가 없어지고 온 몸이 지옥에 던지우
지 않는 것이 유익하며 30 또한 만일 네 오른손이 너로 실족케 하
거든 찍어 내버리라 네 백체 중 하나가 없어지고 온 몸이 지옥에

1) 라가는 히브리인의 욕설　ㄱ. 출 20:13, 신 5:17　ㄴ. 출 20:14, 신 5:18

던지우지 않는 것이 유익하니라 31 또 일렀으되 [ㄱ]누구든지 아내
를 버리거든 이혼 증서를 줄것이라 하였으나 32 나는 너희에게 이
르노니 누구든지 음행한 연고 없이 아내를 버리면 이는 저로 간
음하게 함이요 또 누구든지 버린 여자에게 장가드는 자도 간음함
이니라

맹세하지 말라

33 ● [ㄴ]또 옛 사람에게 말한바 헛 맹세를 하지 말고 네 맹세
한 것을 주께 지키라 하였다는 것을 너희가 들었으나 34 나는 너
희에게 이르노니 도무지 맹세하지 말찌니 하늘로도 말라 이는 하
나님의 보좌임이요 35 땅으로도 말라 이는 하나님의 발등상임이
요 예루살렘으로도 말라 이는 큰 임금의 성임이요 36 네 머리로
도 말라 이는 네가 한 터럭도 희고 검게 할 수 없음이라 37 오직 너
희 말은 옳다 옳다, 아니라 아니라 하라 이에서 지나는 것은 [1]악으
로 좇아 나느니라

보복하지 말라(눅 6:29-30)

38 ● [ㄷ]또 눈은 눈으로, 이는 이로 갚으라 하였다는 것을 너
희가 들었으나 39 나는 너희에게 이르노니 [2]악한 자를 대적지 말
라 누구든지 네 오른편 뺨을 치거든 왼편도 돌려 대며 40 또 너를
송사하여 속옷을 가지고자 하는 자에게 겉옷까지도 가지게 하며
41 또 누구든지 너로 억지로 오리를 가게 하거든 그 사람과 십리
를 동행하고 42 네게 구하는 자에게 주며 네게 꾸고자 하는 자에
게 거절하지 말라

원수를 사랑하라(눅 6:27-28, 32-36)

1) 혹 악한 자로 2) 혹 악을 ㄱ. 신 24:1, 3 ㄴ. 레 19:12, 민 30:2, 신 23:21
ㄷ. 출 21:24, 레 24:20, 신 19:21

43 • ㄱ또 네 이웃을 사랑하고 네 원수를 미워하라 하였다
는 것을 너희가 들었으나 44 나는 너희에게 이르노니 너희 원수를
사랑하며 너희를 핍박하는 자를 위하여 기도하라 45 이같이 한즉
하늘에 계신 너희 아버지의 아들이 되리니 이는 하나님이 그 해를
악인과 선인에게 비취게 하시며 비를 의로운 자와 불의한 자에게
내리우심이니라 46 너희가 너희를 사랑하는 자를 사랑하면 무슨
상이 있으리요 세리도 이같이 아니하느냐 47 또 너희가 너희 형제
에게만 문안하면 남보다 더 하는 것이 무엇이냐 이방인들도 이같
이 아니하느냐 48 그러므로 하늘에 계신 너희 아버지의 온전하심
과 같이 너희도 온전하라

올바른 구제

6 사람에게 보이려고 그들 앞에서 너희 의를 행치 않도록 주
의하라 그렇지 아니하면 하늘에 계신 너희 아버지께 상을
얻지 못하느니라 2 • 그러므로 구제할 때에 외식하는 자가 사람
에게 영광을 얻으려고 회당과 거리에서 하는 것 같이 너희 앞에
나팔을 불지 말라 진실로 너희에게 이르노니 저희는 자기 상을 이
미 받았느니라 3 너는 구제할 때에 오른손의 하는 것을 왼손이 모
르게 하여 4 네 구제함이 은밀하게 하라 은밀한 중에 보시는 너의
아버지가 갚으시리라

기도를 가르치시다(눅 11:2-4)

5 • 또 너희가 기도할 때에 외식하는 자와 같이 되지 말라
저희는 사람에게 보이려고 회당과 큰 거리 어귀에 서서 기도하기
를 좋아하느니라 내가 진실로 너희에게 이르노니 저희는 자기 상

ㄱ. 레 19:18

을 이미 받았느니라 6 너는 기도할 때에 네 골방에 들어가 문을
닫고 은밀한 중에 계신 네 아버지께 기도하라 은밀한 중에 보시
는 네 아버지께서 갚으시리라 7 또 기도할 때에 이방인과 같이 중
언부언하지 말라 저희는 말을 많이 하여야 들으실줄 생각하느니
라 8 그러므로 저희를 본받지 말라 구하기 전에 너희에게 있어야
할 것을 하나님 너희 아버지께서 아시느니라 9 그러므로 너희는
이렇게 기도하라 하늘에 계신 우리 아버지여 이름이 거룩히 여김
을 받으시오며 10 나라이 임하옵시며 뜻이 하늘에서 이룬 것 같
이 땅에서도 이루어지이다 11 오늘날 우리에게 [1)]일용할 양식을 주
옵시고 12 우리가 우리에게 [2)]죄 지은 자를 사하여 준것 같이 우리
죄를 사하여 주옵시고 13 우리를 시험에 들게 하지 마옵시고 다만
[3)]악에서 구하옵소서 [4)](나라와 권세와 영광이 아버지께 영원히
있사옵나이다 아멘) 14 너희가 사람의 과실을 용서하면 너희 천
부께서도 너희 과실을 용서하시려니와 15 너희가 사람의 과실을
용서하지 아니하면 너희 아버지께서도 너희 과실을 용서하지 아
니하시리라

올바른 금식

16 • 금식할 때에 너희는 외식하는 자들과 같이 슬픈 기색
을 내지 말라 저희는 금식하는 것을 사람에게 보이려고 얼굴을 흉
하게 하느니라 내가 진실로 너희에게 이르노니 저희는 자기 상을
이미 받았느니라 17 너는 금식할 때에 머리에 기름을 바르고 얼굴
을 씻으라 18 이는 금식하는 자로 사람에게 보이지 않고 오직 은
밀한 중에 계신 네 아버지께 보이게 하려 함이라 은밀한 중에 보

1) 혹 내일 양식을 2) 헬, 빚진 자를 탕감하여 준 것 같이 우리의 빚도 탕감하여 주옵시고
3) 혹 악한 자에게서 4) 고대 사본에, 이 괄호 내 구절이 없음

시는 네 아버지께서 갚으시리라

보물을 하늘에 쌓아 두라(눅 11:34-36; 12:22-34; 16:13)

19 ● 너희를 위하여 보물을 땅에 쌓아 두지 말라 거기는 좀
과 동록이 해하며 도적이 구멍을 뚫고 도적질하느니라 20 오직 너
희를 위하여 보물을 하늘에 쌓아 두라 거기는 좀이나 동록이 해
하지 못하며 도적이 구멍을 뚫지도 못하고 도적질도 못하느니라
21 네 보물 있는 그 곳에는 네 마음도 있느니라 22 눈은 몸의 등불
이니 그러므로 네 눈이 [1]성하면 온 몸이 밝을 것이요 23 눈이 나
쁘면 온 몸이 어두울 것이니 그러므로 네게 있는 빛이 어두우면
그 어두움이 얼마나 하겠느뇨 24 한 사람이 두 주인을 섬기지 못
할 것이니 혹 이를 미워하며 저를 사랑하거나 혹 이를 중히 여기
며 저를 경히 여김이라 너희가 하나님과 재물을 겸하여 섬기지 못
하느니라 25 그러므로 내가 너희에게 이르노니 목숨을 위하여 무
엇을 먹을까 무엇을 마실까 몸을 위하여 무엇을 입을까 염려하지
말라 목숨이 음식보다 중하지 아니하며 몸이 의복보다 중하지 아
니하냐 26 공중의 새를 보라 심지도 않고 거두지도 않고 창고에
모아 들이지도 아니하되 너희 천부께서 기르시나니 너희는 이것
들보다 귀하지 아니하냐 27 너희 중에 누가 염려함으로 그 [2]키를
한 자나 더할 수 있느냐 28 또 너희가 어찌 의복을 위하여 염려하
느냐 들의 백합화가 어떻게 자라는가 생각하여 보라 수고도 아니
하고 길쌈도 아니하느니라 29 그러나 내가 너희에게 말하노니 솔
로몬의 모든 영광으로도 입은 것이 이 꽃 하나만 같지 못하였느니
라 30 오늘 있다가 내일 아궁이에 던지우는 들풀도 하나님이 이렇

1) 헬, 순전하면 2) 혹 목숨을

게 입히시거든 하물며 너희일까보냐 믿음이 적은 자들아 31 그러
므로 염려하여 이르기를 무엇을 먹을까 무엇을 마실까 무엇을 입
을까 하지 말라 32 이는 다 이방인들이 구하는 것이라 너희 천부
께서 이 모든 것이 너희에게 있어야 할 줄을 아시느니라 33 너희
는 먼저 그의 나라와 그의 의를 구하라 그리하면 이 모든 것을 너
희에게 더하시리라 34 그러므로 내일 일을 위하여 염려하지 말라
내일 일은 내일 염려할 것이요 한 날 괴로움은 그 날에 족하니라

비판하지 말라(눅 6:37-38, 41-42)

7 비판을 받지 아니하려거든 비판하지 말라 2 너희의 비판
하는 그 비판으로 너희가 비판을 받을 것이요 너희의 헤아
리는 그 헤아림으로 너희가 헤아림을 받을 것이니라 3 어찌하여
형제의 눈속에 있는 티는 보고 네 눈속에 있는 들보는 깨닫지 못
하느냐 4 보라 네 눈속에 들보가 있는데 어찌하여 형제에게 말하
기를 나로 네 눈속에 있는 티를 빼게 하라 하겠느냐 5 외식하는 자
여 먼저 네 눈속에서 들보를 빼어라 그 후에야 밝히 보고 형제의
눈속에서 티를 빼리라 6 • 거룩한 것을 개에게 주지 말며 너희 진
주를 돼지 앞에 던지지 말라 저희가 그것을 발로 밟고 돌이켜 너
희를 찢어 상할까 염려하라

구하라, 찾으라, 문을 두드리라(눅 11:9-13)

7 • 구하라 그러면 너희에게 주실 것이요 찾으라 그러면 찾
을 것이요 문을 두드리라 그러면 너희에게 열릴 것이니 8 구하는
이마다 얻을 것이요 찾는 이가 찾을 것이요 두드리는 이에게 열
릴 것이니라 9 너희 중에 누가 아들이 떡을 달라 하면 돌을 주며

10 생선을 달라 하면 뱀을 줄 사람이 있겠느냐 11 너희가 악한 자라
도 좋은 것으로 자식에게 줄줄 알거든 하물며 하늘에 계신 너희
아버지께서 구하는 자에게 좋은 것으로 주시지 않겠느냐 12 그러
므로 무엇이든지 남에게 대접을 받고자 하는대로 너희도 남을 대
접하라 이것이 율법이요 선지자니라

좁은 문(눅 13:24)

13 • 좁은 문으로 들어가라 멸망으로 인도하는 문은 크고
그 길이 넓어 그리로 들어가는 자가 많고 14 생명으로 인도하는
문은 좁고 길이 협착하여 찾는 이가 적음이니라

열매로 그 나무를 안다(눅 6:43-44, 47-49; 13:25-27)

15 • 거짓 선지자들을 삼가라 양의 옷을 입고 너희에게 나
아오나 속에는 노략질하는 이리라 16 그의 열매로 그들을 알찌니
가시나무에서 포도를, 또는 엉겅퀴에서 무화과를 따겠느냐 17 이
와 같이 좋은 나무마다 아름다운 열매를 맺고 못된 나무가 나쁜
열매를 맺나니 18 좋은 나무가 나쁜 열매를 맺을 수 없고 못된 나
무가 아름다운 열매를 맺을 수 없느니라 19 아름다운 열매를 맺
지 아니하는 나무마다 찍혀 불에 던지우느니라 20 이러므로 그의
열매로 그들을 알리라 21 나더러 주여 주여 하는 자마다 천국에
다 들어갈 것이 아니요 다만 하늘에 계신 내 아버지의 뜻대로 행
하는 자라야 들어가리라 22 그 날에 많은 사람이 나더러 이르되
주여 주여 우리가 주의 이름으로 선지자 노릇하며 주의 이름으로
귀신을 쫓아 내며 주의 이름으로 많은 권능을 행치 아니하였나이
까 하리니 23 그때에 내가 저희에게 밝히 말하되 내가 너희를 도

무지 알지 못하니 불법을 행하는 자들아 내게서 떠나가라 하리라
24 그러므로 누구든지 나의 이 말을 듣고 행하는 자는 그 집을 반
석 위에 지은 지혜로운 사람 같으리니 25 비가 내리고 창수가 나
고 바람이 불어 그 집에 부딪히되 무너지지 아니하나니 이는 주초
를 반석 위에 놓은 연고요 26 나의 이 말을 듣고 행치 아니하는 자
는 그 집을 모래 위에 지은 어리석은 사람 같으리니 27 비가 내리
고 창수가 나고 바람이 불어 그 집에 부딪히매 무너져 그 무너짐
이 심하니라

무리들이 가르치심에 놀라다

28 • 예수께서 이 말씀을 마치시매 무리들이 그 가르치심
에 놀래니 29 이는 그 가르치시는 것이 권세 있는 자와 같고 저희
서기관들과 같지 아니함일러라

나병환자를 깨끗하게 하시다(막 1:40-45; 눅 5:12-16)

8 예수께서 산에서 내려 오시니 허다한 무리가 좇으니라 2 한
문둥병자가 나아와 절하고 가로되 주여 원하시면 저를 깨
끗케 하실 수 있나이다 하거늘 3 예수께서 손을 내밀어 저에게 대
시며 가라사대 내가 원하노니 깨끗함을 받으라 하신대 즉시 그의
문둥병이 깨끗하여진지라 4 예수께서 이르시되 삼가 아무에게도
이르지 말고 다만 가서 ㄱ제사장에게 네 몸을 보이고 모세의 명한
예물을 드려 저희에게 증거하라 하시니라

백부장의 하인을 고치시다(눅 7:1-10; 요 4:43-54)

5 • 예수께서 가버나움에 들어가시니 한 백부장이 나아와
간구하여 6 가로되 주여 내 하인이 중풍병으로 집에 누워 몹시 괴

ㄱ. 레 14:2 이하

로와하나이다 7 가라사대 내가 가서 고쳐 주리라 8 백부장이 대
답하여 가로되 주여 내 집에 들어오심을 나는 감당치 못하겠사
오니 다만 말씀으로만 하옵소서 그러면 내 하인이 낫겠삽나이다
9 나도 남의 수하에 있는 사람이요 내 아래도 군사가 있으니 이더
러 가라 하면 가고 저더러 오라 하면 오고 내 종더러 이것을 하라
하면 하나이다 10 예수께서 들으시고 기이히 여겨 좇는 자들에
게 이르시되 내가 진실로 너희에게 이르노니 [1]이스라엘 중 아무
에게서도 이만한 믿음을 만나보지 못하였노라 11 또 너희에게 이
르노니 동서로부터 많은 사람이 이르러 아브라함과 이삭과 야곱
과 함께 천국에 [2]앉으려니와 12 나라의 본 자손들은 바깥 어두운
데 쫓겨나 거기서 울며 이를 갊이 있으리라 13 예수께서 백부장
에게 이르시되 가라 네 믿은대로 될찌어다 하시니 그 시로 하인
이 나으니라

많은 사람을 고치시다(막 1:29-34; 눅 4:38-41)

14 ● 예수께서 베드로의 집에 들어가사 그의 장모가 열병
으로 앓아 누운 것을 보시고 15 그의 손을 만지시니 열병이 떠나
가고 여인이 일어나서 예수께 수종들더라 16 저물매 사람들이 귀
신 들린 자를 많이 데리고 예수께 오거늘 예수께서 말씀으로 귀신
들을 쫓아 내시고 병든 자를 다 고치시니 17 이는 선지자 이사야로
하신 말씀에 [ㄱ]우리 연약한 것을 친히 담당하시고 병을 짊어지셨
도다 함을 이루려 하심이더라

예수를 좇으려면(눅 9:57-62)

18 ● 예수께서 무리가 자기를 에워쌈을 보시고 저 편으로

1) 어떤 사본에, 이스라엘 중에서라도 2) 헬, 기대어 누우려니와(유대인의 음식 먹을
때에 가지는 자세) ㄱ. 사 53:4

건너가기를 명하시니라 19 한 서기관이 나아와 예수께 말씀하되
선생님이여 어디로 가시든지 저는 좇으리이다 20 예수께서 이르
시되 여우도 굴이 있고 공중의 새도 거처가 있으되 오직 인자는
머리 둘 곳이 없다 하시더라 21 제자 중에 또 하나가 가로되 주여
나로 먼저 가서 내 부친을 장사하게 허락하옵소서 22 예수께서 가
라사대 죽은 자들로 저희 죽은 자를 장사하게 하고 너는 나를 좇
으라 하시니라

바람과 바다를 잔잔하게 하시다(막 4:35-41; 눅 8:22-25)

23 ● 배에 오르시매 제자들이 좇았더니 24 바다에 큰 놀이
일어나 물결이 배에 덮이게 되었으되 예수는 주무시는지라 25 그
제자들이 나아와 깨우며 가로되 주여 구원하소서 우리가 죽겠나
이다 26 예수께서 이르시되 어찌하여 무서워하느냐 믿음이 적은
자들아 하시고 곧 일어나사 바람과 바다를 꾸짖으신대 아주 잔잔
하게 되거늘 27 그 사람들이 기이히 여겨 가로되 이 어떠한 사람
이기에 바람과 바다도 순종하는고 하더라

귀신 들린 두 사람을 고치시다(막 5:1-20; 눅 8:26-39)

28 ● 또 예수께서 건너편 가다라 지방에 가시매 귀신 들린
자 둘이 무덤 사이에서 나와 예수를 만나니 저희는 심히 사나와
아무도 그 길로 지나갈 수 없을만하더라 29 이에 저희가 소리질러
가로되 하나님의 아들이여 우리와 당신과 무슨 상관이 있나이까
때가 이르기 전에 우리를 괴롭게 하려고 여기 오셨나이까 하더니
30 마침 멀리서 많은 돼지 떼가 먹고 있는지라 31 귀신들이 예수께
간구하여 가로되 만일 우리를 쫓아 내실찐대 돼지떼에 들여 보내

소서 한대 32 저희더러 가라 하시니 귀신들이 나와서 돼지에게로
들어가는지라 온 떼가 비탈로 내리달아 바다에 들어가서 물에서
몰사하거늘 33 치던 자들이 달아나 시내에 들어가 이 모든 일과
귀신들린 자의 일을 고하니 34 온 시내가 예수를 만나려고 나가서
보고 그 지방에서 떠나시기를 간구하더라

중풍병자를 고치시다(막 2:1-12; 눅 5:17-26)

9 예수께서 배에 오르사 건너가 본 동네에 이르시니 2 침상
에 누운 중풍병자를 사람들이 데리고 오거늘 예수께서 저
희의 믿음을 보시고 중풍병자에게 이르시되 소자야 안심하라 네
죄 사함을 받았느니라 3 어떤 서기관들이 속으로 이르되 이 사람
이 참람하도다 4 예수께서 그 생각을 아시고 가라사대 너희가 어
찌하여 마음에 악한 생각을 하느냐 5 네 죄 사함을 받았느니라 하
는 말과 일어나 걸어가라 하는 말이 어느 것이 쉽겠느냐 6 그러나
인자가 세상에서 죄를 사하는 권세가 있는 줄을 너희로 알게 하
려 하노라 하시고 중풍병자에게 말씀하시되 일어나 네 침상을 가
지고 집으로 가라 하시니 7 그가 일어나 집으로 돌아가거늘 8 무
리가 보고 두려워하며 이런 권세를 사람에게 주신 하나님께 영광
을 돌리니라

마태를 부르시다(막 2:13-17; 눅 5:27-32)

9 ● 예수께서 거기서 떠나 지나가시다가 마태라 하는 사람
이 세관에 앉은 것을 보시고 이르시되 나를 좇으라 하시니 일어나
좇으니라 10 예수께서 마태의 집에서 [1]앉아 음식을 잡수실 때에
많은 세리와 죄인들이 와서 예수와 그 제자들과 함께 [1]앉았더니

1) 8:11 난하주를 보라

11 바리새인들이 보고 그 제자들에게 이르되 어찌하여 너희 선생
은 세리와 죄인들과 함께 잡수시느냐 12 예수께서 들으시고 이르
시되 건강한 자에게는 의원이 쓸데 없고 병든 자에게라야 쓸데 있
느니라 13 너희는 가서 ㄱ내가 긍휼을 원하고 제사를 원치 아니하
노라 하신 뜻이 무엇인지 배우라 내가 의인을 부르러 온 것이 아
니요 죄인을 부르러 왔노라 하시니라

금식 논쟁(막 2:18-22; 눅 5:33-39)

14 •그 때에 요한의 제자들이 예수께 나아와 가로되 우리
와 바리새인들은 금식하는데 어찌하여 당신의 제자들은 금식하
지 아니하나이까 15 예수께서 저희에게 이르시되 혼인집 손님들
이 신랑과 함께 있을 동안에 슬퍼할 수 있느뇨 그러나 신랑을 빼
앗길 날이 이르리니 그 때에는 금식할 것이니라 16 생베 조각을
낡은 옷에 붙이는 자가 없나니 이는 기운 것이 그 옷을 당기어 해
어짐이 더하게 됨이요 17 새 포도주를 낡은 가죽 부대에 넣지 아
니하나니 그렇게 하면 부대가 터져 포도주도 쏟아지고 부대도 버
리게 됨이라 새 포도주는 새 부대에 넣어야 둘이 다 보전되느니라

한 직원의 딸과 예수의 옷을 만진 여자(막 5:21-43; 눅 8:40-56)

18 •예수께서 이 말씀을 하실 때에 한 직원이 와서 절하고
가로되 내 딸이 방장 죽었사오나 오셔서 그 몸에 손을 얹으소서
그러면 살겠나이다 하니 19 예수께서 일어나 따라 가시매 제자들
도 가더니 20 열 두 해를 혈루증으로 앓는 여자가 예수의 뒤로 와
서 그 겉옷 가를 만지니 21 이는 제 마음에 그 겉옷만 만져도 구원
을 받겠다 함이라 22 예수께서 돌이켜 그를 보시며 가라사대 딸아

ㄱ. 호 6:6

안심하라 네 믿음이 너를 구원하였다 하시니 여자가 그 시로 구원
을 받으니라 23 예수께서 그 직원의 집에 가사 피리 부는 자들과
훤화하는 무리를 보시고 24 가라사대 물러가라 이 소녀가 죽은 것
이 아니라 잔다 하시니 저들이 비웃더라 25 무리를 내어 보낸 후
에 예수께서 들어가사 소녀의 손을 잡으시매 일어나는지라 26 그
소문이 그 온 땅에 퍼지더라

두 맹인을 고치시다

27 • 예수께서 거기서 떠나 가실쌔 두 소경이 따라 오며 소
리질러 가로되 다윗의 자손이여 우리를 불쌍히 여기소서 하더니
28 예수께서 집에 들어가시매 소경들이 나아오거늘 예수께서 이
르시되 내가 능히 이 일 할 줄을 믿느냐 대답하되 주여 그러하오
이다 하니 29 이에 예수께서 저희 눈을 만지시며 가라사대 너희
믿음대로 되라 하신대 30 그 눈들이 밝아진지라 예수께서 엄히 경
계하시되 삼가 아무에게도 알게 하지 말라 하셨으나 31 저희가 나
가서 예수의 소문을 그 온 땅에 전파하니라

벙어리를 고치시다

32 • 저희가 나갈 때에 귀신 들려 벙어리 된 자를 예수께 데
려오니 33 귀신이 쫓겨나고 벙어리가 말하거늘 무리가 기이히 여
겨 가로되 이스라엘 가운데서 이런 일을 본 때가 없다 하되 34 바
리새인들은 가로되 저가 귀신의 왕을 빙자하여 귀신을 쫓아낸다
하더라

목자 없는 양

35 • 예수께서 모든 성과 촌에 두루 다니사 저희 회당에서

가르치시며 [1]천국 복음을 전파하시며 모든 병과 모든 약한 것을
고치시니라 36 무리를 보시고 민망히 여기시니 이는 저희가 목자
없는 양과 같이 고생하며 유리함이라 37 이에 제자들에게 이르시
되 추수할 것은 많되 일군은 적으니 38 그러므로 추수하는 주인에
게 청하여 추수할 일군들을 보내어 주소서 하라 하시니라

열 두 제자를 부르시다(막 3:13-19; 눅 6:12-16)

10 예수께서 그 열 두 제자를 부르사 더러운 귀신을 쫓아내며
모든 병과 모든 약한 것을 고치는 권능을 주시니라

열 두 제자의 전도(막 6:7-13; 눅 9:1-6)

2 ●열 두 사도의 이름은 이러하니 베드로라 하는 시몬을
비롯하여 그의 형제 안드레와 세베대의 아들 야고보와 그의 형제
요한, 3 빌립과 바돌로매, 도마와 세리 마태, 알패오의 아들 야고
보와 다대오, 4 가나안인 시몬과 및 가롯 유다 곧 예수를 판 자라
5 예수께서 이 열 둘을 내어보내시며 명하여 가라사대 이방인의
길로도 가지 말고 사마리아인의 고을에도 들어가지 말고 6 차라
리 이스라엘 집의 잃어버린 양에게로 가라 7 가면서 전파하여 말
하되 천국이 가까왔다 하고 8 병든 자를 고치며 죽은 자를 살리
며 문둥이를 깨끗하게 하며 귀신을 쫓아내되 너희가 거저 받았으
니 거저 주어라 9 너희 전대에 금이나 은이나 동이나 가지지 말
고 10 여행을 위하여 주머니나 두 벌 옷이나 신이나 지팡이를 가
지지 말라 이는 일군이 저 먹을것 받는 것이 마땅함이니라 11 아무
성이나 촌에 들어가든지 그 중에 합당한 자를 찾아내어 너희 떠
나기까지 거기서 머물라 12 또 그 집에 들어가면서 평안하기를 빌

1) 헬, 그 나라의 복음을

라 13 그 집이 이에 합당하면 너희 빈 평안이 거기 임할 것이요 만
일 합당치 아니하면 그 평안이 너희에게 돌아올 것이니라 14 누구
든지 너희를 영접도 아니하고 너희 말을 듣지도 아니하거든 그 집
이나 성에서 나가 너희 발의 먼지를 떨어 버리라 15 내가 진실로
너희에게 이르노니 심판날에 소돔과 고모라 땅이 그 성보다 견디
기 쉬우리라

핍박을 받을 것이다(막 13:9-13; 눅 21:12-17)

16 ● 보라 내가 너희를 보냄이 양을 이리 가운데 보냄과 같
도다 그러므로 너희는 뱀 같이 지혜롭고 비둘기 같이 순결하라
17 사람들을 삼가라 저희가 너희를 공회에 넘겨 주겠고 저희 회당
에서 채찍질 하리라 18 또 너희가 나를 인하여 총독들과 임금들
앞에 끌려 가리니 이는 저희와 이방인들에게 증거가 되게 하려 하
심이라 19 너희를 넘겨줄 때에 어떻게 또는 무엇을 말할까 염려치
말라 그 때에 무슨 말할 것을 주시리니 20 말하는 이는 너희가 아
니라 너희 속에서 말씀하시는 자 곧 너희 아버지의 성령이시니라
21 장차 형제가 형제를, 아비가 자식을 죽는데 내어주며 자식들이
부모를 대적하여 죽게 하리라 22 또 너희가 내 이름을 인하여 모
든 사람에게 미움을 받을 것이나 나중까지 견디는 자는 구원을 얻
으리라 23 이 동네에서 너희를 핍박하거든 저 동네로 피하라 내가
진실로 너희에게 이르노니 이스라엘의 모든 동네를 다 다니지 못
하여서 인자가 오리라

두려워해야 할 분을 두려워하라(눅 12:2-9)

24 ● 제자가 그 선생보다, 또는 종이 그 상전보다 높지 못

하나니 25 제자가 그 선생 같고 종이 그 상전 같으면 족하도다 집
주인을 바알세불이라 하였거든 하물며 그 집 사람들이랴 26 그런
즉 저희를 두려워하지 말라 감추인 것이 드러나지 않을 것이 없고
숨은 것이 알려지지 않을 것이 없느니라 27 내가 너희에게 어두
운데서 이르는 것을 광명한데서 말하며 너희가 귓속으로 듣는 것
을 집 위에서 전파하라 28 몸은 죽여도 영혼은 능히 죽이지 못하
는 자들을 두려워하지 말고 오직 몸과 영혼을 능히 지옥에 멸하시
는 자를 두려워하라 29 참새 두 마리가 한 [1]앗사리온에 팔리는 것
이 아니냐 그러나 너희 아버지께서 허락지 아니하시면 그 하나라
도 땅에 떨어지지 아니하리라 30 너희에게는 머리털까지 다 세신
바 되었나니 31 두려워하지 말라 너희는 많은 참새보다 귀하니라
32 누구든지 사람 앞에서 나를 시인하면 나도 하늘에 계신 내 아버
지 앞에서 저를 시인할 것이요 33 누구든지 사람 앞에서 나를 부
인하면 나도 하늘에 계신 내 아버지 앞에서 저를 부인하리라

검을 주러 왔다(눅 12:51-53; 14:26-27)

34 ● 내가 세상에 화평을 주러 온 줄로 생각지 말라 화평이
아니요 검을 [2]주러 왔노라 35 내가 온 것은 사람이 그 아비와, 딸
이 어미와, 며느리가 시어미와 불화하게 하려 함이니 36 사람의
원수가 자기 집안 식구리라 37 아비나 어미를 나보다 더 사랑하는
자는 내게 합당치 아니하고 아들이나 딸을 나보다 더 사랑하는 자
도 내게 합당치 아니하고 38 또 자기 십자가를 지고 나를 좇지 않
는 자도 내게 합당치 아니하니라 39 자기 목숨을 얻는 자는 잃을
것이요 나를 위하여 자기 목숨을 잃는 자는 얻으리라

1) 동전의 명칭 2) 헬, 던지러

상을 받을 사람(막 9:41)

40 ●너희를 영접하는 자는 나를 영접하는 것이요 나를 영
접하는 자는 나 보내신 이를 영접하는 것이니라 41 선지자의 이름
으로 선지자를 영접하는 자는 선지자의 상을 받을 것이요 의인의
이름으로 의인을 영접하는 자는 의인의 상을 받을 것이요 42 또
누구든지 제자의 이름으로 이 소자 중 하나에게 냉수 한 그릇이라
도 주는 자는 내가 진실로 너희에게 이르노니 그 사람이 결단코
상을 잃지 아니하리라 하시니라

11 예수께서 열 두 제자에게 명하시기를 마치시고 이에 저희
여러 동네에서 가르치시며 전도하시려고 거기를 떠나 가
시니라

세례 요한의 제자들에게 대답하시다(눅 7:18-35)

2 ●요한이 옥에서 그리스도의 하신 일을 듣고 제자들을
보내어 3 예수께 여짜오되 오실 그이가 당신이오니이까 우리가
다른이를 기다리오리이까 4 예수께서 대답하여 가라사대 너희가
가서 듣고 보는 것을 요한에게 고하되 5 소경이 보며 앉은뱅이가
걸으며 문둥이가 깨끗함을 받으며 귀머거리가 들으며 죽은 자가
살아나며 가난한 자에게 복음이 전파된다 하라 6 누구든지 나를
인하여 실족하지 아니하는 자는 복이 있도다 하시니라 7 저희가
떠나매 예수께서 무리에게 요한에 대하여 말씀하시되 너희가 무
엇을 보려고 광야에 나갔더냐 바람에 흔들리는 갈대냐 8 그러면
너희가 무엇을 보려고 나갔더냐 부드러운 옷 입은 사람이냐 부드
러운 옷을 입은 자들은 왕궁에 있느니라 9 그러면 너희가 어찌하

여 나갔더냐 선지자를 보려더냐 옳다 내가 너희에게 이르노니 선
지자보다도 나은 자니라 10 기록된바 ㄱ보라 내가 내 사자를 네 앞
에 보내노니 저가 네 길을 네 앞에 예비하리라 하신 것이 이 사람
에 대한 말씀이니라 11 내가 진실로 너희에게 말하노니 여자가 낳
은 자 중에 세례 요한보다 큰이가 일어남이 없도다 그러나 천국에
서는 극히 작은 자라도 저보다 크니라 12 세례 요한의 때부터 지
금까지 천국은 침노를 당하나니 침노하는 자는 빼앗느니라 13 모
든 선지자와 및 율법의 예언한 것이 요한까지니 14 만일 너희가
즐겨 받을찐대 오리라 한 엘리야가 곧 이 사람이니라 15 귀 있는
자는 들을찌어다 16 이 세대를 무엇으로 비유할꼬 비유컨대 아이
들이 장터에 앉아 제 동무를 불러 17 가로되 우리가 너희를 향하
여 피리를 불어도 너희가 춤추지 않고 우리가 애곡하여도 너희가
가슴을 치지 아니하였다 함과 같도다 18 요한이 와서 먹지도 않고
마시지도 아니하매 저희가 말하기를 귀신이 들렸다 하더니 19 인
자는 와서 먹고 마시매 말하기를 보라 먹기를 탐하고 포도주를 즐
기는 사람이요 세리와 죄인의 친구로다 하니 지혜는 그 [1]행한 일
로 인하여 옳다 함을 얻느니라

회개치 아니하는 고을에 화가 있으라(눅 10:13-15)

20 • 예수께서 권능을 가장 많이 베푸신 고을들이 회개치
아니하므로 그 때에 책망하시되 21 화가 있을찐저 고라신아 화가
있을찐저 벳새다야 너희에게서 행한 모든 권능을 두로와 시돈에
서 행하였더면 저희가 벌써 베옷을 입고 재에 앉아 회개하였으리
라 22 내가 너희에게 이르노니 심판날에 두로와 시돈이 너희보다

1) 어떤 사본에, 자녀들로　ㄱ. 말 3:1

견디기 쉬우리라 23 가버나움아 네가 하늘에까지 높아지겠느냐
음부에까지 낮아지리라 네게서 행한 모든 권능을 소돔에서 행하
였더면 그 성이 오늘날까지 있었으리라 24 내가 너희에게 이르노
니 심판 날에 소돔 땅이 너보다 견디기 쉬우리라 하시니라

내게로 오라(눅 10:21-22)

25 ●그 때에 예수께서 대답하여 가라사대 천지의 주재이
신 아버지여 이것을 지혜롭고 슬기 있는 자들에게는 숨기시고 어
린 아이들에게는 나타내심을 감사하나이다 26 옳소이다 이렇게
된 것이 아버지의 뜻이니이다 27 내 아버지께서 모든 것을 내게
주셨으니 아버지 외에는 아들을 아는 자가 없고 아들과 또 아들
의 소원대로 계시를 받는 자 외에는 아버지를 아는 자가 없느니라
28 수고하고 무거운 짐진 자들아 다 내게로 오라 내가 너희를 쉬게
하리라 29 나는 마음이 온유하고 겸손하니 나의 멍에를 메고 내게
배우라 그러면 너희 마음이 쉼을 얻으리니 30 이는 내 멍에는 쉽
고 내 짐은 가벼움이라 하시니라

안식일에 밀 이삭을 자르다(막 2:23-28; 눅 6:1-5)

12 그 때에 예수께서 안식일에 밀밭 사이로 가실새 제자들이
시장하여 이삭을 잘라 먹으니 2 바리새인들이 보고 예수
께 고하되 보시오 당신의 제자들이 안식일에 하지 못할 일을 하나
이다 3 예수께서 가라사대 [ㄱ]다윗이 자기와 그 함께한 자들이 시
장할 때에 한 일을 읽지 못하였느냐 4 그가 하나님의 전에 들어가
서 제사장 외에는 자기나 그 함께한 자들이 먹지 못하는 진설병을
먹지 아니하였느냐 5 [ㄴ]또 안식일에 제사장들이 성전 안에서 안식

ㄱ. 삼상 21:6 ㄴ. 민 28:9, 10

을 범하여도 죄가 없음을 너희가 율법에서 읽지 못하였느냐 6 내
가 너희에게 이르노니 성전보다 더 큰이가 여기 있느니라 7 ㄱ나
는 자비를 원하고 제사를 원치 아니하노라 하신 뜻을 너희가 알았
더면 무죄한 자를 죄로 정치 아니하였으리라 8 인자는 안식일의
주인이니라 하시니라

안식일에 손 마른 사람을 고치시다(막 3:1-6; 눅 6:6-11)

9 • 거기를 떠나 저희 회당에 들어가시니 10 한편 손 마른
사람이 있는지라 사람들이 예수를 송사하려 하여 물어 가로되 안
식일에 병 고치는 것이 옳으니이까 11 예수께서 가라사대 너희 중
에 어느 사람이 양 한 마리가 있어 안식일에 구덩이에 빠졌으면
붙잡아 내지 않겠느냐 12 사람이 양보다 얼마나 더 귀하냐 그러므
로 안식일에 선을 행하는 것이 옳으니라 하시고 13 이에 그 사람
에게 이르시되 손을 내밀라 하시니 저가 내밀매 다른 손과 같이
회복되어 성하더라 14 바리새인들이 나가서 어떻게 하여 예수를
죽일꼬 의논하거늘 15 예수께서 아시고 거기를 떠나가시니 사람
이 많이 좇는지라 예수께서 저희 병을 다 고치시고 16 자기를 나
타내지 말라 경계하셨으니 17 이는 선지자 이사야로 말씀하신바
18 ㄴ보라 나의 택한 종 곧 내 마음에 기뻐하는바 나의 사랑하는 자
로다 내가 내 성령을 줄터이니 그가 심판을 이방에 알게 하리라
19 그가 다투지도 아니하며 들레지도 아니하리니 아무도 길에서
그 소리를 듣지 못하리라 20 상한 갈대를 꺾지 아니하며 [1]꺼져가
는 심지를 끄지 아니하기를 심판하여 이길 때까지 하리니 21 또한
이방들이 그 이름을 바라리라 함을 이루려 하심이니라

1) 혹 연기나는 삼대를 ㄱ. 호 6:6 ㄴ. 사 42:1 이하

예수와 바알세불(막 3:20-30; 눅 6:43-45; 11:14-23; 12:10)

22 • 그 때에 귀신들려 눈 멀고 벙어리 된 자를 데리고 왔거
늘 예수께서 고쳐 주시매 그 벙어리가 말하며 보게 된지라 23 무
리가 다 놀라 가로되 이는 다윗의 자손이 아니냐 하니 24 바리새
인들은 듣고 가로되 이가 귀신의 왕 바알세불을 힘입지 않고는 귀
신을 쫓아내지 못하느니라 하거늘 25 예수께서 저희 생각을 아시
고 가라사대 스스로 분쟁하는 나라마다 황폐하여질 것이요 스스
로 분쟁하는 동네나 집마다 서지 못하리라 26 사단이 만일 사단을
쫓아내면 스스로 분쟁하는 것이니 그리하고야 저의 나라가 어떻
게 서겠느냐 27 또 내가 바알세불을 힘입어 귀신을 쫓아내면 너희
아들들은 누구를 힘입어 쫓아내느냐 그러므로 저희가 너희 재판
관이 되리라 28 그러나 내가 하나님의 성령을 힘입어 귀신을 쫓아
내는 것이면 하나님의 나라가 이미 너희에게 임하였느니라 29 사
람이 먼저 강한 자를 결박하지 않고야 어떻게 그 강한 자의 집에
들어가 그 세간을 늑탈하겠느냐 결박한 후에야 그 집을 늑탈하리
라 30 나와 함께 아니하는 자는 나를 반대하는 자요 나와 함께 모
으지 아니하는 자는 헤치는 자니라 31 그러므로 내가 너희에게 이
르노니 사람의 모든 죄와 훼방은 사하심을 얻되 성령을 훼방하는
것은 사하심을 얻지 못하겠고 32 또 누구든지 말로 인자를 거역
하면 사하심을 얻되 누구든지 말로 성령을 거역하면 이 세상과 오
는 세상에도 사하심을 얻지 못하리라 33 나무도 좋고 실과도 좋다
하든지 나무도 좋지 않고 실과도 좋지 않다 하든지 하라 그 실과
로 나무를 아느니라 34 독사의 자식들아 너희는 악하니 어떻게 선

한 말을 할 수 있느냐 이는 마음에 가득한 것을 입으로 말함이라
35 선한 사람은 그 쌓은 선에서 선한 것을 내고 악한 사람은 그 쌓
은 악에서 악한 것을 내느니라 36 내가 너희에게 이르노니 사람이
무슨 무익한 말을 하든지 심판날에 이에 대하여 심문을 받으리니
37 네 말로 의롭다 함을 받고 네 말로 정죄함을 받으리라

악한 세대가 표적을 구하나(막 8:11-12; 눅 11:24-26, 29-32)

38 • 그 때에 서기관과 바리새인 중 몇 사람이 말하되 선생
님이여 우리에게 [1]표적 보여주시기를 원하나이다 39 예수께서
대답하여 가라사대 악하고 음란한 세대가 [1]표적을 구하나 선지자
요나의 [1]표적 밖에는 보일 [1]표적이 없느니라 40 요나가 밤낮 사
흘을 큰 물고기 뱃속에 있었던것 같이 인자도 밤낮 사흘을 땅속에
있으리라 41 심판 때에 니느웨 사람들이 일어나 이 세대 사람을
정죄하리니 이는 그들이 요나의 전도를 듣고 회개하였음이어니
와 요나보다 더 큰이가 여기 있으며 42 심판 때에 남방 여왕이 일
어나 이 세대 사람을 정죄하리니 이는 그가 솔로몬의 지혜로운 말
을 들으려고 땅 끝에서 왔음이어니와 솔로몬보다 더 큰이가 여기
있느니라 43 더러운 귀신이 사람에게서 나갔을 때에 물 없는 곳으
로 다니며 쉬기를 구하되 얻지 못하고 44 이에 가로되 내가 나온
내 집으로 돌아가리라 하고 와 보니 그 집이 비고 소제되고 수리
되었거늘 45 이에 가서 저보다 더 악한 귀신 일곱을 데리고 들어
가서 거하니 그 사람의 나중 형편이 전보다 더욱 심하게 되느니라
이 악한 세대가 또한 이렇게 되리라

예수의 모친과 형제 자매(막 3:31-35; 눅 8:19-21)

1) 혹 이적

46 • 예수께서 무리에게 말씀하실 때에 그 모친과 [1]동생들
이 예수께 말하려고 밖에 섰더니 47 한 사람이 예수께 여짜오되
보소서 당신의 모친과 [1]동생들이 당신께 말하려고 밖에 섰나이다
하니 48 말하던 사람에게 대답하여 가라사대 누가 내 모친이며 내
[1]동생들이냐 하시고 49 손을 내밀어 제자들을 가리켜 가라사대
나의 모친과 나의 [1]동생들을 보라 50 누구든지 하늘에 계신 내 아
버지의 뜻대로 하는 자가 내 형제요 자매요 모친이니라 하시더라

네 가지 땅에 뿌려진 씨 비유(막 4:1-9; 눅 8:4-8)

13 그 날에 예수께서 집에서 나가사 바닷가에 앉으시매 2 큰
무리가 그에게로 모여 들거늘 예수께서 배에 올라가 앉으
시고 온 무리는 해변에 섰더니 3 예수께서 비유로 여러가지를 저
희에게 말씀하여 가라사대 씨를 뿌리는 자가 뿌리러 나가서 4 뿌
릴쌔 더러는 길 가에 떨어지매 새들이 와서 먹어버렸고 5 더러는
흙이 얇은 돌밭에 떨어지매 흙이 깊지 아니하므로 곧 싹이 나오나
6 해가 돋은 후에 타져서 뿌리가 없으므로 말랐고 7 더러는 가시
떨기 위에 떨어지매 가시가 자라서 기운을 막았고 8 더러는 좋은
땅에 떨어지매 혹 백배, 혹 육십배, 혹 삼십배의 결실을 하였느니
라 9 귀 있는 자는 들으라 하시니라

비유를 설명하시다(막 4:10-20; 눅 8:9-15)

10 • 제자들이 예수께 나아와 가로되 어찌하여 저희에게 비
유로 말씀하시나이까 11 대답하여 가라사대 천국의 비밀을 아는
것이 너희에게는 허락되었으나 저희에게는 아니되었나니 12 무
릇 있는 자는 받아 넉넉하게 되되 무릇 없는 자는 그 있는 것도 빼

1) 혹 형제들이

앗기리라 13 그러므로 내가 저희에게 비유로 말하기는 저희가 보
아도 보지 못하며 들어도 듣지 못하며 깨닫지 못함이니라 14 이사
야의 예언이 저희에게 이루었으니 일렀으되 ᄀ너희가 듣기는 들
어도 깨닫지 못할 것이요 보기는 보아도 알지 못하리라 15 이 백
성들의 마음이 완악하여져서 그 귀는 듣기에 둔하고 눈은 감았으
니 이는 눈으로 보고 귀로 듣고 마음으로 깨달아 돌이켜 내게 고
침을 받을까 두려워함이라 하였느니라 16 그러나 너희 눈은 봄으
로, 너희 귀는 들음으로 복이 있도다 17 내가 진실로 너희에게 이
르노니 많은 선지자와 의인이 너희 보는 것들을 보고자 하여도 보
지 못하였고 너희 듣는 것들을 듣고자 하여도 듣지 못하였느니라
18 그런즉 씨 뿌리는 비유를 들으라 19 아무나 [1]천국 말씀을 듣고
깨닫지 못할 때는 악한 자가 와서 그 마음에 뿌리운 것을 빼앗나
니 이는 곧 길 가에 뿌리운 자요 20 돌밭에 뿌리웠다는 것은 말씀
을 듣고 즉시 기쁨으로 받되 21 그 속에 뿌리가 없어 잠시 견디다
가 말씀을 인하여 환난이나 핍박이 일어나는 때에는 곧 넘어지는
자요 22 가시떨기에 뿌리웠다는 것은 말씀을 들으나 세상의 염려
와 재리의 유혹에 말씀이 막혀 결실치 못하는 자요 23 좋은 땅에
뿌리웠다는 것은 말씀을 듣고 깨닫는 자니 결실하여 혹 백배, 혹
육십배, 혹 삼십배가 되느니라 하시더라 24 • 예수께서 그들 앞
에 또 비유를 베풀어 가라사대 천국은 좋은 씨를 제 밭에 뿌린 사
람과 같으니 25 사람들이 잘 때에 그 원수가 와서 곡식 가운데 가
라지를 덧뿌리고 갔더니 26 싹이 나고 결실할 때에 가라지도 보
이거늘 27 집 주인의 종들이 와서 말하되 주여 밭에 좋은 씨를 심

1) 헬, 그 나라의 말씀을 ᄀ. 사 6:9, 10

지 아니하였나이까 그러면 가라지가 어디서 생겼나이까 28 주인
이 가로되 원수가 이렇게 하였구나 종들이 말하되 그러면 우리가
가서 이것을 뽑기를 원하시나이까 29 주인이 가로되 가만 두어라
가라지를 뽑다가 곡식까지 뽑을까 염려하노라 30 둘 다 추수 때
까지 함께 자라게 두어라 추수 때에 내가 추숫군들에게 말하기를
가라지는 먼저 거두어 불사르게 단으로 묶고 곡식은 모아 내 곳간
에 넣으라 하리라

겨자씨와 누룩의 비유(막 4:30-32; 눅 13:18-21)

31 ● 또 비유를 베풀어 가라사대 천국은 마치 사람이 자기
밭에 갖다 심은 겨자씨 한 알 같으니 32 이는 모든 씨보다 작은 것
이로되 자란 후에는 나물보다 커서 나무가 되매 공중의 새들이 와
서 그 가지에 깃들이느니라 33 ● 또 비유로 말씀하시되 천국은 마
치 여자가 가루 서말 속에 갖다 넣어 전부 부풀게 한 누룩과 같으
니라

비유로 말씀하시다(막 4:33-34)

34 ● 예수께서 이 모든 것을 무리에게 비유로 말씀하시고
비유가 아니면 아무 것도 말씀하지 아니하셨으니 35 이는 선지자
로 말씀하신바 [ㄱ]내가 입을 열어 비유로 말하고 창세부터 감추인
것들을 드러내리라 함을 이루려 하심이니라

가라지의 비유를 설명하시다

36 ● 이에 예수께서 무리를 떠나사 집에 들어가시니 제자
들이 나아와 가로되 밭의 가라지의 비유를 우리에게 설명하여 주
소서 37 대답하여 가라사대 좋은 씨를 뿌리는 이는 인자요 38 밭

ㄱ. 시 78:2

은 세상이요 좋은 씨는 [1]천국의 아들들이요 가라지는 악한 자의
아들들이요 39 가라지를 심은 원수는 마귀요 추수때는 세상 끝이
요 추숫군은 천사들이니 40 그런즉 가라지를 거두어 불에 사르는
것 같이 세상끝에도 그러하리라 41 인자가 그 천사들을 보내리니
저희가 그 나라에서 모든 넘어지게 하는 것과 또 불법을 행하는
자들을 거두어 내어 42 풀무 불에 던져 넣으리니 거기서 울며 이
를 갊이 있으리라 43 그 때에 의인들은 자기 아버지 나라에서 해
와 같이 빛나리라 귀 있는 자는 들으라

세 가지 비유

44 ●천국은 마치 밭에 감추인 보화와 같으니 사람이 이를
발견한 후 숨겨 두고 기뻐하여 돌아가서 자기의 소유를 다 팔아
그 밭을 샀느니라 45 ●또 천국은 마치 좋은 진주를 구하는 장사
와 같으니 46 극히 값진 진주 하나를 만나매 가서 자기의 소유를
다 팔아 그 진주를 샀느니라 47 ● 또 천국은 마치 바다에 치고 각
종 물고기를 모는 그물과 같으니 48 그물에 가득하매 물 가로 끌
어 내고 앉아서 좋은 것은 그릇에 담고 못된 것은 내어 버리느니
라 49 세상 끝에도 이러하리라 천사들이 와서 의인 중에서 악인
을 갈라 내어 50 풀무 불에 던져 넣으리니 거기서 울며 이를 갊이
있으리라

새것과 옛것

51 ●이 모든 것을 깨달았느냐 하시니 대답하되 그러하오
이다 52 예수께서 가라사대 그러므로 천국의 제자된 서기관마
다 마치 새것과 옛것을 그 곳간에서 내어오는 집주인과 같으니라

1) 헬, 그 나라의

고향에서 배척을 받으시다(막 6:1-6; 눅 4:16-30)

53 ● 예수께서 이 모든 비유를 마치신 후에 거기를 떠나서
54 고향으로 돌아가사 저희 회당에서 가르치시니 저희가 놀라 가
로되 이 사람의 이 지혜와 이런 능력이 어디서 났느뇨 55 이는 그
목수의 아들이 아니냐 그 모친은 마리아, 그 형제들은 야고보, 요
셉, 시몬, 유다라 하지 않느냐 56 그 누이들은 다 우리와 함께 있
지 아니하냐 그런즉 이 사람의 이 모든 것이 어디서 났느뇨 하고
57 [1]예수를 배척한지라 예수께서 저희에게 말씀하시되 선지자가
자기 고향과 자기 집 외에서는 존경을 받지 않음이 없느니라 하
시고 58 저희의 믿지 않음을 인하여 거기서 많은 능력을 행치 아
니하시니라

세례 요한의 죽음(막 6:14-29; 눅 9:7-9)

14 그 때에 분봉왕 헤롯이 예수의 소문을 듣고 2 그 신하들에
게 이르되 이는 세례 요한이라 저가 죽은 자 가운데서 살
아났으니 그러므로 이런 권능이 그 속에서 운동하는도다 하더라
3 전에 헤롯이 그 동생 빌립의 아내 헤로디아의 일로 요한을 잡아
결박하여 옥에 가두었으니 4 이는 요한이 헤롯에게 말하되 당신
이 그 여자를 취한 것이 옳지 않다 하였음이라 5 헤롯이 요한을 죽
이려 하되 민중이 저를 선지자로 여기므로 민중을 두려워하더니
6 마침 헤롯의 생일을 당하여 헤로디아의 딸이 연석 가운데서 춤
을 추어 헤롯을 기쁘게 하니 7 헤롯이 맹세로 그에게 무엇이든지
달라는대로 주겠다 허락하거늘 8 그가 제 어미의 시킴을 듣고 가
로되 세례 요한의 머리를 소반에 담아 여기서 내게 주소서 하니

1) 혹 예수를 인하여 넘어진지라

9 왕이 근심하나 자기의 맹세한 것과 그 함께 [1]앉은 사람들을 인
하여 주라 명하고 10 사람을 보내어 요한을 옥에서 목 베어 11 그
머리를 소반에 담아다가 그 여아에게 주니 그가 제 어미에게 가져
가니라 12 요한의 제자들이 와서 시체를 가져다가 장사하고 가서
예수께 고하니라

오천 명을 먹이시다(막 6:30-44; 눅 9:10-17; 요 6:1-14)

13 • 예수께서 들으시고 배를 타고 떠나사 따로 빈 들에 가
시니 무리가 듣고 여러 고을로부터 걸어서 좇아간지라 14 예수께
서 나오사 큰 무리를 보시고 불쌍히 여기사 그 중에 있는 병인을
고쳐 주시니라 15 저녁이 되매 제자들이 나아와 가로되 이곳은 빈
들이요 때도 이미 저물었으니 무리를 보내어 마을에 들어가 먹을
것을 사먹게 하소서 16 예수께서 가라사대 갈것 없다 너희가 먹을
것을 주어라 17 제자들이 가로되 여기 우리에게 있는 것은 떡 다섯
개와 물고기 두 마리 뿐이니이다 18 가라사대 그것을 내게 가져오
라 하시고 19 무리를 명하여 잔디 위에 [1]앉히시고 떡 다섯 개와 물
고기 두 마리를 가지사 하늘을 우러러 축사하시고 떡을 떼어 제자
들에게 주시매 제자들이 무리에게 주니 20 다 배불리 먹고 남은
조각을 열 두 바구니에 차게 거두었으며 21 먹은 사람은 여자와
아이 외에 오천 명이나 되었더라

물 위로 걸으시다(막 6:45-52; 요 6:15-21)

22 • 예수께서 즉시 제자들을 재촉하사 자기가 무리를 보
내는 동안에 배를 타고 앞서 건너편으로 가게 하시고 23 무리를
보내신 후에 기도하러 따로 산에 올라가시다 저물매 거기 혼자 계

1) 8:11 난하주를 보라

시더니 24 배가 이미 [1]육지에서 수리나 떠나서 바람이 거슬리므
로 물결을 인하여 고난을 당하더라 25 밤 사경에 예수께서 바다
위로 걸어서 제자들에게 오시니 26 제자들이 그 바다 위로 걸어
오심을 보고 놀라 유령이라 하며 무서워하여 소리지르거늘 27 예
수께서 즉시 일러 가라사대 안심하라 내니 두려워 말라 28 베드로
가 대답하여 가로되 주여 만일 주시어든 나를 명하사 물 위로 오
라 하소서 한대 29 오라 하시니 베드로가 배에서 내려 [2]물 위로
걸어서 예수께로 가되 30 바람을 보고 무서워 빠져 가는지라 소
리질러 가로되 주여 나를 구원하소서 하니 31 예수께서 즉시 손을
내밀어 저를 붙잡으시며 가라사대 믿음이 적은 자여 왜 의심하였
느냐 하시고 32 배에 함께 오르매 바람이 그치는지라 33 배에 있
는 사람들이 예수께 절하며 가로되 진실로 하나님의 아들이로소
이다 하더라

게네사렛에서 병자들을 고치시다(막 6:53-56)

34 • 저희가 건너가 게네사렛 땅에 이르니 35 그 곳 사람들
이 예수신 줄을 알고 그 근방에 두루 통지하여 모든 병든 자를 예
수께 데리고 와서 36 다만 예수의 옷가에라도 손을 대게 하시기를
간구하니 손을 대는 자는 다 나음을 얻으니라

장로들의 유전(막 7:1-23)

15 그 때에 바리새인과 서기관들이 예루살렘으로부터 예수
께 나아와 가로되 2 당신의 제자들이 어찌하여 장로들의
유전을 범하나이까 떡 먹을 때에 손을 씻지 아니하나이다 3 대답
하여 가라사대 너희는 어찌하여 너희 유전으로 하나님의 계명을

1) 어떤 사본에, 바다 가운데 있어 2) 어떤 사본에, 예수께 가려고 물 위로 걸어가다가

범하느뇨 4 하나님이 이르셨으되 [ㄱ]네 부모를 공경하라 하시고 또
[ㄴ]아비나 어미를 훼방하는 자는 반드시 죽으리라 하셨거늘 5 너희
는 가로되 누구든지 아비에게나 어미에게 말하기를 내가 드려 유
익하게 할것이 하나님께 드림이 되었다고 하기만 하면 6 그 부모
를 공경할 것이 없다 하여 너희 유전으로 하나님의 말씀을 폐하는
도다 7 외식하는 자들아 이사야가 너희에게 대하여 잘 예언하였
도다 일렀으되 8 [ㄷ]이 백성이 입술로는 나를 존경하되 마음은 내
게서 멀도다 9 사람의 계명으로 교훈을 삼아 가르치니 나를 헛되
이 경배하는도다 하였느니라 하시고 10 무리를 불러 이르시되 듣
고 깨달으라 11 입에 들어가는 것이 사람을 더럽게 하는 것이 아
니라 입에서 나오는 그것이 사람을 더럽게 하는 것이니라 12 이
에 제자들이 나아와 가로되 바리새인들이 이 말씀을 듣고 [1)]걸림
이 된줄 아시나이까 13 예수께서 대답하여 가라사대 심은 것마다
내 천부께서 심으시지 않은 것은 뽑힐 것이니 14 그냥 두어라 저
희는 소경이 되어 소경을 인도하는 자로다 만일 소경이 소경을 인
도하면 둘이 다 구덩이에 빠지리라 하신대 15 베드로가 대답하여
가로되 이 비유를 우리에게 설명하여 주옵소서 16 예수께서 가라
사대 너희도 아직까지 깨달음이 없느냐 17 입으로 들어가는 모
든 것은 배로 들어가서 뒤로 내어 버려지는 줄을 알지 못하느냐
18 입에서 나오는 것들은 마음에서 나오나니 이것이야말로 사람
을 더럽게 하느니라 19 마음에서 나오는 것은 악한 생각과 살인과
간음과 음란과 도적질과 거짓 증거와 훼방이니 20 이런 것들이 사
람을 더럽게 하는 것이요 씻지 않은 손으로 먹는 것은 사람을 더

1) 혹 실족 ㄱ. 출 20:12, 신 5:16 ㄴ. 출 21:17, 레 20:9 ㄷ. 사 29:13

렙게 하지 못하느니라

가나안 여자의 믿음(막 7:24-30)

21 ● 예수께서 거기서 나가사 두로와 시돈 지방으로 들어
가시니 22 가나안 여자 하나가 그 지경에서 나와서 소리질러 가로
되 주 다윗의 자손이여 나를 불쌍히 여기소서 내 딸이 흉악히 귀
신들렸나이다 하되 23 예수는 한 말씀도 대답지 아니하시니 제자
들이 와서 청하여 말하되 그 여자가 우리 뒤에서 소리를 지르오니
보내소서 24 예수께서 대답하여 가라사대 나는 이스라엘 집의 잃
어 버린 양 외에는 다른데로 보내심을 받지 아니하였노라 하신대
25 여자가 와서 예수께 절하며 가로되 주여 저를 도우소서 26 대답
하여 가라사대 자녀의 떡을 취하여 개들에게 던짐이 마땅치 아니
하니라 27 여자가 가로되 주여 옳소이다마는 개들도 제 주인의 상
에서 떨어지는 부스러기를 먹나이다 하니 28 이에 예수께서 대답
하여 가라사대 여자야 네 믿음이 크도다 네 소원대로 되리라 하시
니 그 시로부터 그의 딸이 나으니라

많은 병자를 고치시다

29 ● 예수께서 거기서 떠나사 갈릴리 호숫가에 이르러 산
에 올라가 거기 앉으시니 30 큰 무리가 절뚝발이와 불구자와 소
경과 벙어리와 기타 여럿을 데리고 와서 예수의 발앞에 두매 고쳐
주시니 31 벙어리가 말하고 불구자가 건전하고 절뚝발이가 걸으
며 소경이 보는 것을 무리가 보고 기이히 여겨 이스라엘의 하나님
께 영광을 돌리니라

사천 명을 먹이시다(막 8:1-10)

32 • 예수께서 제자들을 불러 가라사대 내가 무리를 불쌍
히 여기노라 저희가 나와 함께 있은지 이미 사흘이매 먹을 것이
없도다 길에서 기진할까 하여 굶겨 보내지 못하겠노라 33 제자
들이 가로되 광야에 있어 우리가 어디서 이런 무리의 배부를만
큼 떡을 얻으리이까 34 예수께서 가라사대 너희에게 떡이 몇개
나 있느냐 가로되 일곱개와 작은 생선 두어 마리가 있나이다 하거
늘 35 예수께서 무리를 명하사 땅에 [1]앉게 하시고 36 떡 일곱 개
와 그 생선을 가지사 축사하시고 떼어 제자들에게 주시니 제자들
이 무리에게 주매 37 다 배불리 먹고 남은 조각을 일곱 광주리에
차게 거두었으며 38 먹은 자는 여자와 아이 외에 사천 명이었더
라 39 예수께서 무리를 흩어 보내시고 배에 오르사 마가단 지경
에 가시니라

악한 세대가 표적을 구하나(막 8:11-13; 눅 12:54-56)

16 바리새인과 사두개인들이 와서 예수를 시험하여 하늘로
서 오는 [2]표적 보이기를 청하니 2 예수께서 대답하여 가라
사대 너희가 저녁에 하늘이 붉으면 날이 좋겠다 하고 3 아침에 하
늘이 붉고 흐리면 오늘은 날이 궂겠다 하나니 너희가 천기는 분별
할줄 알면서 시대의 [2]표적은 분별할 수 없느냐 4 악하고 음란한
세대가 [2]표적을 구하나 요나의 [2]표적 밖에는 보여 줄 [2]표적이 없
느니라 하시고 저희를 떠나 가시다

바리새인과 사두개인들의 누룩(막 8:14-21)

5 • 제자들이 건너편으로 갈쌔 떡 가져가기를 잊었더니 6 예
수께서 이르시되 삼가 바리새인과 사두개인들의 누룩을 주의하

1) 8:11 난하주를 보라 2) 혹 이적

라 하신대 7 제자들이 서로 의논하여 가로되 [1]우리가 떡을 가져
오지 아니하였도다 하거늘 8 예수께서 아시고 가라사대 믿음이
적은 자들아 어찌 떡이 없음으로 서로 의논하느냐 9 너희가 아직
도 깨닫지 못하느냐 떡 다섯 개로 오천 명을 먹이고 주운 것이 몇
바구니며 10 떡 일곱 개로 사천 명을 먹이고 주운 것이 몇 광주리
이던 것을 기억지 못하느냐 11 어찌 내 말한 것이 떡에 관함이 아
닌 줄을 깨닫지 못하느냐 오직 바리새인과 사두개인들의 누룩을
주의하라 하시니 12 그제야 제자들이 떡의 누룩이 아니요 바리새
인과 사두개인들의 교훈을 삼가라고 말씀하신 줄을 깨달으니라

베드로가 예수를 그리스도로 고백하다(막 8:27-30; 눅 9:18-21)

13 ● 예수께서 가이사랴 빌립보 지방에 이르러 제자들에
게 물어 가라사대 사람들이 인자를 누구라 하느냐 14 가로되 더러
는 세례 요한, 더러는 엘리야, 어떤이는 예레미야나 선지자 중의
하나라 하나이다 15 가라사대 너희는 나를 누구라 하느냐 16 시몬
베드로가 대답하여 가로되 주는 그리스도시요 살아계신 하나님
의 아들이시니이다 17 예수께서 대답하여 가라사대 바요나 시몬
아 네가 복이 있도다 이를 네게 알게 한 이는 혈육이 아니요 하늘
에 계신 내 아버지시니라 18 또 내가 네게 이르노니 너는 [2]베드로
라 내가 이 반석 위에 내 교회를 세우리니 음부의 [3]권세가 이기지
못하리라 19 내가 천국 열쇠를 네게 주리니 네가 땅에서 무엇이든
지 매면 하늘에서도 매일 것이요 네가 땅에서 무엇이든지 풀면 하
늘에서도 풀리리라 하시고 20 이에 제자들을 경계하사 자기가 그
리스도인 것을 아무에게도 이르지 말라 하시니라

1) 혹 이는 우리가 떡을 가져오지 아니하였음이로다 2) 베드로는 곧 반석이란 뜻
3) 헬, 대문이

죽음과 부활을 처음으로 이르시다(막 8:31-9:1; 눅 9:22-27)

21 ● 이때로부터 예수 그리스도께서 자기가 예루살렘에 올
라가 장로들과 대제사장들과 서기관들에게 많은 고난을 받고 죽
임을 당하고 제 삼일에 살아나야 할것을 제자들에게 비로소 가르
치시니 22 베드로가 예수를 붙들고 간하여 가로되 주여 그리 마
옵소서 이 일이 결코 주에게 미치지 아니하리이다 23 예수께서 돌
이키시며 베드로에게 이르시되 사단아 내 뒤로 물러 가라 너는 나
를 넘어지게 하는 자로다 네가 하나님의 일을 생각지 아니하고 도
리어 사람의 일을 생각하는도다 하시고 24 이에 예수께서 제자들
에게 이르시되 아무든지 나를 따라 오려거든 자기를 부인하고 자
기 십자가를 지고 나를 좇을 것이니라 25 누구든지 제 목숨을 구
원코자 하면 잃을 것이요 누구든지 나를 위하여 제 목숨을 잃으면
찾으리라 26 사람이 만일 온 천하를 얻고도 제 목숨을 잃으면 무
엇이 유익하리요 사람이 무엇을 주고 제 목숨을 바꾸겠느냐 27 인
자가 아버지의 영광으로 그 천사들과 함께 오리니 그 때에 각 사
람의 행한대로 갚으리라 28 진실로 너희에게 이르노니 여기 섰는
사람 중에 죽기 전에 인자가 그 왕권을 가지고 오는 것을 볼 자들
도 있느니라

영광스러운 모습으로 변형되시다(막 9:2-13; 눅 9:28-36)

17 엿새 후에 예수께서 베드로와 야고보와 그 형제 요한을 데
리시고 따로 높은 산에 올라가셨더니 2 저희 앞에서 변형
되사 그 얼굴이 해 같이 빛나며 옷이 빛과 같이 희어졌더라 3 때
에 모세와 엘리야가 예수로 더불어 말씀하는 것이 저희에게 보이

거늘 4 베드로가 예수께 여짜와 가로되 주여 우리가 여기 있는 것
이 좋사오니 주께서 만일 원하시면 내가 여기서 초막 셋을 짓되
하나는 주를 위하여, 하나는 모세를 위하여, 하나는 엘리야를 위
하여 하리이다 5 말할 때에 홀연히 빛난 구름이 저희를 덮으며 구
름 속에서 소리가 나서 가로되 이는 내 사랑하는 아들이요 내 기
뻐하는 자니 너희는 저의 말을 들으라 하는지라 6 제자들이 듣고
엎드리어 심히 두려워하니 7 예수께서 나아와 저희에게 손을 대
시며 가라사대 일어나라 두려워 말라 하신대 8 제자들이 눈을 들
고 보매 오직 예수 외에는 아무도 보이지 아니하더라 9 ●저희
가 산에서 내려올 때에 예수께서 명하여 가라사대 인자가 죽은
자 가운데서 살아나기 전에는 본것을 아무에게도 이르지 말라 하
시니 10 제자들이 묻자와 가로되 그러면 어찌하여 서기관들이 엘
리야가 먼저 와야 하리라 하나이까 11 예수께서 대답하여 가라사
대 엘리야가 과연 먼저 와서 모든 일을 회복하리라 12 내가 너희
에게 말하노니 엘리야가 이미 왔으되 사람들이 알지 못하고 임의
로 대우하였도다 인자도 이와 같이 그들에게 고난을 받으리라 하
시니 13 그제야 제자들이 예수의 말씀하신 것이 세례 요한인 줄
을 깨달으니라

귀신 들린 아이를 고치시다(막 9:14-29; 눅 9:37-43 상)

14 ●저희가 무리에게 이르매 한 사람이 예수께 와서 꿇어
엎드리어 가로되 15 주여 내 아들을 불쌍히 여기소서 저가 간질로
심히 고생하여 자주 불에도 넘어지며 물에도 넘어지는지라 16 내
가 주의 제자들에게 데리고 왔으나 능히 고치지 못하더이다 17 예

수께서 대답하여 가라사대 믿음이 없고 패역한 세대여 내가 얼마
나 너희와 함께 있으며 얼마나 너희를 참으리요 그를 이리로 데려
오라 하시다 18 이에 예수께서 꾸짖으시니 귀신이 나가고 아이가
그때부터 나으니라 19 이 때에 제자들이 종용히 예수께 나아와 가
로되 우리는 어찌하여 쫓아내지 못하였나이까 20 가라사대 너희
믿음이 적은 연고니라 진실로 너희에게 이르노니 너희가 만일 믿
음이 한 겨자씨만큼만 있으면 이 산을 명하여 여기서 저기로 옮기
라 하여도 옮길 것이요 또 너희가 못할 것이 없으리라 21 [1](없음)

죽음과 부활을 다시 이르시다

22 • 갈릴리에 모일 때에 예수께서 제자들에게 이르시되
인자가 장차 사람들의 손에 넘기워 23 죽임을 당하고 제 삼일에
살아나리라 하시니 제자들이 심히 근심하더라

성전세를 내시다

24 • 가버나움에 이르니 [2]반 세겔 받는 자들이 베드로에게
나아와 가로되 너의 선생이 반 세겔을 내지 아니하느냐 25 가로되
내신다 하고 집에 들어가니 예수께서 먼저 가라사대 시몬아 네 생
각은 어떠하뇨 세상 임금들이 뉘게 관세와 정세를 받느냐 자기 아
들에게냐 타인에게냐 26 베드로가 가로되 타인에게니이다 예수
께서 가라사대 그러하면 아들들은 세를 면하리라 27 그러나 우리
가 저희로 [3]오해케 하지 않기 위하여 네가 바다에 가서 낚시를 던
져 먼저 오르는 고기를 가져 입을 열면 돈 한 세겔을 얻을 것이니
가져다가 나와 너를 위하여 주라 하시니라

천국에서 큰 사람(막 9:33-37, 42-48; 눅 9:46-48; 15:3-7; 17:1-2)

1) 어떤 사본에, 21절 「기도와 금식이 아니면 이런 유가 나가지 아니하느니라」가 있음
2) 반 세겔은 성전세로 바치는 금액 3) 혹 넘어지게

18 그 때에 제자들이 예수께 나아와 가로되 천국에서는 누가
크니이까 2 예수께서 한 어린 아이를 불러 저희 가운데 세
우시고 3 가라사대 진실로 너희에게 이르노니 너희가 돌이켜 어
린 아이들과 같이 되지 아니하면 결단코 천국에 들어가지 못하리
라 4 그러므로 누구든지 이 어린 아이와 같이 자기를 낮추는 그이
가 천국에서 큰 자니라 5 또 누구든지 내 이름으로 이런 어린 아이
하나를 영접하면 곧 나를 영접함이니 6 누구든지 나를 믿는 이 소
자 중 하나를 실족케 하면 차라리 연자 맷돌을 그 목에 달리우고
깊은 바다에 빠뜨리우는 것이 나으니라 7 실족케 하는 일들이 있
음을 인하여 세상에 화가 있도다 실족케 하는 일이 없을 수는 없
으나 실족케 하는 그 사람에게는 화가 있도다 8 만일 네 손이나 네
발이 너를 [1)]범죄케 하거든 찍어 내버리라 불구자나 절뚝발이로
[2)]영생에 들어가는 것이 두 손과 두 발을 가지고 영원한불에 던지
우는 것보다 나으니라 9 만일 네 눈이 너를 [1)]범죄케 하거든 빼어
내버리라 한 눈으로 영생에 들어가는 것이 두 눈을 가지고 지옥
불에 던지우는 것보다 나으니라 10 삼가 이 소자 중에 하나도 업
신여기지 말라 너희에게 말하노니 저희 천사들이 하늘에서 하늘
에 계신 내 아버지의 얼굴을 항상 뵈옵느니라 11 [3)](없음) 12 너희
생각에는 어떻겠느뇨 만일 어떤 사람이 양 일백 마리가 있는데 그
중에 하나가 길을 잃었으면 그 아흔 아홉 마리를 산에 두고 가서
길 잃은 양을 찾지 않겠느냐 13 진실로 너희에게 이르노니 만일
찾으면 길을 잃지 아니한 아흔 아홉 마리보다 이것을 더 기뻐하리
라 14 이와 같이 이 소자 중에 하나라도 잃어지는 것은 하늘에 계

1) 혹 실족 2) 헬, 생에 3) 어떤 사본에, 11절 「인자가 온 것은 잃은 자를 구원하려
함이니라」가 있음

신 너희 아버지의 뜻이 아니니라

용서하라(눅 17:3)

15 ● 네 형제가 [1]죄를 범하거든 가서 너와 그 사람과만 상
대하여 권고하라 만일 들으면 네가 네 형제를 얻은 것이요 16 만
일 듣지 않거든 한 두 사람을 데리고 가서 두 세 증인의 입으로 말
마다 증참케 하라 17 만일 그들의 말도 듣지 않거든 교회에 말하고
교회의 말도 듣지 않거든 이방인과 세리와 같이 여기라 18 진실로
너희에게 이르노니 무엇이든지 너희가 땅에서 매면 하늘에서도
매일 것이요 무엇이든지 땅에서 풀면 하늘에서도 풀리리라 19 진
실로 다시 너희에게 이르노니 너희 중에 두 사람이 땅에서 합심하
여 무엇이든지 구하면 하늘에 계신 내 아버지께서 저희를 위하여
이루게 하시리라 20 두 세 사람이 내 이름으로 모인 곳에는 나도
그들 중에 있느니라

용서할 줄 모르는 종의 비유

21 ● 그 때에 베드로가 나아와 가로되 주여 형제가 내게 죄
를 범하면 몇번이나 용서하여 주리이까 일곱번까지 하오리이까
22 예수께서 가라사대 네게 이르노니 일곱번 뿐 아니라 일흔번씩
일곱번이라도 할찌니라 23 이러므로 천국은 그 종들과 회계하려
하던 어떤 임금과 같으니 24 회계할 때에 일만 [2]달란트 빚진 자 하
나를 데려오매 25 갚을 것이 없는지라 주인이 명하여 그 몸과 처
와 자식들과 모든 소유를 다 팔아 갚게 하라 한대 26 그 종이 엎드
리어 절하며 가로되 내게 참으소서 다 갚으리이다 하거늘 27 그
종의 주인이 불쌍히 여겨 놓아 보내며 그 빚을 탕감하여 주었더니

1) 어떤 사본에, 네게 죄를 2) 금 은의 수량

28 그 종이 나가서 제게 백 [1)]데나리온 빚진 동관 하나를 만나 붙들
어 목을 잡고 가로되 빚을 갚으라 하매 29 그 동관이 엎드리어 간
구하여 가로되 나를 참아 주소서 갚으리이다 하되 30 허락하지 아
니하고 이에 가서 저가 빚을 갚도록 옥에 가두거늘 31 그 동관들
이 그것을 보고 심히 민망하여 주인에게 가서 그 일을 다 고하니
32 이에 주인이 저를 불러다가 말하되 악한 종아 네가 빌기에 내가
네 빚을 전부 탕감하여 주었거늘 33 내가 너를 불쌍히 여김과 같
이 너도 네 동관을 불쌍히 여김이 마땅치 아니하냐 하고 34 주인
이 노하여 그 빚을 다 갚도록 저를 옥졸들에게 붙이니라 35 너희
가 각각 중심으로 형제를 용서하지 아니하면 내 천부께서도 너희
에게 이와 같이 하시리라

이혼에 대하여 가르치시다(막 10:1-12)

19 예수께서 이 말씀을 마치시고 갈릴리에서 떠나 요단강 건
너 유대 지경에 이르시니 2 큰 무리가 좇거늘 예수께서 거
기서 저희 병을 고치시더라 3 •바리새인들이 예수께 나아와 그
를 시험하여 가로되 사람이 아무 연고를 물론하고 그 아내를 내어
버리는 것이 옳으니이까 4 예수께서 대답하여 가라사대 사람을
지으신 이가 본래 저희를 남자와 여자로 만드시고 5 말씀하시기
를 [ㄱ]이러므로 사람이 그 부모를 떠나서 아내에게 합하여 그 둘이
한 몸이 될찌니라 하신 것을 읽지 못하였느냐 6 이러한즉 이제 둘
이 아니요 한 몸이니 그러므로 하나님이 짝지어 주신 것을 사람이
나누지 못할찌니라 하시니 7 여짜오되 그러하면 어찌하여 [ㄴ]모세
는 이혼 증서를 주어서 내어버리라 명하였나이까 8 예수께서 가

1) 은전의 명칭 ㄱ. 창 2:24 ㄴ. 신 24:1-4

라사대 모세가 너희 마음의 완악함을 인하여 아내 내어버림을 허
락하였거니와 본래는 그렇지 아니하니라 9 내가 너희에게 말하
노니 누구든지 음행한 연고 외에 아내를 내어버리고 다른데 장가
드는 자는 간음함이니라 10 제자들이 가로되 만일 사람이 아내에
게 이같이 할찐대 장가 들지 않는 것이 좋삽나이다 11 예수께서 가
라사대 사람마다 이 말을 받지 못하고 오직 타고난 자라야 할찌
니라 12 어미의 태로부터 된 고자도 있고 사람이 만든 고자도 있
고 천국을 위하여 스스로 된 고자도 있도다 이 말을 받을만한 자
는 받을찌어다

어린이 위에 안수하시다(막 10:13-16; 눅 18:15-17)

13 • 때에 사람들이 예수의 안수하고 기도하심을 바라고
어린 아이들을 데리고 오매 제자들이 꾸짖거늘 14 예수께서 가라
사대 어린 아이들을 용납하고 내게 오는 것을 금하지 말라 천국
이 이런 자의 것이니라 하시고 15 저희 위에 안수하시고 거기서
떠나시니라

재물이 많은 청년(막 10:17-31; 눅 18:18-30)

16 • 어떤 사람이 주께 와서 가로되 선생님이여 내가 무슨
선한 일을 하여야 영생을 얻으리이까 17 예수께서 가라사대 어찌
하여 선한 일을 내게 묻느냐 선한이는 오직 한 분이시니라 네가
생명에 들어 가려면 계명들을 지키라 18 가로되 어느 계명이오니
이까 예수께서 가라사대 ㄱ살인하지 말라, 간음하지 말라, 도적질
하지 말라, 거짓증거하지 말라, 19 네 부모를 공경하라, ㄴ네 이웃
을 네 몸과 같이 사랑하라 하신 것이니라 20 그 청년이 가로되 이

ㄱ. 출 20:12-16, 신 5:16-20 ㄴ. 레 19:18

모든 것을 내가 지키었사오니 아직도 무엇이 부족하니이까 21 예
수께서 가라사대 네가 온전하고자 할찐대 가서 네 소유를 팔아 가
난한 자들을 주라 그리하면 하늘에서 보화가 네게 있으리라 그
리고 와서 나를 좇으라 하시니 22 그 청년이 재물이 많으므로 이
말씀을 듣고 근심하며 가니라 23 • 예수께서 제자들에게 이르시
되 내가 진실로 너희에게 이르노니 부자는 천국에 들어가기가 어
려우니라 24 다시 너희에게 말하노니 약대가 바늘귀로 들어가는
것이 부자가 하나님의 나라에 들어가는 것보다 쉬우니라 하신대
25 제자들이 듣고 심히 놀라 가로되 그런즉 누가 구원을 얻을 수
있으리이까 26 예수께서 저희를 보시며 가라사대 사람으로는 할
수 없으되 하나님으로서는 다 할 수 있느니라 27 이에 베드로가
대답하여 가로되 보소서 우리가 모든 것을 버리고 주를 좇았사오
니 그런즉 우리가 무엇을 얻으리이까 28 예수께서 가라사대 내가
진실로 너희에게 이르노니 세상이 새롭게 되어 인자가 자기 영광
의 보좌에 앉을 때에 나를 좇는 너희도 열 두 보좌에 앉아 이스라
엘 열 두 지파를 심판하리라 29 또 내 이름을 위하여 집이나 형제
나 자매나 [1]부모나 자식이나 전토를 버린 자마다 여러 배를 받고
또 영생을 상속하리라 30 그러나 먼저 된 자로서 나중 되고 나중
된 자로서 먼저 될 자가 많으니라

포도원의 품꾼들

20 천국은 마치 품군을 얻어 포도원에 들여보내려고 이른 아
침에 나간 집 주인과 같으니 2 저가 하루 한 [2]데나리온씩
품군들과 약속하여 포도원에 들여보내고 3 또 제 삼시에 나가보

1) 어떤 사본에는, 「부모나」 아래에 「아내나」가 있음 2) 은전의 명칭

니 장터에 놀고 섰는 사람들이 또 있는지라 4 저희에게 이르되 너
희도 포도원에 들어가라 내가 너희에게 상당하게 주리라 하니 저
희가 가고 5 제 육시와 제 구시에 또 나가 그와 같이 하고 6 제 십
일시에도 나가 보니 섰는 사람들이 또 있는지라 7 가로되 너희는
어찌하여 종일토록 놀고 여기 섰느뇨 가로되 우리를 품군으로 쓰
는이가 없음이니이다 가로되 너희도 포도원에 들어가라 하니라
8 저물매 포도원 주인이 청지기에게 이르되 품군들을 불러 나중
온 자로부터 시작하여 먼저 온 자까지 삯을 주라 하니 9 제 십일시
에 온 자들이 와서 한 [1]데나리온씩을 받거늘 10 먼저 온 자들이 와
서 더 받을 줄 알았더니 저희도 한 [1]데나리온씩 받은지라 11 받은
후 집 주인을 원망하여 가로되 12 나중 온 이 사람들은 한 시간만
일하였거늘 저희를 종일 수고와 더위를 견딘 우리와 같게 하였나
이다 13 주인이 그 중의 한 사람에게 대답하여 가로되 친구여 내
가 네게 잘못한 것이 없노라 네가 나와 한 [1]데나리온의 약속을 하
지 아니하였느냐 14 네 것이나 가지고 가라 나중 온 이 사람에게
너와 같이 주는 것이 내 뜻이니라 15 내 것을 가지고 내 뜻대로 할
것이 아니냐 내가 선하므로 네가 악하게 보느냐 16 이와 같이 나
중 된 자로서 먼저 되고 먼저 된 자로서 나중 되리라

죽음과 부활을 세 번째로 이르시다(막 10:32-34; 눅 18:31-34)

17 • 예수께서 예루살렘으로 올라가려 하실 때에 열 두 제
자를 따로 데리시고 길에서 이르시되 18 보라 우리가 예루살렘으
로 올라가노니 인자가 대제사장들과 서기관들에게 넘기우매 저
희가 죽이기로 결안하고 19 이방인들에게 넘겨주어 그를 능욕하

1) 은전의 명칭

며 채찍질하며 십자가에 못 박게 하리니 제 삼일에 살아나리라

야고보와 요한의 어머니의 요구(막 10:35-45)

20 • 그 때에 세베대의 아들의 어미가 그 아들들을 데리고
예수께 와서 절하며 무엇을 구하니 21 예수께서 가라사대 무엇을
원하느뇨 가로되 이 나의 두 아들을 주의 나라에서 하나는 주의
우편에, 하나는 주의 좌편에 앉게 명하소서 22 예수께서 대답하
여 가라사대 너희 구하는 것을 너희가 알지 못하는도다 나의 마
시려는 잔을 너희가 마실 수 있느냐 저희가 말하되 할 수 있나이
다 23 가라사대 너희가 과연 내 잔을 마시려니와 내 좌우편에 앉
는 것은 나의 줄것이 아니라 내 아버지께서 누구를 위하여 예비
하셨든지 그들이 얻을 것이니라 24 열 제자가 듣고 그 두 형제에
대하여 분히 여기거늘 25 예수께서 제자들을 불러다가 가라사대
이방인의 집권자들이 저희를 임의로 주관하고 그 대인들이 저희
에게 권세를 부리는 줄을 너희가 알거니와 26 너희 중에는 그렇
지 아니하니 너희 중에 누구든지 크고자 하는 자는 너희를 섬기
는 자가 되고 27 너희 중에 누구든지 으뜸이 되고자 하는 자는 너
희 종이 되어야 하리라 28 인자가 온것은 섬김을 받으려 함이 아
니라 도리어 섬기려 하고 자기 목숨을 많은 사람의 대속물로 주려
함이니라

맹인 둘을 고치시다(막 10:46-52; 눅 18:35-43)

29 • 저희가 여리고에서 떠나 갈 때에 큰 무리가 예수를 좇
더라 30 소경 둘이 길 가에 앉았다가 예수께서 지나가신다 함을
듣고 소리질러 가로되 주여 우리를 불쌍히 여기소서 다윗의 자손

이여 하니 31 무리가 꾸짖어 잠잠하라 하되 더욱 소리질러 가로되
주여 우리를 불쌍히 여기소서 다윗의 자손이여 하는지라 32 예수
께서 머물러 서서 저희를 불러 33 가라사대 너희에게 무엇을 하여
주기를 원하느냐 가로되 주여 우리 눈 뜨기를 원하나이다 34 예수
께서 민망히 여기사 저희 눈을 만지시니 곧 보게 되어 저희가 예
수를 좇으니라

예루살렘에 들어가시다(막 11:1-11; 눅 19:28-38; 요 12:12-19)

21 저희가 예루살렘에 가까이 와서 감람산 벳바게에 이르렀
을 때에 예수께서 두 제자를 보내시며 2 이르시되 너희 맞
은편 마을로 가라 곧 매인 나귀와 나귀 새끼가 함께 있는 것을 보
리니 풀어 내게로 끌고 오너라 3 만일 누가 무슨 말을 하거든 주가
쓰시겠다 하라 [1)]그리하면 즉시 보내리라 하시니 4 이는 선지자로
하신 말씀을 이루려 하심이라 일렀으되 5 [ㄱ]시온 딸에게 이르기를
네 왕이 네게 임하나니 그는 겸손하여 나귀, 곧 멍에 메는 짐승의
새끼를 탔도다 하라 하였느니라 6 제자들이 가서 예수의 명하신
대로 하여 7 나귀와 나귀 새끼를 끌고 와서 자기들의 겉옷을 그 위
에 얹으매 예수께서 그 위에 타시니 8 무리의 대부분은 그 겉옷을
길에 펴며 다른이는 나무 가지를 베어 길에 펴고 9 앞에서 가고 뒤
에서 따르는 무리가 소리질러 가로되 호산나 다윗의 자손이여 찬
송하리로다 주의 이름으로 오시는이여 가장 높은 곳에서 호산나
하더라 10 예수께서 예루살렘에 들어가시니 온 성이 소동하여 가
로되 이는 누구뇨 하거늘 11 무리가 가로되 갈릴리 나사렛에서 나
온 선지자 예수라 하니라

1) 혹 즉시 돌려 보내리라 하라 하시니 ㄱ. 사 62:11, 슥 9:9

성전을 정결하게 하시다(막 11:15-19; 눅 19:45-48; 요 2:13-22)

12 ● 예수께서 성전에 들어가사 성전 안에서 매매하는 모
든 자를 내어쫓으시며 돈 바꾸는 자들의 상과 비둘기 파는 자들
의 의자를 둘러 엎으시고 13 저희에게 이르시되 기록된바 [ㄱ]내 집
은 기도하는 집이라 일컬음을 받으리라 하였거늘 너희는 [ㄴ]강도
의 굴혈을 만드는도다 하시니라 14 소경과 저는 자들이 성전에서
예수께 나아오매 고쳐주시니 15 대제사장들과 서기관들이 예수
의 하시는 이상한 일과 또 성전에서 소리질러 호산나 다윗의 자
손이여 하는 아이들을 보고 분하여 16 예수께 말하되 저희의 하
는 말을 듣느뇨 예수께서 가라사대 [ㄷ]그렇다 어린 아기와 젖먹이
들의 입에서 나오는 찬미를 온전케 하셨나이다 함을 너희가 읽어
본 일이 없느냐 하시고 17 그들을 떠나 성밖으로 베다니에 가서 거
기서 유하시니라

무화과나무가 마르다(막 11:12-14, 20-24)

18 ● 이른 아침에 성으로 들어오실 때에 시장하신지라 19 길
가에서 한 무화과나무를 보시고 그리로 가사 잎사귀 밖에 아무 것
도 얻지 못하시고 나무에게 이르시되 이제부터 영원토록 네게 열
매가 맺지 못하리라 하시니 무화과나무가 곧 마른지라 20 제자들
이 보고 이상히 여겨 가로되 무화과나무가 어찌하여 곧 말랐나이
까 21 예수께서 대답하여 가라사대 내가 진실로 너희에게 이르노
니 만일 너희가 믿음이 있고 의심치 아니하면 이 무화과나무에게
된 이런 일만 할뿐 아니라 이 산더러 들려 바다에 던지우라 하여
도 될것이요 22 너희가 기도할 때에 무엇이든지 믿고 구하는 것은

ㄱ. 사 56:7 ㄴ. 렘 7:11 ㄷ. 시 8:2

다 받으리라 하시니라

예수의 권세를 두고 말하다(막 11:27-33; 눅 20:1-8)

23 ● 예수께서 성전에 들어가 가르치실쌔 대제사장들과 백
성의 장로들이 나아와 가로되 네가 무슨 권세로 이런 일을 하느뇨
또 누가 이 권세를 주었느뇨 24 예수께서 대답하시되 나도 한 말
을 너희에게 물으리니 너희가 대답하면 나도 무슨 권세로 이런 일
을 하는지 이르리라 25 요한의 세례가 어디로서 왔느냐 하늘로서
냐 사람에게로서냐 저희가 서로 의논하여 가로되 만일 하늘로서
라 하면 어찌하여 저를 믿지 아니하였느냐 할것이요 26 만일 사람
에게로서라 하면 모든 사람이 요한을 선지자로 여기니 백성이 무
섭다 하여 27 예수께 대답하여 가로되 우리가 알지 못하노라 하
니 예수께서 가라사대 나도 무슨 권세로 이런 일을 하는지 너희에
게 이르지 아니하리라 28 그러나 너희 생각에는 어떠하뇨 한 사
람이 두 아들이 있는데 맏아들에게 가서 이르되 얘 오늘 포도원에
가서 일하라 하니 29 대답하여 가로되 아버지여 가겠소이다 하더
니 가지 아니하고 30 둘째 아들에게 가서 또 이같이 말하니 대답
하여 가로되 싫소이다 하더니 그 후에 뉘우치고 갔으니 31 그 둘
중에 누가 아비의 뜻대로 하였느뇨 가로되 둘째 아들이니이다 예
수께서 저희에게 이르시되 내가 진실로 너희에게 이르노니 세리
들과 창기들이 너희보다 먼저 하나님의 나라에 들어가리라 32 요
한이 의의 도로 너희에게 왔거늘 너희는 저를 믿지 아니하였으되
세리와 창기는 믿었으며 너희는 이것을 보고도 종시 뉘우쳐 믿지
아니하였도다

포도원 농부의 비유(막 12:1-12; 눅 20:9-19)

33 ● 다시 한 비유를 들으라 한 집 주인이 포도원을 만들고
산울로 두르고 거기 즙 짜는 구유를 파고 망대를 짓고 농부들에게
세로 주고 타국에 갔더니 34 실과 때가 가까우매 그 실과를 받으
려고 자기 종들을 농부들에게 보내니 35 농부들이 종들을 잡아 하
나는 심히 때리고 하나는 죽이고 하나는 돌로 쳤거늘 36 다시 다
른 종들을 처음보다 많이 보내니 저희에게도 그렇게 하였는지라
37 후에 자기 아들을 보내며 가로되 저희가 내 아들은 공경하리라
하였더니 38 농부들이 그 아들을 보고 서로 말하되 이는 상속자니
자 죽이고 그의 유업을 차지하자 하고 39 이에 잡아 포도원 밖에
내어좇아 죽였느니라 40 그러면 포도원 주인이 올 때에 이 농부
들을 어떻게 하겠느뇨 41 저희가 말하되 이 악한 자들을 진멸하고
포도원은 제때에 실과를 바칠만한 다른 농부들에게 세로 줄찌니
이다 42 예수께서 가라사대 너희가 성경에 ㄱ건축자들의 버린 돌
이 모퉁이의 머릿돌이 되었나니 이것은 주로 말미암아 된것이요
우리 눈에 기이하도다 함을 읽어 본 일이 없느냐 43 그러므로 내
가 너희에게 이르노니 하나님의 나라를 너희는 빼앗기고 그 나라
의 열매 맺는 백성이 받으리라 44 이 돌 위에 떨어지는 자는 깨어
지겠고 이 돌이 사람 위에 떨어지면 저를 가루로 만들어 흩으리라
하시니 45 대제사장들과 바리새인들이 예수의 비유를 듣고 자기
들을 가리켜 말씀하심인줄 알고 46 잡고자 하나 무리를 무서워하
니 이는 저희가 예수를 선지자로 앎이었더라

혼인 잔치의 비유(눅 14:15-24)

ㄱ. 시 118:22 이하

22 예수께서 다시 비유로 대답하여 가라사대 2 천국은 마치
자기 아들을 위하여 혼인 잔치를 베푼 어떤 임금과 같으니
3 그 종들을 보내어 그 청한 사람들을 혼인 잔치에 오라 하였더니
오기를 싫어하거늘 4 다시 다른 종들을 보내며 가로되 청한 사람
들에게 이르기를 내가 오찬을 준비하되 나의 소와 살진 짐승을 잡
고 모든 것을 갖추었으니 혼인 잔치에 오소서 하라 하였더니 5 저
희가 돌아 보지도 않고 하나는 자기 밭으로, 하나는 자기 상업차
로 가고 6 그 남은 자들은 종들을 잡아 능욕하고 죽이니 7 임금이
노하여 군대를 보내어 그 살인한 자들을 진멸하고 그 동네를 불사
르고 8 이에 종들에게 이르되 혼인 잔치는 예비되었으나 청한 사
람들은 합당치 아니하니 9 사거리 길에 가서 사람을 만나는대로
혼인 잔치에 청하여 오너라 한대 10 종들이 길에 나가 악한 자나
선한 자나 만나는 대로 모두 데려오니 혼인자리에 손이 가득한지
라 11 임금이 손을 보러 들어올쌔 거기서 예복을 입지 않은 한 사
람을 보고 12 가로되 친구여 어찌하여 예복을 입지 않고 여기 들
어왔느냐 하니 저가 유구무언이어늘 13 임금이 사환들에게 말하
되 그 수족을 결박하여 바깥 어두움에 내어 던지라 거기서 슬피
울며 이를 갊이 있으리라 하니라 14 청함을 받은 자는 많되 택함
을 입은 자는 적으니라

가이사에게 세 바치는 일(막 12:13-17; 눅 20:20-26)

15 • 이에 바리새인들이 가서 어떻게 하여 예수로 말의 올
무에 걸리게 할까 상론하고 16 자기 제자들을 헤롯 당원들과 함께
예수께 보내어 말하되 선생님이여 우리가 아노니 당신은 참되시

고 참으로써 하나님의 도를 가르치시며 아무라도 꺼리는 일이 없
으시니 이는 사람을 외모로 보지 아니하심이니이다 17 그러면 당
신의 생각에는 어떠한지 우리에게 이르소서 가이사에게 세를 바
치는 것이 가하니이까 불가하니이까 한대 18 예수께서 저희의 악
함을 아시고 가라사대 외식하는 자들아 어찌하여 나를 시험하느
냐 19 셋돈을 내게 보이라 하시니 [1]데나리온 하나를 가져왔거늘
20 예수께서 말씀하시되 이 형상과 이 글이 뉘 것이냐 21 가로되
가이사의 것이니이다 이에 가라사대 그런즉 가이사의 것은 가이
사에게, 하나님의 것은 하나님께 바치라 하시니 22 저희가 이 말
씀을 듣고 기이히 여겨 예수를 떠나가니라

부활 논쟁(막 12:18-27; 눅 20:27-40)

23 • 부활이 없다 하는 사두개인들이 그 날에 예수께 와서
물어 가로되 24 선생님이여 모세가 일렀으되 [ㄱ]사람이 만일 자식
이 없이 죽으면 그 동생이 그 아내에게 장가들어 형을 위하여 후
사를 세울찌니라 하였나이다 25 우리 중에 칠 형제가 있었는데 맏
이 장가 들었다가 죽어 후사가 없으므로 그의 아내를 그 동생에게
끼쳐두고 26 그 둘째와 세째로 일곱째까지 그렇게 하다가 27 최후
에 그 여자도 죽었나이다 28 그런즉 저희가 다 그를 취하였으니
부활 때에 일곱 중에 뉘 아내가 되리이까 29 예수께서 대답하여
가라사대 너희가 성경도, 하나님의 능력도 알지 못하는고로 오해
하였도다 30 부활 때에는 장가도 아니가고 시집도 아니가고 하늘
에 있는 천사들과 같으니라 31 죽은 자의 부활을 의논할찐대 하나
님이 너희에게 말씀하신바 32 [ㄴ]나는 아브라함의 하나님이요 이

1) 은전의 명칭 ㄱ. 신 25:5 ㄴ. 출 3:6

삭의 하나님이요 야곱의 하나님이로라 하신 것을 읽어 보지 못하
였느냐 하나님은 죽은 자의 하나님이 아니요 산 자의 하나님이시
니라 하시니 33 무리가 듣고 그의 가르치심에 놀라더라

가장 큰 계명(막 12:28-34; 눅 10:25-28)

34 ● 예수께서 사두개인들로 대답할 수 없게 하셨다 함을
바리새인들이 듣고 모였는데 35 그 중에 한 율법사가 예수를 시험
하여 묻되 36 선생님이여 율법 중에 어느 계명이 크니이까 37 예수
께서 가라사대 ㄱ네 마음을 다하고 목숨을 다하고 뜻을 다하여 주
너의 하나님을 사랑하라 하셨으니 38 이것이 크고 첫째 되는 계명
이요 39 둘째는 그와 같으니 ㄴ네 이웃을 네 몸과 같이 사랑하라 하
셨으니 40 이 두 계명이 온 율법과 선지자의 강령이니라

그리스도와 다윗의 자손(막 12:35-37; 눅 20:41-44)

41 ● 바리새인들이 모였을 때에 예수께서 그들에게 물으시
되 42 너희는 그리스도에 대하여 어떻게 생각하느냐 뉘 자손이냐
대답하되 다윗의 자손이니이다 43 가라사대 그러면 다윗이 성령
에 감동하여 어찌 그리스도를 주라 칭하여 말하되 44 ㄷ주께서 내
주께 이르시되 내가 네 원수를 네 발 아래 둘 때까지 내 우편에 앉
았으라 하셨도다 하였느냐 45 다윗이 그리스도를 주라 칭하였은
즉 어찌 그의 자손이 되겠느냐 하시니 46 한 말도 능히 대답하는
자가 없고 그 날부터 감히 그에게 묻는 자도 없더라

서기관들과 바리새인을 꾸짖으시다(막 12:38-40; 눅 11:37-52; 20:45-47)

23 이에 예수께서 무리와 제자들에게 말씀하여 가라사대 2 서
기관들과 바리새인들이 모세의 자리에 앉았으니 3 그러므

ㄱ. 신 6:5 ㄴ. 레 19:18 ㄷ. 시 110:1

로 무엇이든지 저희의 말하는 바는 행하고 지키되 저희의 하는
행위는 본받지 말라 저희는 말만 하고 행치 아니하며 4 또 무거운
짐을 묶어 사람의 어깨에 지우되 자기는 이것을 한 손가락으로도
움직이려 하지 아니하며 5 저희 모든 행위를 사람에게 보이고자
하여 하나니 곧 그 차는 경문을 넓게 하며 옷술을 크게 하고 6 잔
치의 상석과 회당의 상좌와 7 시장에서 문안 받는 것과 사람에게
랍비라 칭함을 받는 것을 좋아하느니라 8 그러나 너희는 랍비라
칭함을 받지 말라 너희 선생은 하나이요 너희는 다 형제니라 9 땅
에 있는 자를 아비라 하지 말라 너희 아버지는 하나이시니 곧 하
늘에 계신 자시니라 10 또한 지도자라 칭함을 받지 말라 너희 지
도자는 하나이니 곧 그리스도니라 11 너희 중에 큰 자는 너희를 섬
기는 자가 되어야 하리라 12 누구든지 자기를 높이는 자는 낮아지
고 누구든지 자기를 낮추는 자는 높아지리라 13 •화 있을찐저 외
식하는 서기관들과 바리새인들이여 너희는 천국 문을 사람들 앞
에서 닫고 너희도 들어가지 않고 들어가려 하는 자도 들어가지 못
하게 하는도다 14 [1](없음) 15 •화 있을찐저 외식하는 서기관들과
바리새인들이여 너희는 교인 하나를 얻기 위하여 바다와 육지를
두루 다니다가 생기면 너희보다 배나 더 지옥 자식이 되게 하는도
다 16 •화 있을찐저 소경된 인도자여 너희가 말하되 누구든지 성
전으로 맹세하면 아무 일 없거니와 성전의 금으로 맹세하면 지킬
찌라 하는도다 17 우맹이요 소경들이여 어느 것이 크뇨 그 금이냐
금을 거룩하게 하는 성전이냐 18 너희가 또 이르되 누구든지 제단
으로 맹세하면 아무 일 없거니와 그 위에 있는 예물로 맹세하면

1) 어떤 사본에, 14절에 막 12:40과 눅 20:47과 유사한 구절이 있음

지킬찌라 하는도다 19 소경들이여 어느 것이 크뇨 그 예물이냐 예
물을 거룩하게 하는 제단이냐 20 그러므로 제단으로 맹세하는 자
는 제단과 그 위에 있는 모든 것으로 맹세함이요 21 또 성전으로
맹세하는 자는 성전과 그 안에 계신 이로 맹세함이요 22 또 하늘
로 맹세하는 자는 하나님의 보좌와 그 위에 앉으신 이로 맹세함이
니라 23 •화 있을찐저 외식하는 서기관들과 바리새인들이여 너
희가 박하와 회향과 근채의 십일조를 드리되 율법의 더 중한바 의
와 인과 신은 버렸도다 그러나 이것도 행하고 저것도 버리지 말
아야 할찌니라 24 소경된 인도자여 하루살이는 걸러 내고 약대는
삼키는도다 25 •화 있을찐저 외식하는 서기관들과 바리새인들
이여 잔과 대접의 겉은 깨끗이 하되 그 안에는 탐욕과 방탕으로
가득하게 하는도다 26 소경된 바리새인아 너는 먼저 안을 깨끗이
하라 그리하면 겉도 깨끗하리라 27 •화 있을찐저 외식하는 서기
관들과 바리새인들이여 회칠한 무덤 같으니 겉으로는 아름답게
보이나 그 안에는 죽은 사람의 뼈와 모든 더러운 것이 가득하도
다 28 이와 같이 너희도 겉으로는 사람에게 옳게 보이되 안으로는
외식과 불법이 가득하도다 29 •화 있을찐저 외식하는 서기관들
과 바리새인들이여 너희는 선지자들의 무덤을 쌓고 의인들의 비
석을 꾸미며 가로되 30 만일 우리가 조상 때에 있었더면 우리는
저희가 선지자의 피를 흘리는데 참예하지 아니하였으리라 하니
31 그러면 너희가 선지자를 죽인 자의 자손 됨을 스스로 증거함이
로다 32 너희가 너희 조상의 양을 채우라 33 뱀들아 독사의 새끼
들아 너희가 어떻게 지옥의 판결을 피하겠느냐 34 그러므로 내가

너희에게 선지자들과 지혜 있는 자들과 서기관들을 보내매 너희
가 그 중에서 더러는 죽이고 십자가에 못 박고 그 중에 더러는 너
희 회당에서 채찍질하고 이 동네에서 저 동네로 구박하리라 35 그
러므로 의인 아벨의 피로부터 성전과 제단 사이에서 너희가 죽인
바라갸의 아들 사가랴의 피까지 땅 위에서 흘린 의로운 피가 다
너희에게 돌아가리라 36 내가 진실로 너희에게 이르노니 이것이
다 이 세대에게 돌아가리라

예루살렘을 두고 한탄하시다(눅 13:34-35)

37 • 예루살렘아 예루살렘아 선지자들을 죽이고 네게 파송
된 자들을 돌로 치는 자여 암탉이 그 새끼를 날개 아래 모음 같이
내가 네 자녀를 모으려 한 일이 몇번이냐 그러나 너희가 원치 아
니하였도다 38 보라 너희 집이 황폐하여 버린바 되리라 39 내가
너희에게 이르노니 이제부터 너희는 찬송하리로다 주의 이름으
로 오시는 이여 할 때까지 나를 보지 못하리라 하시니라

성전이 무너질 것을 이르시다(막 13:1-2; 눅 21:5-6)

24 예수께서 성전에서 나와서 가실 때에 제자들이 성전 건물
들을 가리켜 보이려고 나아오니 2 대답하여 가라사대 너
희가 이 모든 것을 보지 못하느냐 내가 진실로 너희에게 이르노니
돌 하나도 돌 위에 남지 않고 다 무너뜨리우리라

재난의 징조(막 13:3-13; 눅 21:7-19)

3 • 예수께서 감람산 위에 앉으셨을 때에 제자들이 종용
히 와서 가로되 우리에게 이르소서 어느 때에 이런 일이 있겠사
오며 또 주의 임하심과 세상 끝에는 무슨 징조가 있사오리이까

4 예수께서 대답하여 가라사대 너희가 사람의 미혹을 받지 않도록
주의하라 5 많은 사람이 내 이름으로 와서 이르되 나는 그리스
도라 하여 많은 사람을 미혹케 하리라 6 난리와 난리 소문을 듣
겠으나 너희는 삼가 두려워 말라 이런 일이 있어야 하되 끝은 아
직 아니니라 7 민족이 민족을, 나라가 나라를 대적하여 일어나겠
고 처처에 기근과 지진이 있으리니 8 이 모든 것이 재난의 시작
이니라 9 그 때에 사람들이 너희를 환난에 넘겨주겠으며 너희를
죽이리니 너희가 내 이름을 위하여 모든 민족에게 미움을 받으리
라 10 그 때에 많은 사람이 시험에 빠져 서로 잡아 주고 서로 미워
하겠으며 11 거짓 선지자가 많이 일어나 많은 사람을 미혹하게 하
겠으며 12 불법이 성하므로 많은 사람의 사랑이 식어지리라 13 그
러나 끝까지 견디는 자는 구원을 얻으리라 14 이 천국 복음이 모
든 민족에게 증거되기 위하여 온 세상에 전파되리니 그제야 끝
이 오리라

가장 큰 환난(막 13:14-23; 눅 21:20-24)

15 ●그러므로 너희가 선지자 다니엘의 말한바 ㄱ멸망의 가
증한 것이 거룩한 곳에 선 것을 보거든 (읽는 자는 깨달을찐저)
16 그 때에 유대에 있는 자들은 산으로 도망할찌어다 17 지붕 위에
있는 자는 집안에 있는 물건을 가질러 내려 가지 말며 18 밭에 있
는 자는 겉옷을 가질러 뒤로 돌이키지 말찌어다 19 그 날에는 아
이 밴 자들과 젖먹이는 자들에게 화가 있으리로다 20 너희의 도
망하는 일이 겨울에나 안식일에 되지 않도록 기도하라 21 이는 그
때에 큰 환난이 있겠음이라 창세로부터 지금까지 이런 환난이 없

ㄱ. 단 9:27, 11:31, 12:11

**었고 후에도 없으리라 22 그 날들을 감하지 아니할 것이면 모든
육체가 구원을 얻지 못할 것이나 그러나 택하신 자들을 위하여 그
날들을 감하시리라 23 그 때에 사람이 너희에게 말하되 보라 그리
스도가 여기 있다 혹 저기 있다 하여도 믿지 말라 24 거짓 그리스
도들과 거짓 선지자들이 일어나 큰 [1]표적과 기사를 보이어 할 수
만 있으면 택하신 자들도 미혹하게 하리라 25 보라 내가 너희에
게 미리 말하였노라 26 그러면 사람들이 너희에게 말하되 보라 그
리스도가 광야에 있다 하여도 나가지 말고 보라 골방에 있다 하
여도 믿지 말라 27 번개가 동편에서 나서 서편까지 번쩍임 같이
인자의 임함도 그러하리라 28 주검이 있는 곳에는 독수리들이 모
일찌니라**

인자의 오심(막 13:24-27; 눅 21:25-28)

**29 •그 날 환난 후에 즉시 해가 어두워지며 달이 빛을 내지
아니하며 별들이 하늘에서 떨어지며 하늘의 권능들이 흔들리리
라 30 그 때에 인자의 징조가 하늘에서 보이겠고 그 때에 땅의 모
든 족속들이 통곡하며 그들이 인자가 구름을 타고 능력과 큰 영광
으로 오는 것을 보리라 31 저가 큰 나팔소리와 함께 천사들을 보
내리니 저희가 그 택하신 자들을 하늘 이 끝에서 저 끝까지 사방
에서 모으리라**

무화과나무에서 배울 교훈(막 13:28-31; 눅 21:29-33)

**32 •무화과나무의 비유를 배우라 그 가지가 연하여지고
잎사귀를 내면 여름이 가까운 줄을 아나니 33 이와 같이 너희도
이 모든 일을 보거든 [2]인자가 가까이 곧 문앞에 이른줄 알라 34 내**

1) 혹 이적 2) 혹 때가

가 진실로 너희에게 말하노니 이 세대가 지나가기 전에 이 일이
다 이루리라 35 천지는 없어지겠으나 내 말은 없어지지 아니하리
라 36 그러나 그 날과 그 때는 아무도 모르나니 하늘의 천사들도,
아들도 모르고 오직 아버지만 아시느니라 37 노아의 때와 같이 인
자의 임함도 그러하리라 38 홍수 전에 노아가 방주에 들어가던 날
까지 사람들이 먹고 마시고 장가 들고 시집 가고 있으면서 39 홍
수가 나서 저희를 다 멸하기까지 깨닫지 못하였으니 인자의 임함
도 이와 같으리라 40 그때에 두 사람이 밭에 있으매 하나는 데려
감을 당하고 하나는 버려둠을 당할 것이요 41 두 여자가 매를 갈
고 있으매 하나는 데려감을 당하고 하나는 버려둠을 당할 것이니
라 42 그러므로 깨어 있으라 어느 날에 너희 주가 임할는지 43 너
희가 알지 못함이니라 너희도 아는바니 만일 집 주인이 도적이 어
느 경점에 올 줄을 알았더면 깨어 있어 그 집을 뚫지 못하게 하였
으리라 44 이러므로 너희도 예비하고 있으라 생각지 않은 때에
인자가 오리라 45 충성되고 지혜 있는 종이 되어 주인에게 그 집
사람들을 맡아 때를 따라 양식을 나눠 줄 자가 누구뇨 46 주인이
올 때에 그 종의 이렇게 하는 것을 보면 그 종이 복이 있으리로다
47 내가 진실로 너희에게 이르노니 주인이 그 모든 소유를 저에게
맡기리라 48 만일 그 악한 종이 마음에 생각하기를 주인이 더디
오리라 하여 49 동무들을 때리며 술친구들로 더불어 먹고 마시게
되면 50 생각지 않은 날 알지 못하는 시간에 그 종의 주인이 이르
러 51 [1]엄히 때리고 외식 하는 자의 받는 율에 처하리니 거기서 슬
피 울며 이를 갊이 있으리라

1) 헬, 쪼개어 내고

열 처녀의 비유

25 그 때에 천국은 마치 등을 들고 신랑을 맞으러 나간 열 처
녀와 같다 하리니 2 그 중에 다섯은 미련하고 다섯은 슬
기 있는지라 3 미련한 자들은 등을 가지되 기름을 가지지 아니하
고 4 슬기 있는 자들은 그릇에 기름을 담아 등과 함께 가져갔더니
5 신랑이 더디 오므로 다 졸며 잘쌔 6 밤중에 소리가 나되 보라 신
랑이로다 맞으러 나오라 하매 7 이에 그 처녀들이 다 일어나 등을
준비할쌔 8 미련한 자들이 슬기 있는 자들에게 이르되 우리 등불
이 꺼져가니 너희 기름을 좀 나눠 달라 하거늘 9 슬기 있는 자들이
대답하여 가로되 우리와 너희의 쓰기에 다 부족할까 하노니 차라
리 파는 자들에게 가서 너희 쓸 것을 사라 하니 10 저희가 사러 간
동안에 신랑이 오므로 예비하였던 자들은 함께 혼인 잔치에 들어
가고 문은 닫힌지라 11 그 후에 남은 처녀들이 와서 가로되 주여
주여 우리에게 열어 주소서 12 대답하여 가로되 진실로 너희에게
이르노니 내가 너희를 알지 못하노라 하였느니라 13 그런즉 깨어
있으라 너희는 그 날과 그 시를 알지 못하느니라

달란트의 비유(눅 19:11-27)

14 ● 또 어떤 사람이 타국에 갈제 그 종들을 불러 자기 소유
를 맡김과 같으니 15 각각 그 재능대로 하나에게는 금 다섯 [1]달란
트를, 하나에게는 두 [1]달란트를, 하나에게는 한 [1]달란트를 주고
떠났더니 16 다섯 [1]달란트 받은 자는 바로 가서 그것으로 장사하
여 또 다섯 [1]달란트를 남기고 17 두 [1]달란트 받은 자도 그같이 하여
또 두 [1]달란트를 남겼으되 18 한 [1]달란트 받은 자는 가서 땅을 파

1) 금 은의 수량

고 그 주인의 돈을 감추어 두었더니 19 오랜 후에 그 종들의 주인
이 돌아와 저희와 회계할새 20 다섯 [1)]달란트 받았던 자는 다섯 [1)]달
란트를 더 가지고 와서 가로되 주여 내게 다섯 [1)]달란트를 주셨는
데 보소서 내가 또 다섯 [1)]달란트를 남겼나이다 21 그 주인이 이르
되 잘 하였도다 착하고 충성된 종아 네가 작은 일에 충성하였으매
내가 많은 것으로 네게 맡기리니 네 주인의 즐거움에 참예할찌어
다 하고 22 두 [1)]달란트 받았던 자도 와서 가로되 주여 내게 두 [1)]달
란트를 주셨는데 보소서 내가 또 두 [1)]달란트를 남겼나이다 23 그
주인이 이르되 잘 하였도다 착하고 충성된 종아 네가 작은 일에
충성하였으매 내가 많은 것으로 네게 맡기리니 네 주인의 즐거움
에 참예할찌어다 하고 24 한 [1)]달란트 받았던 자도 와서 가로되 주
여 당신은 굳은 사람이라 심지 않은데서 거두고 헤치지 않은데서
모으는 줄을 내가 알았으므로 25 두려워하여 나가서 당신의 [1)]달
란트를 땅에 감추어 두었었나이다 보소서 당신의 것을 받으셨나
이다 26 그 주인이 대답하여 가로되 악하고 게으른 종아 나는 심
지 않은데서 거두고 헤치지 않은데서 모으는 줄로 네가 알았느냐
27 그러면 네가 마땅히 내 돈을 취리하는 자들에게나 두었다가 나
로 돌아 와서 내 본전과 변리를 받게 할 것이니라 하고 28 그에게
서 그 한 [1)]달란트를 빼앗아 열 [1)]달란트 가진 자에게 주어라 29 무
릇 있는 자는 받아 풍족하게 되고 없는 자는 그 있는 것까지 빼앗
기리라 30 이 무익한 종을 바깥 어두운데로 내어쫓으라 거기서 슬
피 울며 이를 갊이 있으리라 하니라

인자가 모든 천사와 함께 올 때

1) 금 은의 수량

31 ● 인자가 자기 영광으로 모든 천사와 함께 올때에 자기
영광의 보좌에 앉으리니 32 모든 민족을 그 앞에 모으고 각각 분
별하기를 목자가 양과 염소를 분별하는것 같이 하여 33 양은 그
오른편에, 염소는 왼편에 두리라 34 그 때에 임금이 그 오른편에
있는 자들에게 이르시되 내 아버지께 복 받을 자들이여 나아와 창
세로부터 너희를 위하여 예비된 나라를 상속하라 35 내가 주릴 때
에 너희가 먹을 것을 주었고 목마를 때에 마시게 하였고 나그네
되었을 때에 영접하였고 36 벗었을 때에 옷을 입혔고 병들었을 때
에 돌아보았고 옥에 갇혔을 때에 와서 보았느니라 37 이에 의인들
이 대답하여 가로되 주여 우리가 어느 때에 주의 주리신 것을 보
고 공궤하였으며 목마르신 것을 보고 마시게 하였나이까 38 어느
때에 나그네 되신 것을 보고 영접하였으며 벗으신 것을 보고 옷
입혔나이까 39 어느 때에 병드신 것이나 옥에 갇히신 것을 보고
가서 뵈었나이까 하리니 40 임금이 대답하여 가라사대 내가 진실
로 너희에게 이르노니 너희가 여기 내 형제 중에 지극히 작은 자
하나에게 한 것이 곧 내게 한 것이니라 하시고 41 또 왼편에 있는
자들에게 이르시되 저주를 받은 자들아 나를 떠나 마귀와 그 사자
들을 위하여 예비된 영영한 불에 들어가라 42 내가 주릴 때에 너
희가 먹을 것을 주지 아니하였고 목마를 때에 마시게 하지 아니하
였고 43 나그네 되었을 때에 영접하지 아니하였고 벗었을 때에 옷
입히지 아니하였고 병들었을 때와 옥에 갇혔을 때에 돌아보지 아
니하였느니라 하시니 44 저희도 대답하여 가로되 주여 우리가 어
느 때에 주의 주리신 것이나 목마르신 것이나 나그네 되신 것이나

벗으신 것이나 병드신 것이나 옥에 갇히신 것을 보고 공양치 아니
하더이까 45 이에 임금이 대답하여 가라사대 내가 진실로 너희에
게 이르노니 이 지극히 작은 자 하나에게 하지 아니한 것이 곧 내
게 하지 아니한 것이니라 하시리니 46 저희는 영벌에, 의인들은
영생에 들어가리라 하시니라

예수를 죽이려고 의논하다(막 14:1-2; 눅 22:1-2; 요 11:45-53)

26 예수께서 이 말씀을 다 마치시고 제자들에게 이르시되 2 너
희의 아는 바와 같이 이틀을 지나면 유월절이라 인자가 십
자가에 못 박히기 위하여 팔리우리라 하시더라 3 그 때에 대제사
장들과 백성의 장로들이 가야바라 하는 대제사장의 아문에 모여
4 예수를 궤계로 잡아 죽이려고 의논하되 5 말하기를 민요가 날까
하노니 명절에는 말자 하더라

예수의 머리에 향유를 붓다(막 14:3-9; 요 12:1-8)

6 ● 예수께서 베다니 문둥이 시몬의 집에 계실 때에 7 한
여자가 매우 귀한 향유 한 옥합을 가지고 나아와서 [1]식사하시는
예수의 머리에 부으니 8 제자들이 보고 분하여 가로되 무슨 의사
로 이것을 허비하느뇨 9 이것을 많은 값에 팔아 가난한 자들에게
줄 수 있었겠도다 하거늘 10 예수께서 아시고 저희에게 이르시되
너희가 어찌하여 이 여자를 괴롭게 하느냐 저가 내게 좋은 일을
하였느니라 11 가난한 자들은 항상 너희와 함께 있거니와 나는 항
상 함께 있지 아니하리라 12 이 여자가 내 몸에 이 향유를 부은 것
은 내 장사를 위하여 함이니라 13 내가 진실로 너희에게 이르노니
온 천하에 어디서든지 이 복음이 전파되는 곳에는 이 여자의 행한

1) 8:11 난하주를 보라

일도 말하여 저를 기념하리라 하시니라

유다가 배반하다(막 14:10-11; 눅 22:3-6)

14 ●그 때에 열 둘 중에 하나인 가룟 유다라 하는 자가 대제
사장들에게 가서 말하되 15 내가 예수를 너희에게 넘겨주리니 얼
마나 주려느냐 하니 그들이 은 삼십을 달아 주거늘 16 저가 그 때
부터 예수를 넘겨줄 기회를 찾더라

마지막 만찬(막 14:12-26; 눅 22:7-23; 요 13:21-30; 고전 11:23-25)

17 ●무교절의 첫날에 제자들이 예수께 나아와서 가로되 유
월절 잡수실 것을 우리가 어디서 예비하기를 원하시나이까 18 가
라사대 성안 아무에게 가서 이르되 선생님 말씀이 내 때가 가까
왔으니 내 제자들과 함께 유월절을 네 집에서 지키겠다 하시더라
하라 하신대 19 제자들이 예수의 시키신대로 하여 유월절을 예비
하였더라 20 저물 때에 예수께서 열 두 제자와 함께 [1]앉으셨더니
21 저희가 먹을 때에 이르시되 내가 진실로 너희에게 이르노니 너
희 중에 한 사람이 나를 팔리라 하시니 22 저희가 심히 근심하여
각각 여짜오되 주여 내니이까 23 대답하여 가라사대 나와 함께 그
릇에 손을 넣는 그가 나를 팔리라 24 인자는 자기에게 대하여 기
록된대로 가거니와 인자를 파는 그 사람에게는 화가 있으리로다
그 사람은 차라리 나지 아니 하였더면 제게 좋을뻔 하였느니라
25 예수를 파는 유다가 대답하여 가로되 랍비여 내니이까 대답하
시되 네가 말하였도다 하시니라 26 저희가 먹을 때에 예수께서 떡
을 가지사 축복하시고 떼어 제자들을 주시며 가라사대 받아 먹으
라 이것이 내 몸이니라 하시고 27 또 잔을 가지사 사례하시고 저

1) 8:11 난하주를 보라

희에게 주시며 가라사대 너희가 다 이것을 마시라 28 이것은 죄
사함을 얻게 하려고 많은 사람을 위하여 흘리는바 나의 피 곧 언
약의 피니라 29 그러나 너희에게 이르노니 내가 포도나무에서 난
것을 이제부터 내 아버지의 나라에서 새것으로 너희와 함께 마시
는 날까지 마시지 아니하리라 하시니라 30 ●이에 저희가 찬미하
고 감람산으로 나아가니라

베드로가 부인할 것을 이르시다(막 14:27-31; 눅 22:31-34; 요 13:36-38)

31 ●때에 예수께서 제자들에게 이르시되 오늘 밤에 너희
가 다 나를 [1]버리리라 기록된바 [ㄱ]내가 목자를 치리니 양의 떼가
흩어지리라 하였느니라 32 그러나 내가 살아난 후에 너희보다 먼
저 갈릴리로 가리라 33 베드로가 대답하여 가로되 다 주를 [2]버릴
찌라도 나는 언제든지 [3]버리지 않겠나이다 34 예수께서 가라사
대 내가 진실로 네게 이르노니 오늘밤 닭 울기 전에 네가 세번 나
를 부인하리라 35 베드로가 가로되 내가 주와 함께 죽을찌언정 주
를 부인하지 않겠나이다 하고 모든 제자도 이와 같이 말하니라

겟세마네에서 기도하시다(막 14:32-42; 눅 22:39-46)

36 ●이에 예수께서 제자들과 함께 겟세마네라 하는 곳에
이르러 제자들에게 이르시되 내가 저기 가서 기도할 동안에 너희
는 여기 앉아 있으라 하시고 37 베드로와 세베대의 두 아들을 데
리고 가실새 고민하고 슬퍼하사 38 이에 말씀하시되 내 마음이 심
히 고민하여 죽게 되었으니 너희는 여기 머물러 나와 함께 깨어
있으라 하시고 39 조금 나아가사 얼굴을 땅에 대시고 엎드려 기도
하여 가라사대 내 아버지여 만일 할만하시거든 이 잔을 내게서 지

1) 혹 나를 인하여 실족하리라 2) 헬, 주를 인하여 실족할찌라도
3) 헬, 실족지 않겠나이다 ㄱ. 슥 13:7

나가게 하옵소서 그러나 나의 원대로 마옵시고 아버지의 원대로
하옵소서 하시고 40 제자들에게 오사 그 자는 것을 보시고 베드로
에게 말씀하시되 너희가 나와 함께 한 시 동안도 이렇게 깨어 있
을 수 없더냐 41 시험에 들지 않게 깨어 있어 기도하라 마음에는
원이로되 육신이 약하도다 하시고 42 다시 두번째 나아가 기도하
여 가라사대 내 아버지여 만일 내가 마시지 않고는 이 잔이 내게
서 지나갈 수 없거든 아버지의 원대로 되기를 원하나이다 하시고
43 다시 오사 보신즉 저희가 자니 이는 저희 눈이 피곤함일러라
44 또 저희를 두시고 나아가 세번째 동일한 말씀으로 기도하신 후
45 이에 제자들에게 오사 이르시되 이제는 자고 쉬라 보라 때가 가
까왔으니 인자가 죄인의 손에 팔리우느니라 46 일어나라 함께 가
자 보라 나를 파는 자가 가까이 왔느니라

잡히시다(막 14:43-50; 눅 22:47-53; 요 18:3-12)

47 ● 말씀하실 때에 열 둘 중에 하나인 유다가 왔는데 대제
사장들과 백성의 장로들에게서 파송된 큰 무리가 검과 몽치를 가
지고 그와 함께 하였더라 48 예수를 파는 자가 그들에게 군호를 짜
가로되 내가 입맞추는 자가 그이니 그를 잡으라 하였는지라 49 곧
예수께 나아와 랍비여 안녕하시옵니까 하고 입을 맞추니 50 예수
께서 가라사대 친구여 네가 무엇을 하려고 왔는지 행하라 하신대
이에 저희가 나아와 예수께 손을 대어 잡는지라 51 예수와 함께
있던 자 중에 하나가 손을 펴 검을 빼어 대제사장의 종을 쳐 그 귀
를 떨어뜨리니 52 이에 예수께서 이르시되 네 검을 도로 집에 꽂
으라 검을 가지는 자는 다 검으로 망하느니라 53 너는 내가 내 아

버지께 구하여 지금 열 두 영 더되는 천사를 보내시게 할 수 없는
줄로 아느냐 54 내가 만일 그렇게 하면 이런 일이 있으리라 한 성
경이 어떻게 이루어지리요 하시더라 55 그 때에 예수께서 무리에
게 말씀하시되 너희가 강도를 잡는 것 같이 검과 몽치를 가지고
나를 잡으러 나왔느냐 내가 날마다 성전에 앉아 가르쳤으되 너희
가 나를 잡지 아니하였도다 56 그러나 이렇게 된 것은 다 선지자
들의 글을 이루려 함이니라 하시더라 이에 제자들이 다 예수를 버
리고 도망하니라

공회 앞에 서시다(막 14:53-65; 눅 22:54-55, 63-71; 요 18:13-14, 19-24)

57 ● 예수를 잡은 자들이 끌고 대제사장 가야바에게로 가
니 거기 서기관과 장로들이 모여 있더라 58 베드로가 멀찍이 예수
를 좇아 대제사장의 집 뜰에까지 가서 그 결국을 보려고 안에 들
어가 하속들과 함께 앉았더라 59 대제사장들과 온 공회가 예수를
죽이려고 그를 칠 거짓증거를 찾으매 60 거짓 증인이 많이 왔으나
얻지 못하더니 후에 두 사람이 와서 61 가로되 이 사람의 말이 내
가 하나님의 성전을 헐고 사흘에 지을 수 있다 하더라 하니 62 대
제사장이 일어서서 예수께 묻되 아무 대답도 없느냐 이 사람들의
너를 치는 증거가 어떠하뇨 하되 63 예수께서 잠잠하시거늘 대제
사장이 가로되 내가 너로 살아 계신 하나님께 맹세하게 하노니 네
가 하나님의 아들 그리스도인지 우리에게 말하라 64 예수께서 가
라사대 네가 말하였느니라 그러나 내가 너희에게 이르노니 이 후
에 인자가 권능의 우편에 앉은 것과 하늘 구름을 타고 오는 것을
너희가 보리라 하시니 65 이에 대제사장이 자기 옷을 찢으며 가

로되 저가 참람한 말을 하였으니 어찌 더 증인을 요구하리요 보라
너희가 지금 이 참람한 말을 들었도다 66 생각이 어떠하뇨 대답
하여 가로되 저는 사형에 해당하니라 하고 67 이에 예수의 얼굴에
침 뱉으며 주먹으로 치고 혹은 손바닥으로 때리며 68 가로되 그리
스도야 우리에게 선지자 노릇을 하라 너를 친 자가 누구냐 하더라

베드로가 예수를 모른다고 하다

(막 14:66-72; 눅 22:56-62; 요 18:15-18, 25-27)

69 ● 베드로가 바깥 뜰에 앉았더니 한 비자가 나아와 가로
되 너도 갈릴리 사람 예수와 함께 있었도다 하거늘 70 베드로가
모든 사람 앞에서 부인하여 가로되 나는 네 말하는 것이 무엇인
지 알지 못하겠노라 하며 71 앞문까지 나아가니 다른 비자가 저를
보고 거기 있는 사람들에게 말하되 이 사람은 나사렛 예수와 함
께 있었도다 하매 72 베드로가 맹세하고 또 부인하여 가로되 내가
그 사람을 알지 못하노라 하더라 73 조금 후에 곁에 섰던 사람들
이 나아와 베드로에게 이르되 너도 진실로 그 당이라 네 말소리가
너를 표명한다 하거늘 74 저가 저주하며 맹세하여 가로되 내가 그
사람을 알지 못하노라 하니 닭이 곧 울더라 75 이에 베드로가 예
수의 말씀에 닭 울기 전에 네가 세번 나를 부인하리라 하심이 생
각나서 밖에 나가서 심히 통곡하니라

빌라도 앞에 서시다(막 15:1; 눅 23:1-2; 요 18:28-32)

27 새벽에 모든 대제사장과 백성의 장로들이 예수를 죽이려
고 함께 의논하고 2 결박하여 끌고 가서 총독 빌라도에게
넘겨주니라

유다가 자살하다(행 1:18-19)

3 ● 때에 예수를 판 유다가 그의 정죄됨을 보고 스스로 뉘
우쳐 그 은 삼십을 대제사장들과 장로들에게 도로 갖다 주며 4 가
로되 내가 무죄한 피를 팔고 죄를 범하였도다 하니 저희가 가로되
그것이 우리에게 무슨 상관이 있느냐 네가 당하라 하거늘 5 유다
가 은을 성소에 던져 넣고 물러가서 스스로 목매어 죽은지라 6 대
제사장들이 그 은을 거두며 가로되 이것은 피 값이라 성전고에 넣
어 둠이 옳지 않다 하고 7 의논한 후 이것으로 토기장이의 밭을 사
서 나그네의 묘지를 삼았으니 8 그러므로 오늘날까지 그 밭을 피
밭이라 일컫느니라 9 이에 선지자 예레미야로 하신 말씀이 이루
었나니 일렀으되 ㄱ저희가 그 정가 된 자 곧 이스라엘 자손 중에서
정가한 자의 가격 곧 은 삼십을 가지고 10 토기장이의 밭 값으로
주었으니 이는 주께서 내게 명하신 바와 같으니라 하였더라

사형 선고를 받으시다(막 15:2-15; 눅 23:3-5, 13-25; 요 18:33-19:16)

11 ● 예수께서 총독 앞에 섰으매 총독이 물어 가로되 네가
유대인의 왕이냐 예수께서 대답하시되 네 말이 옳도다 하시고
12 대제사장들과 장로들에게 고소를 당하되 아무 대답도 아니하
시는지라 13 이에 빌라도가 이르되 저희가 너를 쳐서 얼마나 많은
것으로 증거하는지 듣지 못하느냐 하되 14 한마디도 대답지 아니
하시니 총독이 심히 기이히 여기더라 15 명절을 당하면 총독이 무
리의 소원대로 죄수 하나를 놓아 주는 전례가 있더니 16 그 때에
바라바라 하는 유명한 죄수가 있는데 17 저희가 모였을 때에 빌라
도가 물어 가로되 너희는 내가 누구를 너희에게 놓아 주기를 원하

ㄱ. 슥 11:12, 13

느냐 바라바냐 그리스도라 하는 예수냐 하니 18 이는 저가 그들의
시기로 예수를 넘겨준줄 앎이러라 19 총독이 재판 자리에 앉았을
때에 그 아내가 사람을 보내어 가로되 저 옳은 사람에게 아무 상
관도 하지 마옵소서 오늘 꿈에 내가 그 사람을 인하여 애를 많이
썼나이다 하더라 20 대제사장들과 장로들이 무리를 권하여 바라
바를 달라 하게 하고 예수를 멸하자 하게 하였더니 21 총독이 대
답하여 가로되 둘 중에 누구를 너희에게 놓아 주기를 원하느냐 가
로되 바라바로소이다 22 빌라도가 가로되 그러면 그리스도라 하
는 예수를 내가 어떻게 하랴 저희가 다 가로되 십자가에 못 박혀
야 하겠나이다 23 빌라도가 가로되 어찜이뇨 무슨 악한 일을 하였
느냐 저희가 더욱 소리질러 가로되 십자가에 못 박혀야 하겠나이
다 하는지라 24 빌라도가 아무 효험도 없이 도리어 민란이 나려는
것을 보고 물을 가져다가 무리 앞에서 손을 씻으며 가로되 [1]이 사
람의 피에 대하여 나는 무죄하니 너희가 당하라 25 백성이 다 대
답하여 가로되 그 피를 우리와 우리 자손에게 돌릴찌어다 하거늘
26 이에 바라바는 저희에게 놓아주고 예수는 채찍질하고 십자가
에 못 박히게 넘겨주니라

군병들이 예수를 희롱하다(막 15:16-20; 요 19:2-3)

27 ● 이에 총독의 군병들이 예수를 데리고 관정 안으로 들
어가서 온 군대를 그에게로 모으고 28 그의 옷을 벗기고 홍포를
입히며 29 가시 면류관을 엮어 그 머리에 씌우고 갈대를 그 오른
손에 들리고 그 앞에서 무릎을 꿇고 희롱하여 가로되 유대인의 왕
이여 평안할찌어다 하며 30 그에게 침 뱉고 갈대를 빼앗아 그의

1) 어떤 사본에, 이 옳은 사람의

머리를 치더라 31 희롱을 다한 후 홍포를 벗기고 도로 그의 옷을
입혀 십자가에 못 박으려고 끌고 나가니라

십자가에 못 박히시다(막 15:21-32; 눅 23:26-43; 요 19:17-27)

32 ● 나가다가 시몬이란 구레네 사람을 만나매 그를 억지
로 같이 가게 하여 예수의 십자가를 지웠더라 33 골고다 즉 해골
의 곳이라는 곳에 이르러 34 쓸개 탄 포도주를 예수께 주어 마
시게 하려 하였더니 예수께서 맛보시고 마시고자 아니하시더라
35 저희가 예수를 십자가에 못 박은 후에 그 옷을 제비 뽑아 나누
고 36 거기 앉아 지키더라 37 그 머리 위에 이는 유대인의 왕 예수
라 쓴 죄패를 붙였더라 38 이때에 예수와 함께 강도 둘이 십자가
에 못 박히니 하나는 우편에, 하나는 좌편에 있더라 39 지나가는
자들은 자기 머리를 흔들며 예수를 모욕하여 40 가로되 성전을 헐
고 사흘에 짓는 자여 네가 만일 하나님의 아들이어든 자기를 구원
하고 십자가에서 내려오라 하며 41 그와 같이 대제사장들도 서기
관들과 장로들과 함께 희롱하여 가로되 42 저가 남은 구원하였으
되 자기는 구원할 수 없도다 저가 이스라엘의 왕이로다 지금 십자
가에서 내려올찌어다 그러면 우리가 믿겠노라 43 저가 하나님을
신뢰하니 하나님이 저를 기뻐하시면 이제 구원하실찌라 제 말이
나는 하나님의 아들이라 하였도다 하며 44 함께 십자가에 못 박힌
강도들도 이와 같이 욕하더라

영혼이 떠나시다(막 15:33-41; 눅 23:44-49; 요 19:28-30)

45 ● 제 육시로부터 온 땅에 어두움이 임하여 제 구시까지
계속하더니 46 제 구시 즈음에 예수께서 크게 소리질러 가라사대

ㄱ엘리 엘리 라마 사박다니 하시니 이는 곧 나의 하나님, 나의 하나
님, 어찌하여 나를 버리셨나이까 하는 뜻이라 47 거기 섰던 자 중
어떤이들이 듣고 가로되 이 사람이 엘리야를 부른다 하고 48 그
중에 한 사람이 곧 달려가서 해융을 가지고 신 포도주를 머금게
하여 갈대에 꿰어 마시우거늘 49 그 남은 사람들이 가로되 가만
두어라 엘리야가 와서 저를 구원하나 보자 하더라[1] 50 예수께서
다시 크게 소리지르시고 영혼이 떠나시다 51 이에 성소 휘장이 위
로부터 아래까지 찢어져 둘이 되고 땅이 진동하며 바위가 터지고
52 무덤들이 열리며 자던 성도의 몸이 많이 일어나되 53 예수의 부
활 후에 저희가 무덤에서 나와서 거룩한 성에 들어가 많은 사람에
게 보이니라 54 백부장과 및 함께 예수를 지키던 자들이 지진과
그 되는 일들을 보고 심히 두려워하여 가로되 이는 진실로 하나님
의 아들이었도다 하더라 55 예수를 섬기며 갈릴리에서 부터 좇아
온 많은 여자가 거기 있어 멀리서 바라보고 있으니 56 그 중에 막
달라 마리아와 또 야고보와 요셉의 어머니 마리아와 또 세베대의
아들들의 어머니도 있더라

무덤에 넣어 두다(막 15:42-47; 눅 23:50-56; 요 19:38-42)

57 • 저물었을 때에 아리마대 부자 요셉이라 하는 사람이
왔으니 그도 예수의 제자라 58 빌라도에게 가서 예수의 시체를 달
라 하니 이에 빌라도가 내어주라 분부하거늘 59 요셉이 시체를 가
져다가 정한 세마포로 싸서 60 바위 속에 판 자기 새무덤에 넣어
두고 큰 돌을 굴려 무덤 문에 놓고 가니 61 거기 막달라 마리아와
다른 마리아가 무덤을 향하여 앉았더라

1) 어떤 사본에, 49절 끝에 요 19:34과 같은 말이 있음 ㄱ. 시 22:1

파수꾼이 무덤을 지키다

62 •그 이튿날은 예비일 다음 날이라 대제사장들과 바리
새인들이 함께 빌라도에게 모여 가로되 63 주여 저 유혹하던 자가
살았을 때에 말하되 내가 사흘후에 다시 살아나리라 한 것을 우리
가 기억하노니 64 그러므로 분부하여 그 무덤을 사흘까지 굳게 지
키게 하소서 그의 제자들이 와서 시체를 도적질하여 가고 백성에
게 말하되 그가 죽은 자 가운데서 살아났다 하면 후의 유혹이 전
보다 더 될까 하나이다 하니 65 빌라도가 가로되 너희에게 파숫군
이 있으니 가서 힘대로 굳게 하라 하거늘 66 저희가 파숫군과 함
께 가서 돌을 인봉하고 무덤을 굳게 하니라

살아나시다(막 16:1-8; 눅 24:1-12; 요 20:1-10)

28 안식일이 다하여가고 안식 후 첫날이 되려는 미명에 막달
라 마리아와 다른 마리아가 무덤을 보려고 왔더니 2 큰 지
진이 나며 주의 천사가 하늘로서 내려와 돌을 굴려 내고 그 위에
앉았는데 3 그 형상이 번개 같고 그 옷은 눈 같이 희거늘 4 수직하
던 자들이 저를 무서워하여 떨며 죽은 사람과 같이 되었더라 5 천
사가 여자들에게 일러 가로되 너희는 무서워 말라 십자가에 못 박
히신 예수를 너희가 찾는 줄을 내가 아노라 6 그가 여기 계시지 않
고 그의 말씀하시던대로 살아나셨느니라 와서 그의 누우셨던 곳
을 보라 7 또 빨리 가서 그의 제자들에게 이르되 그가 죽은 자 가
운데서 살아나셨고 너희보다 먼저 갈릴리로 가시나니 거기서 너
희가 뵈오리라 하라 보라 내가 너희에게 일렀느니라 하거늘 8 그
여자들이 무서움과 큰 기쁨으로 무덤을 빨리 떠나 제자들에게 알

게 하려고 달음질할새 9 예수께서 저희를 만나 가라사대 평안하
뇨 하시거늘 여자들이 나아가 그 발을 붙잡고 경배하니 10 이에
예수께서 가라사대 무서워 말라 가서 내 형제들에게 갈릴리로 가
라 하라 거기서 나를 보리라 하시니라

파수꾼의 보고

11 ● 여자들이 갈제 파숫군 중 몇이 성에 들어가 모든 된 일
을 대제사장들에게 고하니 12 그들이 장로들과 함께 모여 의논하
고 군병들에게 돈을 많이 주며 13 가로되 너희는 말하기를 그의
제자들이 밤에 와서 우리가 잘 때에 그를 도적질하여 갔다 하라
14 만일 이 말이 총독에게 들리면 우리가 권하여 너희로 근심되지
않게 하리라 하니 15 군병들이 돈을 받고 가르친대로 하였으니 이
말이 오늘날까지 유대인 가운데 두루 퍼지니라

제자들이 선교의 사명을 받다

(막 16:14-18; 눅 24:36-49; 요 20:19-23; 행 1:6-8)

16 ● 열 한 제자가 갈릴리에 가서 예수의 명하시던 산에 이르
러 17 예수를 뵈옵고 경배하나 오히려 의심하는 자도 있더라 18 예
수께서 나아와 일러 가라사대 하늘과 땅의 모든 권세를 내게 주셨
으니 19 그러므로 너희는 가서 모든 족속으로 제자를 삼아 아버지
와 아들과 성령의 이름으로 세례를 주고 20 내가 너희에게 분부한
모든 것을 가르쳐 지키게 하라 볼찌어다 내가 세상 끝날까지 너희
와 항상 함께 있으리라 하시니라

마가복음

세례 요한의 전파(마 3:1-12; 눅 3:1-9, 15-17; 요 1:19-23)

1 [1)]하나님의 아들 예수 그리스도 복음의 시작이라 2 선지자
이사야의 글에 [ㄱ]보라 내가 내 사자를 네 앞에 보내노니 저
가 네 길을 예비하리라 3 [ㄴ]광야에 외치는 자의 소리가 있어 가로
되 너희는 주의 길을 예비하라 그의 첩경을 평탄케 하라 기록된
것과 같이 4 세례 요한이 이르러 광야에서 죄 사함을 받게 하는
회개의 세례를 전파하니 5 온 유대 지방과 예루살렘 사람이 다 나
아가 자기 죄를 자복하고 요단강에서 그에게 세례를 받더라 6 요
한은 약대털을 입고 허리에 가죽띠를 띠고 메뚜기와 석청을 먹더
라 7 그가 전파하여 가로되 나보다 능력 많으신 이가 내 뒤에 오
시나니 나는 굽혀 그의 신들메를 풀기도 감당치 못하겠노라 8 나
는 너희에게 물로 세례를 주었거니와 그는 성령으로 너희에게 세
례를 주시리라

세례를 받으시다(마 3:13-17; 눅 3:21-22)

9 ● 그 때에 예수께서 갈릴리 나사렛으로부터 와서 요단강
에서 요한에게 세례를 받으시고 10 곧 물에서 올라 오실쌔 하늘이
갈라짐과 성령이 비둘기 같이 자기에게 내려오심을 보시더니 11 하
늘로서 소리가 나기를 너는 내 사랑하는 아들이라 내가 너를 기뻐
하노라 하시니라

시험을 받으시다(마 4:1-11; 눅 4:1-13)

12 ● 성령이 곧 예수를 광야로 몰아내신지라 13 광야에서
사십 일을 계셔서 사단에게 시험을 받으시며 들짐승과 함께 계시
니 천사들이 수종들더라

1) 어떤 사본에는, 「하나님의 아들」이 없음 ㄱ. 말 3:1 ㄴ. 사 40:3

하나님 나라를 전파하시다(마 4:12-17; 눅 4:14-15)

14 • 요한이 잡힌 후 예수께서 갈릴리에 오셔서 하나님의
복음을 전파하여 15 가라사대 때가 찼고 하나님 나라가 가까왔으
니 회개하고 복음을 믿으라 하시더라

제자 넷을 부르시다(마 4:18-22; 눅 5:1-11)

16 • 갈릴리 해변으로 지나가시다가 시몬과 그 형제 안드
레가 바다에 그물 던지는 것을 보시니 저희는 어부라 17 예수께서
가라사대 나를 따라 오너라 내가 너희로 사람을 낚는 어부가 되게
하리라 하시니 18 곧 그물을 버려 두고 좇으니라 19 조금 더 가시
다가 세베대의 아들 야고보와 그 형제 요한을 보시니 저희도 배에
있어 그물을 깁는데 20 곧 부르시니 그 아비 세베대를 삯군들과
함께 배에 버려두고 예수를 따라가니라

더러운 귀신 들린 사람을 고치시다(눅 4:31-37)

21 • 저희가 가버나움에 들어가니라 예수께서 곧 안식일에
회당에 들어가 가르치시매 22 뭇사람이 그의 교훈에 놀라니 이는
그 가르치시는 것이 권세 있는 자와 같고 서기관들과 같지 아니함
일러라 23 마침 저희 회당에 더러운 귀신 들린 사람이 있어 소리
질러 가로되 24 나사렛 예수여 우리가 당신과 무슨 상관이 있나이
까 우리를 멸하러 왔나이까 나는 당신이 누구인줄 아노니 하나님
의 거룩한 자니이다 25 예수께서 꾸짖어 가라사대 잠잠하고 그 사
람에게서 나오라 하시니 26 더러운 귀신이 그 사람으로 경련을 일
으키게 하고 큰 소리를 지르며 나오는지라 27 다 놀라 서로 물어
가로되 이는 어찜이뇨 권세 있는 새 교훈이로다 더러운 귀신들을

명한즉 순종하는도다 하더라 28 예수의 소문이 곧 온 갈릴리 사
방에 퍼지더라

병든 많은 사람을 고치시다(마 8:14-17; 눅 4:38-41)

29 ●회당에서 나와 곧 야고보와 요한과 함께 시몬과 안드
레의 집에 들어가시니 30 시몬의 장모가 열병으로 누웠는지라 사
람들이 곧 그의 일로 예수께 여짜온대 31 나아가사 그 손을 잡아 일
으키시니 열병이 떠나고 여자가 저희에게 수종드니라 32 ●저물
어 해 질 때에 모든 병자와 귀신들린 자를 예수께 데려오니 33 온
동네가 문 앞에 모였더라 34 예수께서 각색 병든 많은 사람을 고
치시며 많은 귀신을 내어 쫓으시되 귀신이 자기를 알므로 그 말하
는 것을 허락지 아니하시니라

전도 여행을 떠나시다(눅 4:42-44)

35 ●새벽 오히려 미명에 예수께서 일어나 나가 한적한 곳
으로 가사 거기서 기도하시더니 36 시몬과 및 그와 함께 있는 자
들이 예수의 뒤를 따라가 37 만나서 가로되 모든 사람이 주를 찾
나이다 38 이르시되 우리가 다른 가까운 마을들로 가자 거기서도
전도하리니 내가 이를 위하여 왔노라 하시고 39 이에 온 갈릴리
에 다니시며 저희 여러 회당에서 전도하시고 또 귀신들을 내어 쫓
으시더라

나병환자를 깨끗하게 하시다(마 8:1-4; 눅 5:12-16)

40 ●한 문둥병자가 예수께 와서 꿇어 엎드리어 간구하여
가로되 원하시면 저를 깨끗케 하실 수 있나이다 41 예수께서 민망
히 여기사 손을 내밀어 저에게 대시며 가라사대 내가 원하노니 깨

끗함을 받으라 하신대 42 곧 문둥병이 그 사람에게서 떠나가고 깨
끗하여진지라 43 엄히 경계하사 곧 보내시며 44 가라사대 삼가 아
무에게 아무 말도 하지 말고 가서 네 몸을 제사장에게 보이고 네
깨끗케 됨을 인하여 [ㄱ]모세의 명한 것을 드려 저희에게 증거하라
하셨더니 45 그러나 그 사람이 나가서 이 일을 많이 전파하여 널
리 퍼지게 하니 그러므로 예수께서 다시는 드러나게 동네에 들어
가지 못하시고 오직 바깥 한적한 곳에 계셨으나 사방에서 그에게
로 나아오더라

중풍병자를 고치시다(마 9:1-8; 눅 5:17-26)

2 수일 후에 예수께서 다시 가버나움에 들어가시니 집에 계
신 소문이 들린지라 2 많은 사람이 모여서 문 앞에라도 용신
할 수 없게 되었는데 예수께서 저희에게 도를 말씀하시더니 3 사
람들이 한 중풍병자를 네 사람에게 메워 가지고 예수께로 올새
4 무리를 인하여 예수께 데려갈 수 없으므로 그 계신 곳의 지붕을
뜯어 구멍을 내고 중풍병자의 누운 상을 달아내리니 5 예수께서
저희의 믿음을 보시고 중풍병자에게 이르시되 소자야 네 죄 사함
을 받았느니라 하시니 6 어떤 서기관들이 거기 앉아서 마음에 의
논하기를 7 이 사람이 어찌 이렇게 말하는가 참람하도다 오직 하
나님 한 분 외에는 누가 능히 죄를 사하겠느냐 8 저희가 속으로 이
렇게 의논하는 줄을 예수께서 곧 [1]중심에 아시고 이르시되 어찌
하여 이것을 마음에 의논하느냐 9 중풍병자에게 네 죄 사함을 받
았느니라 하는 말과 일어나 네 상을 가지고 걸어가라 하는 말이
어느 것이 쉽겠느냐 10 그러나 인자가 땅에서 죄를 사하는 권세

1) 혹 심령으로 ㄱ. 레 14:2 이하

가 있는 줄을 너희로 알게 하려하노라 하시고 중풍병자에게 말씀
하시되 11 내가 네게 이르노니 일어나 네 상을 가지고 집으로 가
라 하시니 12 그가 일어나 곧 상을 가지고 모든 사람 앞에서 나가
거늘 저희가 다 놀라 영광을 하나님께 돌리며 가로되 우리가 이런
일을 도무지 보지 못하였다 하더라

레위를 부르시다(마 9:9-13; 눅 5:27-32)

13 ● 예수께서 다시 바닷가에 나가시매 무리가 다 나아왔
거늘 예수께서 저희를 가르치시니라 14 또 지나가시다가 알패오
의 아들 레위가 세관에 앉아 있는 것을 보시고 저에게 이르시되
나를 좇으라 하시니 일어나 좇으니라 15 그의 집에 [1]앉아 잡수실
때에 많은 세리와 죄인들이 예수와 그 제자들과 함께 [2]앉았으니
이는 저희가 많이 있어서 예수를 좇음이러라 16 바리새인의 서기
관들이 예수께서 죄인과 세리들과 함께 잡수시는 것을 보고 그 제
자들에게 이르되 어찌하여 세리와 죄인들과 함께 먹는가 17 예수
께서 들으시고 저희에게 이르시되 건강한 자에게는 의원이 쓸데
없고 병든 자에게라야 쓸데 있느니라 내가 의인을 부르러 온것이
아니요 죄인을 부르러 왔노라 하시니라

금식 논쟁(마 9:14-17; 눅 5:33-39)

18 ● 요한의 제자들과 바리새인들이 금식하고 있는지라 혹
이 예수께 와서 말하되 요한의 제자들과 바리새인의 제자들은 금
식하는데 어찌하여 당신의 제자들은 금식하지 아니하나이까 19 예
수께서 저희에게 이르시되 혼인집 손님들이 신랑과 함께 있을 때
에 금식할 수 있느냐 신랑과 함께 있을 동안에는 금식할 수 없나

1) 헬, 기대어 누워 (유대인의 음식 먹을 때에 가지는 자세) 2) 헬, 기대어 누웠으니

니 20 그러나 신랑을 빼앗길 날이 이르리니 그 날에는 금식할 것
이니라 21 생베 조각을 낡은 옷에 붙이는 자가 없나니 만일 그렇
게 하면 기운 새것이 낡은 그것을 당기어 해어짐이 더하게 되느니
라 22 새 포도주를 낡은 가죽 부대에 넣는 자가 없나니 만일 그렇
게 하면 새 포도주가 부대를 터뜨려 포도주와 부대를 버리게 되리
라 오직 새 포도주는 새 부대에 넣느니라 하시니라

안식일에 밀 이삭을 자르다(마 12:1-8; 눅 6:1-5)

23 • 안식일에 예수께서 밀밭 사이로 지나가실새 그 제자
들이 길을 [1]열며 이삭을 자르니 24 바리새인들이 예수께 말하되
보시오 저희가 어찌하여 안식일에 하지 못할 일을 하나이까 25 예
수께서 가라사대 [ㄱ]다윗이 자기와 및 함께한 자들이 핍절되어 시
장할 때에 한 일을 읽지 못하였느냐 26 그가 아비아달 대제사장
때에 하나님의 전에 들어가서 제사장 외에는 먹지 못하는 진설병
을 먹고 함께한 자들에게도 주지 아니하였느냐 27 또 가라사대 안
식일은 사람을 위하여 있는 것이요 사람이 안식일을 위하여 있는
것이 아니니 28 이러므로 인자는 안식일에도 주인이니라

안식일에 손 마른 사람을 고치시다(마 12:9-14; 눅 6:6-11)

3 예수께서 다시 회당에 들어가시니 한편 손 마른 사람이 거
기 있는지라 2 사람들이 예수를 송사하려 하여 안식일에
그 사람을 고치시는가 엿보거늘 3 예수께서 손 마른 사람에게 이
르시되 한 가운데 일어서라 하시고 4 저희에게 이르시되 안식일
에 선을 행하는 것과 악을 행하는 것, 생명을 구하는 것과 죽이는
것, 어느 것이 옳으냐 하시니 저희가 잠잠하거늘 5 저희 마음의

1) 혹 가며 ㄱ. 삼상 21:6

완악함을 근심하사 노하심으로 저희를 둘러 보시고 그 사람에게
이르시되 네 손을 내밀라 하시니 그가 내밀매 그 손이 회복되었더
라 6 바리새인들이 나가서 곧 헤롯당과 함께 어떻게 하여 예수를
죽일꼬 의논하니라

많은 사람이 나아오다

7 • 예수께서 제자들과 함께 바다로 물러가시니 갈릴리에
서 큰 무리가 좇으며 8 유대와 예루살렘과 이두매와 요단강 건너
편과 또 두로와 시돈 근처에서 허다한 무리가 그의 하신 큰 일을
듣고 나아오는지라 9 예수께서 무리의 에워싸 미는 것을 면키 위
하여 작은 배를 등대하도록 제자들에게 명하셨으니 10 이는 많은
사람을 고치셨으므로 병에 고생하는 자들이 예수를 만지고자 하
여 핍근히 함이더라 11 더러운 귀신들도 어느 때든지 예수를 보
면 그 앞에 엎드려 부르짖어 가로되 당신은 하나님의 아들이니이
다 하니 12 예수께서 자기를 나타내지 말라고 많이 경계하시니라

열두 제자를 세우시다(마 10:1-4; 눅 6:12-16)

13 • 또 산에 오르사 자기의 원하는 자들을 부르시니 나아
온지라 14 이에 열 둘을 세우셨으니 이는 자기와 함께 있게 하시
고 또 보내사 전도도 하며 15 귀신을 내어좇는 권세도 있게 하려
하심이러라 16 이 열 둘을 세우셨으니 시몬에게는 베드로란 이름
을 더하셨고 17 또 세베대의 아들 야고보와 야고보의 형제 요한이
니 이 둘에게는 보아너게 곧 우뢰의 아들이란 이름을 더하셨으며
18 또 안드레와 빌립과 바돌로매와 마태와 도마와 알패오의 아들
야고보와 및 다대오와 [1)]가나안인 시몬이며 19 또 가룟 유다니 이

1) 혹 열심당원

는 예수를 판 자러라

예수와 바알세불(마 12:22-32; 눅 11:14-23; 12:10)

20 ● 집에 들어가시니 무리가 다시 모이므로 식사할 겨를
도 없는지라 21 예수의 친속들이 듣고 붙들러 나오니 이는 그가
미쳤다 함일러라 22 예루살렘에서 내려온 서기관들은 저가 바알
세불을 지폈다 하며 또 귀신의 왕을 힘입어 귀신을 쫓아낸다 하니
23 예수께서 저희를 불러다가 비유로 말씀하시되 사단이 어찌 사
단을 쫓아낼 수 있느냐 24 또 만일 나라가 스스로 분쟁하면 그 나
라가 설 수 없고 25 만일 집이 스스로 분쟁하면 그 집이 설 수 없
고 26 만일 사단이 자기를 거스려 일어나 분쟁하면 설 수 없고 이
에 망하느니라 27 사람이 먼저 강한 자를 결박지 않고는 그 강한
자의 집에 들어가 세간을 늑탈치 못하리니 결박한 후에야 그 집을
늑탈하리라 28 내가 진실로 너희에게 이르노니 [1]사람의 모든 죄
와 무릇 훼방하는 훼방은 사하심을 얻되 29 누구든지 성령을 훼방
하는 자는 사하심을 영원히 얻지 못하고 영원한 죄에 처하느니라
하시니 30 이는 저희가 말하기를 더러운 귀신이 들렸다 함이러라

예수의 모친과 형제 자매(마 12:46-50; 눅 8:19-21)

31 ● 때에 예수의 모친과 [2]동생들이 와서 밖에 서서 사람을
보내어 예수를 부르니 32 무리가 예수를 둘러 앉았다가 여짜오되
보소서 당신의 모친과 [2]동생들과 누이들이 밖에서 찾나이다 33 대
답하시되 누가 내 모친이며 [2]동생들이냐 하시고 34 둘러 앉은 자
들을 둘러 보시며 가라사대 내 모친과 내 [2]동생들을 보라 35 누
구든지 하나님의 뜻대로 하는 자는 내 형제요 자매요 모친이니라

1) 헬, 인자들의 2) 혹 형제들

씨 뿌리는 사람의 비유(마 13:1-9; 눅 8:4-8)

4 예수께서 다시 바닷가에서 가르치시니 큰 무리가 모여 들
거늘 예수께서 배에 올라 바다에 떠 앉으시고 온 무리는 바
다 곁 육지에 있더라 2 이에 예수께서 여러가지를 비유로 가르치
시니 그 가르치시는 중에 저희에게 이르시되 3 들으라 씨를 뿌리
는 자가 뿌리러 나가서 4 뿌릴쌔 더러는 길 가에 떨어지매 새들이
와서 먹어 버렸고 5 더러는 흙이 얇은 돌밭에 떨어지매 흙이 깊지
아니하므로 곧 싹이 나오나 6 해가 돋은 후에 타져서 뿌리가 없으
므로 말랐고 7 더러는 가시떨기에 떨어지매 가시가 자라 기운을
막으므로 결실치 못하였고 8 더러는 좋은 땅에 떨어지매 자라 무
성하여 결실하였으니 삼십배와 육십배와 백배가 되었느니라 하
시고 9 또 이르시되 들을 귀 있는 자는 들으라 하시니라

비유를 설명하시다(마 13:10-23; 눅 8:9-15)

10 ● 예수께서 홀로 계실 때에 함께한 사람들이 열 두 제자로
더불어 그 비유들을 묻자오니 11 이르시되 하나님 나라의 비밀을
너희에게는 주었으나 외인에게는 모든 것을 비유로 하나니 12 이
는 ㄱ저희로 보기는 보아도 알지 못하며 듣기는 들어도 깨닫지 못
하게 하여 돌이켜 죄 사함을 얻지 못하게 하려 함이니라 하시고
13 또 가라사대 너희가 이 비유를 알지 못할찐대 어떻게 모든 비유
를 알겠느뇨 14 뿌리는 자는 말씀을 뿌리는 것이라 15 말씀이 길
가에 뿌리웠다는 것은 이들이니 곧 말씀을 들었을 때에 사단이 즉
시 와서 저희에게 뿌리운 말씀을 빼앗는 것이요 16 또 이와 같이
돌밭에 뿌리웠다는 것은 이들이니 곧 말씀을 들을 때에 즉시 기쁨

ㄱ. 사 6:9, 10

으로 받으나 17 그 속에 뿌리가 없어 잠간 견디다가 말씀을 인하여
환난이나 핍박이 일어나는 때에는 곧 넘어지는 자요 18 또 어떤이
는 가시떨기에 뿌리우는 자니 이들은 말씀을 듣되 19 세상의 염려
와 재리의 유혹과 기타 욕심이 들어와 말씀을 막아 결실치 못하게
되는 자요 20 좋은 땅에 뿌리웠다는 것은 곧 말씀을 듣고 받아 삼
십배와 육십배와 백배의 결실을 하는 자니라

등불은 등경 위에(눅 8:16-18)

21 • 또 저희에게 이르시되 사람이 등불을 가져오는 것은
말 아래나 평상 아래나 두려 함이냐 등경 위에 두려 함이 아니냐
22 드러내려 하지 않고는 숨긴 것이 없고 나타내려 하지 않고는 감
추인 것이 없느니라 23 들을 귀 있는 자는 들으라 24 또 가라사대
너희가 무엇을 듣는가 스스로 삼가라 너희의 헤아리는 그 헤아림
으로 너희가 헤아림을 받을 것이요 또 더 받으리니 25 있는 자는
받을 것이요 없는 자는 그 있는 것까지 빼앗기리라

자라나는 씨의 비유(마 13:31-32; 눅 13:18-19)

26 • 또 가라사대 하나님의 나라는 사람이 씨를 땅에 뿌림
과 같으니 27 저가 밤낮 자고 깨고 하는 중에 씨가 나서 자라되 그
어떻게 된 것을 알지 못하느니라 28 땅이 스스로 열매를 맺되 처
음에는 싹이요 다음에는 이삭이요 그 다음에는 이삭에 충실한 곡
식이라 29 열매가 익으면 곧 낫을 대나니 이는 추수 때가 이르렀
음이니라 30 • 또 가라사대 우리가 하나님의 나라를 어떻게 비하
며 또 무슨 비유로 나타낼꼬 31 겨자씨 한 알과 같으니 땅에 심길
때에는 땅위의 모든 씨보다 작은 것이로되 32 심긴 후에는 자라서

모든 나물보다 커지며 큰 가지를 내니 공중의 새들이 그 그늘에
깃들일 만큼 되느니라

비유로 가르치시다(마 13:34-35)

33 • 예수께서 이러한 많은 비유로 저희가 알아 들을 수 있
는대로 말씀을 가르치시되 34 비유가 아니면 말씀하지 아니하시
고 다만 혼자 계실 때에 그 제자들에게 모든 것을 해석하시더라

바람과 바다를 잔잔하게 하시다(마 8:23-27; 눅 8:22-25)

35 • 그날 저물 때에 제자들에게 이르시되 우리가 저편으
로 건너가자 하시니 36 저희가 무리를 떠나 예수를 배에 계신 그
대로 모시고 가매 다른 배들도 함께 하더니 37 큰 광풍이 일어나
며 물결이 부딪혀 배에 들어와 배에 가득하게 되었더라 38 예수께
서는 고물에서 베개를 베시고 주무시더니 제자들이 깨우며 가로
되 선생님이여 우리의 죽게 된것을 돌아보지 아니하시나이까 하
니 39 예수께서 깨어 바람을 꾸짖으시며 바다더러 이르시되 잠잠
하라 고요하라 하시니 바람이 그치고 아주 잔잔하여지더라 40 이
에 제자들에게 이르시되 어찌하여 이렇게 무서워하느냐 너희가
[1]어찌 믿음이 없느냐 하시니 41 저희가 심히 두려워하여 서로 말
하되 저가 뉘기에 바람과 바다라도 순종하는고 하였더라

귀신 들린 사람을 고치시다(마 8:28-34; 눅 8:26-39)

5 예수께서 바다 건너편 거라사인의 지방에 이르러 2 배에
서 나오시매 곧 더러운 귀신 들린 사람이 무덤 사이에서 나
와 예수를 만나다 3 그 사람은 무덤 사이에 거처하는데 이제는 아
무나 쇠사슬로도 맬 수 없게 되었으니 4 이는 여러번 고랑과 쇠

1) 어떤 사본에, 어찌 아직도 믿음이

사슬에 매였어도 쇠사슬을 끊고 고랑을 깨뜨렸음이러라 그리하
여 아무도 저를 제어할 힘이 없는지라 5 밤낮 무덤 사이에서나 산
에서나 늘 소리지르며 돌로 제 몸을 상하고 있었더라 6 그가 멀리
서 예수를 보고 달려와 절하며 7 큰 소리로 부르짖어 가로되 지극
히 높으신 하나님의 아들 예수여 나와 당신과 무슨 상관이 있나이
까 원컨대 하나님 앞에 맹세하고 나를 괴롭게 마옵소서 하니 8 이
는 예수께서 이미 저에게 이르시기를 더러운 귀신아 그 사람에게
서 나오라 하셨음이라 9 이에 물으시되 네 이름이 무엇이냐 가로
되 내 이름은 군대니 우리가 많음이니이다 하고 10 자기를 이 지
방에서 내어 보내지 마시기를 간절히 구하더니 11 마침 거기 돼지
의 큰 떼가 산 곁에서 먹고 있는지라 12 이에 간구하여 가로되 우
리를 돼지에게로 보내어 들어가게 하소서 하니 13 허락하신대 더
러운 귀신들이 나와서 돼지에게로 들어가니 거의 이천 마리 되는
떼가 바다를 향하여 비탈로 내리달아 바다에서 몰사하거늘 14 치
던 자들이 도망하여 읍내와 촌에 고하니 사람들이 그 어떻게 된
것을 보러 와서 15 예수께 이르러 그 귀신 들렸던 자 곧 군대 지폈
던 자가 옷을 입고 정신이 온전하여 앉은 것을 보고 두려워하더
라 16 이에 귀신 들렸던 자의 당한 것과 돼지의 일을 본 자들이 저
에게 고하매 17 저희가 예수께 그 지경에서 떠나시기를 간구하더
라 18 예수께서 배에 오르실 때에 귀신 들렸던 사람이 함께 있기
를 간구하였으나 19 허락지 아니하시고 저에게 이르시되 집으로
돌아가 주께서 네게 어떻게 큰 일을 행하사 너를 불쌍히 여기신
것을 네 친속에게 고하라 하신대 20 그가 가서 예수께서 자기에게

어떻게 큰 일 행하신 것을 데가볼리에 전파하니 모든 사람이 기
이히 여기더라

야이로의 딸과 예수의 옷에 손 댄 여자(마 9:18-26; 눅 8:40-56)

21 ● 예수께서 배를 타시고 다시 저편으로 건너 가시매 큰
무리가 그에게로 모이거늘 이에 바닷가에 계시더니 22 회당장 중
하나인 야이로라 하는 이가 와서 예수를 보고 발 아래 엎드리어
23 많이 간구하여 가로되 내 어린 딸이 죽게 되었사오니 오셔서 그
위에 손을 얹으사 그로 구원을 얻어 살게 하소서 하거늘 24 이에
그와 함께 가실쌔 큰 무리가 따라가며 에워싸 밀더라 25 ● 열 두
해를 혈루증으로 앓는 한 여자가 있어 26 많은 의원에게 많은 괴
로움을 받았고 있던 것도 다 허비하였으되 아무 효험이 없고 도리
어 더 중하여졌던 차에 27 예수의 소문을 듣고 무리 가운데 섞여
뒤로 와서 그의 옷에 손을 대니 28 이는 내가 그의 옷에만 손을 대
어도 구원을 얻으리라 함일러라 29 이에 그의 혈루 근원이 곧 마
르매 병이 나은 줄을 몸에 깨달으니라 30 예수께서 그 능력이 자
기에게서 나간 줄을 곧 스스로 아시고 무리 가운데서 돌이켜 말씀
하시되 누가 내 옷에 손을 대었느냐 하시니 31 제자들이 여짜오되
무리가 에워싸 미는 것을 보시며 누가 내게 손을 대었느냐 물으시
나이까 하되 32 예수께서 이 일 행한 여자를 보려고 둘러 보시니
33 여자가 제게 이루어진 일을 알고 두려워하여 떨며 와서 그 앞에
엎드려 모든 사실을 여짜온대 34 예수께서 가라사대 딸아 네 믿
음이 너를 구원하였으니 평안히 가라 네 병에서 놓여 건강할찌어
다 35 ● 아직 말씀하실 때에 회당장의 집에서 사람들이 와서 가로

되 당신의 딸이 죽었나이다 어찌하여 선생을 더 괴롭게 하나이까
36 예수께서 그 하는 말을 곁에서 들으시고 회당장에게 이르시되
두려워 말고 믿기만 하라 하시고 37 베드로와 야고보와 야고보의
형제 요한 외에 아무도 따라옴을 허치 아니하시고 38 회당장의 집
에 함께 가사 훤화함과 사람들의 울며 심히 통곡함을 보시고 39 들
어가서 저희에게 이르시되 너희가 어찌하여 훤화하며 우느냐 이
아이가 죽은 것이 아니라 잔다 하시니 40 저희가 비웃더라 예수
께서 저희를 다 내어보내신 후에 아이의 부모와 또 자기와 함께한
자들을 데리시고 아이 있는 곳에 들어가사 41 그 아이의 손을 잡
고 가라사대 달리다굼 하시니 번역하면 곧 소녀야 내가 네게 말하
노니 일어나라 하심이라 42 소녀가 곧 일어나서 걸으니 나이 열
두살이라 사람들이 곧 크게 놀라고 놀라거늘 43 예수께서 이 일을
아무도 알지 못하게 하라고 저희를 많이 경계하시고 이에 소녀에
게 먹을 것을 주라 하시니라

고향에서 배척을 받으시다(마 13:53-58; 눅 4:16-30)

6 예수께서 거기를 떠나사 고향으로 가시니 제자들도 좇으
니라 2 안식일이 되어 회당에서 가르치시니 많은 사람이
듣고 놀라 가로되 이 사람이 어디서 이런 것을 얻었느뇨 이 사람의
받은 지혜와 그 손으로 이루어지는 이런 권능이 어찌됨이뇨 3 이
사람이 마리아의 아들 목수가 아니냐 야고보와 요셉과 유다와 시
몬의 형제가 아니냐 그 누이들이 우리와 함께 여기 있지 아니하냐
하고 [1]예수를 배척한지라 4 예수께서 저희에게 이르시되 선지자
가 자기 고향과 자기 친척과 자기 집 외에서는 존경을 받지 않음

1) 혹 예수를 인하여 실족한지라

이 없느니라 하시며 5 거기서는 아무 권능도 행하실 수 없어 다만
소수의 병인에게 안수하여 고치실 뿐이었고 6 저희의 믿지 않음
을 이상히 여기셨더라

열두 제자를 부르사 둘씩 보내시다(마 10:1, 5-15; 눅 9:1-6)

•이에 모든 촌에 두루 다니시며 가르치시더라 7 •열 두
제자를 부르사 둘씩 둘씩 보내시며 더러운 귀신을 제어하는 권세
를 주시고 8 명하시되 여행을 위하여 지팡이 외에는 양식이나 주
머니나 전대의 [1]돈이나 아무 것도 가지지 말며 9 신만 신고 두 벌
옷도 입지 말라 하시고 10 또 가라사대 어디서든지 뉘 집에 들어
가거든 그곳을 떠나기까지 거기 유하라 11 어느 곳에서든지 너희
를 영접지 아니하고 너희 말을 듣지도 아니하거든 거기서 나갈 때
에 발아래 먼지를 떨어버려 저희에게 증거를 삼으라 하시니 12 제
자들이 나가서 회개하라 전파하고 13 많은 귀신을 쫓아내며 많은
병인에게 기름을 발라 고치더라

세례 요한의 죽음(마 14:1-12; 눅 9:7-9)

14 •이에 예수의 이름이 드러난지라 헤롯왕이 듣고 가로
되 이는 세례 요한이 죽은 자 가운데서 살아났도다 그러므로 이런
능력이 그 속에서 운동하느니라 하고 15 어떤이는 이가 엘리야라
하고 또 어떤이는 이가 선지자니 옛 선지자 중의 하나와 같다 하
되 16 헤롯은 듣고 가로되 내가 목 베인 요한 그가 살아났다 하더
라 17 전에 헤롯이 자기가 동생 빌립의 아내 헤로디아에게 장가 든
고로 이 여자를 위하여 사람을 보내어 요한을 잡아 옥에 가두었으
니 18 이는 요한이 헤롯에게 말하되 동생의 아내를 취한 것이 옳

1) 헬, 동

지 않다 하였음이라 19 헤로디아가 요한을 원수로 여겨 죽이고자
하였으되 하지 못한 것은 20 헤롯이 요한을 의롭고 거룩한 사람으
로 알고 두려워하여 보호하며 또 그의 말을 들을 때에 크게 번민
을 느끼면서도 달게 들음이러라 21 마침 기회 좋은 날이 왔으니 곧
헤롯이 자기 생일에 대신들과 천부장들과 갈릴리의 귀인들로 더
불어 잔치할새 22 헤로디아의 1)딸이 친히 들어와 춤을 추어 헤롯
과 및 함께 2)앉은 자들을 기쁘게 한지라 왕이 그 여아에게 이르되
무엇이든지 너 원하는 것을 내게 구하라 내가 주리라 하고 23 또
맹세하되 무엇이든지 네가 내게 구하면 내 나라의 절반까지라도
주리라 하거늘 24 저가 나가서 그 어미에게 말하되 내가 무엇을
구하리이까 그 어미가 가로되 세례 요한의 머리를 구하라 하니
25 저가 곧 왕에게 급히 들어가 구하여 가로되 세례 요한의 머리를
소반에 담아 곧 내게 주기를 원하옵나이다 한대 26 왕이 심히 근
심하나 자기의 맹세한 것과 그 2)앉은 자들을 인하여 저를 거절할
수 없는지라 27 왕이 곧 시위병 하나를 보내어 요한의 머리를 가
져오라 명하니 그 사람이 나가 옥에서 요한을 목 베어 28 그 머리
를 소반에 담아다가 여아에게 주니 여아가 이것을 그 어미에게 주
니라 29 요한의 제자들이 듣고 와서 시체를 가져다가 장사하니라

오천 명을 먹이시다(마 14:13-21; 눅 9:10-17; 요 6:1-14)

30 ● 사도들이 예수께 모여 자기들의 행한 것과 가르친 것
을 낱낱이 고하니 31 이르시되 너희는 따로 한적한 곳에 와서 잠
간 쉬어라 하시니 이는 오고 가는 사람이 많아 음식 먹을 겨를도
없음이라 32 이에 배를 타고 따로 한적한 곳에 갈새 33 그 가는 것

1) 혹 친딸이 들어와 2) 2:15 난하주를 보라

을 보고 많은 사람이 저희인줄 안지라 모든 고을로부터 도보로 그
곳에 달려와 저희보다 먼저 갔더라 34 예수께서 나오사 큰 무리
를 보시고 그 목자 없는 양 같음을 인하여 불쌍히 여기사 이에 여
러가지로 가르치시더라 35 때가 저물어가매 제자들이 예수께 나
아와 여짜오되 이곳은 빈 들이요 때도 저물어가니 36 무리를 보
내어 두루 촌과 마을로 가서 무엇을 사 먹게 하옵소서 37 대답하
여 가라사대 너희가 먹을 것을 주라 하시니 여짜오되 우리가 가서
이백 [1]데나리온의 떡을 사다 먹이리이까 38 이르시되 너희에게
떡 몇 개나 있느냐 가서 보라 하시니 알아보고 가로되 떡 다섯 개
와 물고기 두 마리가 있더이다 하거늘 39 제자들을 명하사 그 모
든 사람으로 떼를 지어 푸른 잔디 위에 앉게 하시니 40 떼로 혹 백
씩, 혹 오십씩 앉은지라 41 예수께서 떡 다섯 개와 물고기 두 마리
를 가지사 하늘을 우러러 축사하시고 떡을 떼어 제자들에게 주어
사람들 앞에 놓게 하시고 또 물고기 두 마리도 모든 사람에게 나
누어 주시매 42 다 배불리 먹고 43 남은 떡 조각과 물고기를 열 두
바구니에 차게 거두었으며 44 떡을 먹은 남자가 오천 명이었더라

물 위로 걸으시다(마 14:22-33; 요 6:15-21)

45 • 예수께서 즉시 제자들을 재촉하사 자기가 무리를 보
내는 동안에 배 타고 앞서 건너편 벳새다로 가게 하시고 46 무리
를 작별하신 후에 기도하러 산으로 가시다 47 저물매 배는 바다
가운데 있고 예수는 홀로 뭍에 계시다가 48 바람이 거스리므로 제
자들의 괴로이 노 젓는 것을 보시고 밤 사경 즈음에 바다 위로 걸
어서 저희에게 오사 지나가려고 하시매 49 제자들이 그의 바다 위

1) 은전의 명칭

로 걸어 오심을 보고 유령인가 하여 소리지르니 50 저희가 다 예
수를 보고 놀람이라 이에 예수께서 곧 더불어 말씀하여 가라사대
안심하라 내니 두려워 말라 하시고 51 배에 올라 저희에게 가시
니 바람이 그치는지라 제자들이 마음에 심히 놀라니 52 이는 저
희가 그 떡 떼시던 일을 깨닫지 못하고 도리어 그 마음이 둔하여
졌음이러라

게네사렛에서 병자들을 고치시다(마 14:34-36)

53 ● 건너가 게네사렛 땅에 이르러 대고 54 배에서 내리니
사람들이 곧 예수신 줄을 알고 55 그 온 지방으로 달려 돌아 다니
며 예수께서 어디 계시단 말을 듣는대로 병든 자를 침상채로 메고
나아오니 56 아무데나 예수께서 들어가시는 마을이나 도시나 촌
에서 병자를 시장에 두고 예수의 옷가에라도 손을 대게 하시기를
간구하니 손을 대는 자는 다 성함을 얻으니라

장로들의 유전(마 15:1-20)

7 바리새인들과 또 서기관 중 몇이 예루살렘에서 와서 예수
께 모였다가 2 그의 제자 중 몇 사람의 부정한 손 곧 씻지
아니한 손으로 떡 먹는 것을 보았더라 3 (바리새인들과 모든 유대
인들이 장로들의 유전을 지키어 [1]손을 부지런히 씻지 않으면 먹
지 아니하며 4 또 시장에서 돌아 와서는 [2]물을 뿌리지 않으면 먹
지 아니하며 그 외에도 여러가지를 지키어 오는 것이 있으니 잔과
주발과 놋그릇을 씻음이러라) 5 이에 바리새인들과 서기관들이
예수께 묻되 어찌하여 당신의 제자들은 장로들의 유전을 준행치
아니하고 부정한 손으로 떡을 먹나이까 6 가라사대 이사야가 너

1) 혹 팔뚝까지 2) 혹 목욕하지 않으면

희 외식하는 자에 대하여 잘 예언하였도다 기록하였으되 ㄱ이 백
성이 입술로는 나를 존경하되 마음은 내게서 멀도다 7 사람의 계
명으로 교훈을 삼아 가르치니 나를 헛되이 경배하는도다 하였느
니라 8 너희가 하나님의 계명은 버리고 사람의 유전을 지키느니
라 9 또 가라사대 너희가 너희 유전을 지키려고 하나님의 계명을
잘 저버리는도다 10 모세는 ㄴ네 부모를 공경하라 하고 또 ㄷ아비나
어미를 훼방하는 자는 반드시 죽으리라 하였거늘 11 너희는 가로
되 사람이 아비에게나 어미에게나 말하기를 내가 드려 유익하게
할 것이 고르반 곧 하나님께 드림이 되었다고 하기만 하면 그만이
라 하고 12 제 아비나 어미에게 다시 아무 것이라도 하여 드리기
를 허하지 아니하여 13 너희의 전한 유전으로 하나님의 말씀을 폐
하며 또 이같은 일을 많이 행하느니라 하시고 14 무리를 다시 불
러 이르시되 너희는 다 내 말을 듣고 깨달으라 15 무엇이든지 밖
에서 사람에게로 들어가는 것은 능히 사람을 더럽게 하지 못하
되 16 사람 안에서 나오는 것이 사람을 더럽게 하는 것이니라 하
시고 17 무리를 떠나 집으로 들어가시니 제자들이 그 비유를 묻자
온대 18 예수께서 이르시되 너희도 이렇게 깨달음이 없느냐 무엇
이든지 밖에서 들어가는 것이 능히 사람을 더럽게 하지 못함을 알
지 못하느냐 19 이는 마음에 들어가지 아니하고 배에 들어가 뒤로
나감이니라 하심으로 모든 식물을 깨끗하다 하셨느니라 20 또 가
라사대 사람에게서 나오는 그것이 사람을 더럽게 하느니라 21 속
에서 곧 사람의 마음에서 나오는 것은 악한 생각 곧 음란과 도적
질과 살인과 22 간음과 탐욕과 악독과 속임과 음탕과 흘기는 눈과

ㄱ. 사 29:13 ㄴ. 출 20:12, 신 5:16 ㄷ. 출 21:17, 레 20:9

훼방과 교만과 광패니 23 이 모든 악한 것이 다 속에서 나와서 사
람을 더럽게 하느니라

수로보니게 여자의 믿음(마 15:21-28)

24 • 예수께서 일어나사 거기를 떠나 두로 지경으로 가서
한 집에 들어가 아무도 모르게 하시려하나 숨길 수 없더라 25 이
에 더러운 귀신 들린 어린 딸을 둔 한 여자가 예수의 소문을 듣고
곧 와서 그 발 아래 엎드리니 26 그 여자는 헬라인이요 수로보니
게 족속이라 자기 딸에게서 귀신 쫓아 주시기를 간구하거늘 27 예
수께서 이르시되 자녀로 먼저 배불리 먹게 할찌니 자녀의 떡을 취
하여 개들에게 던짐이 마땅치 아니하니라 28 여자가 대답하여 가
로되 주여 옳소이다마는 상 아래 개들도 아이들의 먹던 부스러기
를 먹나이다 29 예수께서 가라사대 이 말을 하였으니 돌아가라 귀
신이 네 딸에게서 나갔느니라 하시매 30 여자가 집에 돌아가 본즉
아이가 침상에 누웠고 귀신이 나갔더라

귀먹고 어눌한 사람을 고치시다

31 • 예수께서 다시 두로 지경에서 나와 시돈을 지나고 데
가볼리 지경을 통과하여 갈릴리 호수에 이르시매 32 사람들이 귀
먹고 어눌한 자를 데리고 예수께 나아와 안수하여 주시기를 간구
하거늘 33 예수께서 그 사람을 따로 데리고 무리를 떠나사 손가락
을 그의 양 귀에 넣고 침 뱉아 그의 혀에 손을 대시며 34 하늘을 우
러러 탄식하시며 그에게 이르시되 에바다 하시니 이는 열리라는
뜻이라 35 그의 귀가 열리고 혀의 맺힌 것이 곧 풀려 말이 분명하
더라 36 예수께서 저희에게 경계하사 아무에게라도 이르지 말라

하시되 경계하실수록 저희가 더욱 널리 전파하니 37 사람들이 심
히 놀라 가로되 그가 다 잘 하였도다 귀머거리도 듣게 하고 벙어
리도 말하게 한다 하니라

사천 명을 먹이시다(마 15:32-39)

8 그 즈음에 또 큰 무리가 있어 먹을 것이 없는지라 예수께서
제자들을 불러 이르시되 2 내가 무리를 불쌍히 여기노라
저희가 나와 함께 있은지 이미 사흘이매 먹을 것이 없도다 3 만일
내가 저희를 굶겨 집으로 보내면 길에서 기진하리라 그 중에는 멀
리서 온 사람도 있느니라 4 제자들이 대답하되 이 광야에서 어디
서 떡을 얻어 이 사람들로 배부르게 할 수 있으리이까 5 예수께서
물으시되 너희에게 떡 몇 개나 있느냐 가로되 일곱이로소이다 하
거늘 6 예수께서 무리를 명하사 땅에 [1]앉게 하시고 떡 일곱 개를
가지사 축사하시고 떼어 제자들에게 주어 그 앞에 놓게 하시니 제
자들이 무리 앞에 놓더라 7 또 작은 생선 두어 마리가 있는지라 이
에 축복하시고 명하사 이것도 그 앞에 놓게 하시니 8 배불리 먹고
남은 조각 일곱 광주리를 거두었으며 9 사람은 약 사천 명이었더
라 예수께서 저희를 흩어 보내시고 10 곧 제자들과 함께 배에 오
르사 달마누다 지방으로 가시니라

이 세대가 표적을 구하나(마 16:1-4)

11 ●바리새인들이 나와서 예수께 힐난하며 그를 시험하여
하늘로서 오는 [2]표적을 구하거늘 12 예수께서 마음 속에 깊이 탄
식하시며 가라사대 어찌하여 이 세대가 [2]표적을 구하느냐 내가
진실로 너희에게 이르노니 이 세대에게 [2]표적을 주시지 아니하

1) 2:15 난하주를 보라 2) 혹 이적

리라 하시고 13 저희를 떠나 다시 배에 올라 건너편으로 가시니라

바리새인들과 헤롯의 누룩(마 16:5-12)

14 ● 제자들이 떡 가져오기를 잊었으매 배에 떡 한 개 밖에
저희에게 없더라 15 예수께서 경계하여 가라사대 삼가 바리새인
들의 누룩과 헤롯의 누룩을 주의하라 하신대 16 제자들이 서로 의
논하기를 [1]이는 우리에게 떡이 없음이로다 하거늘 17 예수께서 아
시고 이르시되 너희가 어찌 떡이 없음으로 의논하느냐 아직도 알
지 못하며 깨닫지 못하느냐 너희 마음이 둔하냐 18 너희가 눈이 있
어도 보지 못하며 귀가 있어도 듣지 못하느냐 또 기억지 못하느냐
19 내가 떡 다섯 개를 오천 명에게 떼어 줄 때에 조각 몇 바구니를
거두었더냐 가로되 열 둘이니이다 20 또 일곱 개를 사천 명에게
떼어 줄 때에 조각 몇 광주리를 거두었더냐 가로되 일곱이니이다
21 가라사대 아직도 깨닫지 못하느냐 하시니라

벳새다의 맹인을 고치시다

22 ● 벳새다에 이르매 사람들이 소경 하나를 데리고 예수께
나아와 손 대시기를 구하거늘 23 예수께서 소경의 손을 붙드시고
마을 밖으로 데리고 나가사 눈에 침을 뱉으시며 그에게 안수하시
고 무엇이 보이느냐 물으시니 24 우러러보며 가로되 사람들이 보
이나이다 나무 같은 것들의 걸어 가는 것을 보나이다 하거늘 25 이
에 그 눈에 다시 안수하시매 저가 주목하여 보더니 나아서 만물을
밝히 보는지라 26 예수께서 그 사람을 집으로 보내시며 가라사대
마을에도 들어가지 말라 하시니라

베드로의 고백, 수난과 부활을 말씀하심(마 16:13-28; 눅 9:18-27)

1) 혹 우리에게 떡이 없도다

27 ● 예수와 제자들이 가이사랴 빌립보 여러 마을로 나가
실쌔 노중에서 제자들에게 물어 가라사대 사람들이 나를 누구라
고 하느냐 28 여짜와 가로되 세례 요한이라 하고 더러는 엘리야,
더러는 선지자 중의 하나라 하나이다 29 또 물으시되 너희는 나를
누구라 하느냐 베드로가 대답하여 가로되 주는 그리스도시니이
다 하매 30 이에 자기의 일을 아무에게도 말하지 말라 경계하시고
31 인자가 많은 고난을 받고 장로들과 대제사장들과 서기관들에
게 버린바 되어 죽임을 당하고 사흘만에 살아나야 할것을 비로소
저희에게 가르치시되 32 드러내놓고 이 말씀을 하시니 베드로가
예수를 붙들고 간하매 33 예수께서 돌이키사 제자들을 보시며 베
드로를 꾸짖어 가라사대 사단아 내 뒤로 물러가라 네가 하나님의
일을 생각지 아니하고 도리어 사람의 일을 생각하는도다 하시고
34 무리와 제자들을 불러 이르시되 아무든지 나를 따라 오려거든
자기를 부인하고 자기 십자가를 지고 나를 좇을 것이니라 35 누구
든지 제 목숨을 구원코자 하면 잃을 것이요 누구든지 나와 복음을
위하여 제 목숨을 잃으면 구원하리라 36 사람이 만일 온 천하를
얻고도 제 목숨을 잃으면 무엇이 유익하리요 37 사람이 무엇을 주
고 제 목숨을 바꾸겠느냐 38 누구든지 이 음란하고 죄 많은 세대
에서 나와 내 말을 부끄러워하면 인자도 아버지의 영광으로 거룩
한 천사들과 함께 올 때에 그 사람을 부끄러워하리라

9 또 저희에게 이르시되 내가 진실로 너희에게 이르노니 여
기 섰는 사람 중에 죽기 전에 하나님의 나라가 권능으로 임
하는 것을 볼 자들도 있느니라 하시니라

영광스러운 모습으로 변형되시다(마 17:1-13; 눅 9:28-36)

2 ● 엿새 후에 예수께서 베드로와 야고보와 요한을 데리시
고 따로 높은 산에 올라가셨더니 저희 앞에서 변형되사 3 그 옷이
광채가 나며 세상에서 빨래하는 자가 그렇게 희게 할 수 없을만큼
심히 희어졌더라 4 이에 엘리야가 모세와 함께 저희에게 나타나
예수로 더불어 말씀하거늘 5 베드로가 예수께 고하되 랍비여 우
리가 여기 있는 것이 좋사오니 우리가 초막 셋을 짓되 하나는 주를
위하여, 하나는 모세를 위하여, 하나는 엘리야를 위하여 하사이
다 하니 6 이는 저희가 심히 무서워하므로 저가 무슨 말을 할는지
알지 못함이더라 7 마침 구름이 와서 저희를 덮으며 구름 속에서
소리가 나되 이는 내 사랑하는 아들이니 너희는 저의 말을 들으라
하는지라 8 문득 둘러보니 아무도 보이지 아니하고 오직 예수와
자기들 뿐이었더라 9 ● 저희가 산에서 내려 올 때에 예수께서 경
계하시되 인자가 죽은 자 가운데서 살아날 때까지는 본 것을 아무
에게도 이르지 말라 하시니 10 저희가 이 말씀을 마음에 두며 서
로 문의하되 죽은 자 가운데서 살아나는 것이 무엇일까 하고 11 이
에 예수께 묻자와 가로되 어찌하여 서기관들이 엘리야가 먼저 와
야 하리라 하나이까 12 가라사대 엘리야가 과연 먼저 와서 모든
것을 회복하거니와 어찌 인자에 대하여 기록하기를 많은 고난을
받고 멸시를 당하리라 하였느냐 13 그러나 내가 너희에게 이르노
니 엘리야가 왔으되 기록된 바와 같이 사람들이 임의로 대우하였
느니라 하시니라

귀신 들린 아이를 고치시다(마 17:14-20; 눅 9:37-43 상)

14 • 저희가 이에 제자들에게 와서 보니 큰 무리가 둘렀고
서기관들이 더불어 변론하더니 15 온 무리가 곧 예수를 보고 심히
놀라며 달려와 문안하거늘 16 예수께서 물으시되 너희가 무엇을
저희와 변론하느냐 17 무리 중에 하나가 대답하되 선생님 벙어리
귀신 들린 내 아들을 선생님께 데려 왔나이다 18 귀신이 어디서든
지 저를 잡으면 거꾸러져 거품을 흘리며 이를 갈며 그리고 파리
하여 가는지라 내가 선생의 제자들에게 내어쫓아 달라 하였으나
저희가 능히 하지 못하더이다 19 대답하여 가라사대 믿음이 없는
세대여 내가 얼마나 너희와 함께 있으며 얼마나 너희를 참으리요
그를 내게로 데려오라 하시매 20 이에 데리고 오니 귀신이 예수
를 보고 곧 그 아이로 심히 경련을 일으키게 하는지라 저가 땅에
엎드러져 굴며 거품을 흘리더라 21 예수께서 그 아비에게 물으시
되 언제부터 이렇게 되었느냐 하시니 가로되 어릴 때부터니이다
22 귀신이 저를 죽이려고 불과 물에 자주 던졌나이다 그러나 무엇
을 하실 수 있거든 우리를 불쌍히 여기사 도와 주옵소서 23 예수
께서 이르시되 할 수 있거든이 무슨 말이냐 믿는 자에게는 능치
못할 일이 없느니라 하시니 24 곧 그 아이의 아비가 소리를 질러
가로되 내가 믿나이다 나의 믿음 없는 것을 도와 주소서 하더라
25 예수께서 무리의 달려 모이는 것을 보시고 그 더러운 귀신을 꾸
짖어 가라사대 벙어리 되고 귀먹은 귀신아 내가 네게 명하노니 그
아이에게서 나오고 다시 들어가지 말라 하시매 26 귀신이 소리지
르며 아이로 심히 경련을 일으키게 하고 나가니 그 아이가 죽은것
같이 되어 많은 사람이 말하기를 죽었다 하나 27 예수께서 그 손

을 잡아 일으키시니 이에 일어서니라 28 집에 들어가시매 제자들
이 종용히 묻자오되 우리는 어찌하여 능히 그 귀신을 쫓아 내지
못하였나이까 29 이르시되 기도 외에 다른 것으로는 이런 유가 나
갈 수 없느니라 하시니라

수난과 부활을 두 번째로 말씀하시다(마 17:22-23; 눅 9:43 하-45)

30 • 그곳을 떠나 갈릴리 가운데로 지날새 예수께서 아무
에게도 알리고자 아니하시니 31 이는 제자들을 가르치시며 또 인
자가 사람들의 손에 넘기워 죽임을 당하고 죽은지 삼 일만에 살아
나리라는 것을 말씀하시는 연고더라 32 그러나 제자들은 이 말씀
을 깨닫지 못하고 묻기도 무서워하더라

누가 크냐(마 18:1-5; 눅 9:46-48)

33 • 가버나움에 이르러 집에 계실새 제자들에게 물으시되
너희가 노중에서 서로 토론한 것이 무엇이냐 하시되 34 저희가 잠
잠하니 이는 노중에서 서로 누가 크냐 하고 쟁론하였음이라 35 예
수께서 앉으사 열 두 제자를 불러서 이르시되 아무든지 첫째가 되
고자 하면 뭇사람의 끝이 되며 뭇사람을 섬기는 자가 되어야 하리
라 하시고 36 어린 아이 하나를 데려다가 그들 가운데 세우시고
안으시며 제자들에게 이르시되 37 누구든지 내 이름으로 이런 어
린 아이 하나를 영접하면 곧 나를 영접함이요 누구든지 나를 영접
하면 나를 영접함이 아니요 나를 보내신 이를 영접함이니라

우리를 위하는 사람(마 18:6-9; 눅 9:49-50; 17:1-2)

38 • 요한이 예수께 여짜오되 선생님 우리를 따르지 않는
어떤 자가 주의 이름으로 귀신을 내어쫓는 것을 우리가 보고 우리

를 따르지 아니하므로 금하였나이다 39 예수께서 가라사대 금하
지 말라 내 이름을 의탁하여 능한 일을 행하고 즉시로 나를 비방
할 자가 없느니라 40 우리를 반대하지 않는 자는 우리를 위하는
자니라 41 누구든지 너희를 그리스도에게 속한 자라 하여 물 한
그릇을 주면 내가 진실로 너희에게 이르노니 저가 결단코 상을 잃
지 않으리라 42 또 누구든지 나를 믿는 이 소자 중 하나를 실족케
하면 차라리 연자 맷돌을 그 목에 달리우고 바다에 던지움이 나으
리라 43 만일 네 손이 너를 [1]범죄케 하거든 찍어버리라 불구자로
[2]영생에 들어가는 것이 두 손을 가지고 지옥 꺼지지 않는 불에 들
어가는 것보다 나으니라 44 [3](없음) 45 만일 네 발이 너를 [1]범죄
케 하거든 찍어 버리라 절뚝발이로 [2]영생에 들어가는 것이 두 발
을 가지고 지옥에 던지우는 것보다 나으니라 46 [3](없음) 47 만일
네 눈이 너를 [1]범죄케 하거든 빼어버리라 한 눈으로 하나님의 나
라에 들어가는 것이 두 눈을 가지고 지옥에 던지우는 것보다 나
으니라 48 거기는 구더기도 죽지 않고 불도 꺼지지 아니하느니라
49 사람마다 불로서 소금 치듯함을 받으리라 50 소금은 좋은 것이
로되 만일 소금이 그 맛을 잃으면 무엇으로 이를 짜게 하리요 너
희 속에 소금을 두고 서로 화목하라 하시니라

이혼에 대하여 가르치시다(마 19:1-12)

10 예수께서 거기서 떠나 유대 지경과 요단강 건너편으로 가
시니 무리가 다시 모여 들거늘 예수께서 다시 전례대로 가
르치시더니 2 바리새인들이 예수께 나아와 그를 시험하여 묻되
사람이 아내를 내어버리는 것이 옳으니이까 3 대답하여 가라사

1) 혹 실족케 2) 헬, 생에 3) 어떤 사본에, 44, 46, 양절에 48절과 같은 문구가 있음

대 모세가 어떻게 너희에게 명하였느냐 4 가로되 ㄱ모세는 이혼
증서를 써주어 내어버리기를 허락하였나이다 5 예수께서 저희에
게 이르시되 너희 마음의 완악함을 인하여 이 명령을 기록하였거
니와 6 창조시로부터 저희를 남자와 여자로 만드셨으니 7 이러므
로 사람이 그 부모를 떠나서 8 그 둘이 한 몸이 될찌니라 이러한즉
이제 둘이 아니요 한 몸이니 9 그러므로 하나님이 짝지어 주신 것
을 사람이 나누지 못할찌니라 하시더라 10 집에서 제자들이 다시
이 일을 묻자온대 11 이르시되 누구든지 그 아내를 내어버리고 다
른데 장가드는 자는 본처에게 간음을 행함이요 12 또 아내가 남편
을 버리고 다른데로 시집가면 간음을 행함이니라

어린이들을 축복하시다(마 19:13-15; 눅 18:15-17)

13 ● 사람들이 예수의 만져주심을 바라고 어린 아이들을
데리고 오매 제자들이 꾸짖거늘 14 예수께서 보시고 분히 여겨 이
르시되 어린 아이들의 내게 오는 것을 용납하고 금하지 말라 하나
님의 나라가 이런 자의 것이니라 15 내가 진실로 너희에게 이르노
니 누구든지 하나님의 나라를 어린 아이와 같이 받들지 않는 자는
결단코 들어가지 못하리라 하시고 16 그 어린 아이들을 안고 저희
위에 안수하시고 축복하시니라

재물이 많은 사람(마 19:16-30; 눅 18:18-30)

17 ● 예수께서 길에 나가실쌔 한 사람이 달려와서 꿇어 앉
아 묻자오되 선한 선생님이여 내가 무엇을 하여야 영생을 얻으리
이까 18 예수께서 이르시되 네가 어찌하여 나를 선하다 일컫느냐
하나님 한분 외에는 선한 이가 없느니라 19 네가 계명을 아나니

ㄱ. 신 24:1, 3

[ㄱ]살인하지 말라, 간음하지 말라, 도적질하지 말라, 거짓 증거하지
말라, 속여 취하지 말라, 네 부모를 공경하라 하였느니라 20 여짜
오되 선생님이여 이것은 내가 어려서부터 다 지키었나이다 21 예
수께서 그를 보시고 사랑하사 가라사대 네게 오히려 한 가지 부족
한 것이 있으니 가서 네 있는 것을 다 팔아 가난한 자들을 주라 그
리하면 하늘에서 보화가 네게 있으리라 그리고 와서 나를 좇으라
하시니 22 그 사람은 재물이 많은고로 이 말씀을 인하여 슬픈 기
색을 띠고 근심하며 가니라 23 • 예수께서 둘러 보시고 제자들에
게 이르시되 재물이 있는 자는 하나님의 나라에 들어가기가 심히
어렵도다 하시니 24 제자들이 그 말씀에 놀라는지라 예수께서 다
시 대답하여 가라사대 얘들아 [1]하나님의 나라에 들어가기가 어떻
게 어려운지 25 약대가 바늘귀로 나가는 것이 부자가 하나님의 나
라에 들어가는 것보다 쉬우니라 하신대 26 제자들이 심히 놀라 서
로 말하되 그런즉 누가 구원을 얻을 수 있는가 하니 27 예수께서
저희를 보시며 가라사대 사람으로는 할 수 없으되 하나님으로는
그렇지 아니하니 하나님으로서는 다 하실 수 있느니라 28 베드로
가 여짜와 가로되 보소서 우리가 모든 것을 버리고 주를 좇았나이
다 29 예수께서 가라사대 내가 진실로 너희에게 이르노니 나와 및
복음을 위하여 집이나 형제나 자매나 어미나 [2]아비나 자식이나
전토를 버린 자는 30 금세에 있어 집과 형제와 자매와 모친과 자
식과 전토를 백배나 받되 핍박을 겸하여 받고 내세에 영생을 받지
못할 자가 없느니라 31 그러나 먼저 된 자로서 나중 되고 나중 된
자로서 먼저 될 자가 많으니라

1) 어떤 사본에, 재물을 의지하는 자는 하나님의 나라에 2) 어떤 사본에는, 「아비나」 아래에 「아내나」가 있음 ㄱ. 출 20:12-16, 신 5:16-20

죽음과 부활을 세 번째로 이르시다(마 20:17-19; 눅 18:31-34)

32 ● 예루살렘으로 올라가는 길에 예수께서 제자들 앞에
서서 가시는데 저희가 놀라고 좇는 자들은 두려워하더라 이에 다
시 열 두 제자를 데리시고 자기의 당할 일을 일러 가라사대 33 보
라 우리가 예루살렘에 올라가노니 인자가 대제사장들과 서기관
들에게 넘기우매 저희가 죽이기로 결안하고 이방인들에게 넘겨
주겠고 34 그들은 능욕하며 침 뱉으며 채찍질하고 죽일 것이니 저
는 삼 일만에 살아나리라 하시니라

야고보와 요한의 요구(마 20:20-28)

35 ● 세베대의 아들 야고보와 요한이 주께 나아와 여짜오
되 선생님이여 무엇이든지 우리의 구하는 바를 우리에게 하여주
시기를 원하옵나이다 36 이르시되 너희에게 무엇을 하여주기를
원하느냐 37 여짜오되 주의 영광 중에서 우리를 하나는 주의 우편
에, 하나는 좌편에 앉게 하여 주옵소서 38 예수께서 가라사대 너
희 구하는 것을 너희가 알지 못하는도다 너희가 나의 마시는 잔
을 마시며 나의 받는 세례를 받을 수 있느냐 39 저희가 말하되 할
수 있나이다 예수께서 이르시되 너희가 나의 마시는 잔을 마시며
나의 받는 세례를 받으려니와 40 내 좌우편에 앉는 것은 나의 줄
것이 아니라 누구를 위하여 예비되었든지 그들이 얻을 것이니라
41 열 제자가 듣고 야고보와 요한에 대하여 분히 여기거늘 42 예수
께서 불러다가 이르시되 이방인의 소위 집권자들이 저희를 임의
로 주관하고 그 대인들이 저희에게 권세를 부리는 줄을 너희가 알
거니와 43 너희 중에는 그렇지 아니하니 너희 중에 누구든지 크고

자 하는 자는 너희를 섬기는 자가 되고 44 너희 중에 누구든지 으
뜸이 되고자 하는 자는 모든 사람의 종이 되어야 하리라 45 인자
의 온 것은 섬김을 받으려 함이 아니라 도리어 섬기려 하고 자기
목숨을 많은 사람의 대속물로 주려 함이니라

맹인 바디매오가 고침을 받다(마 20:29-34; 눅 18:35-43)

46 ● 저희가 여리고에 이르렀더니 예수께서 제자들과 허
다한 무리와 함께 여리고에서 나가실 때에 디매오의 아들인 소경
거지 바디매오가 길가에 앉았다가 47 나사렛 예수시란 말을 듣고
소리질러 가로되 다윗의 자손 예수여 나를 불쌍히 여기소서 하거
늘 48 많은 사람이 꾸짖어 잠잠하라 하되 그가 더욱 심히 소리질
러 가로되 다윗의 자손이여 나를 불쌍히 여기소서 하는지라 49 예
수께서 머물러 서서 저를 부르라 하시니 저희가 그 소경을 부르
며 이르되 안심하고 일어나라 너를 부르신다 하매 50 소경이 겉
옷을 내어버리고 뛰어 일어나 예수께 나아오거늘 51 예수께서 일
러 가라사대 네게 무엇을 하여주기를 원하느냐 소경이 가로되 선
생님이여 보기를 원하나이다 52 예수께서 이르시되 가라 네 믿음
이 너를 구원하였느니라 하시니 저가 곧 보게 되어 예수를 길에
서 좇으니라

예루살렘에 들어가시다(마 21:1-11; 눅 19:28-40; 요 12:12-19)

11 저희가 예루살렘에 가까이 와서 감람산 벳바게와 베다니
에 이르렀을 때에 예수께서 제자 중 둘을 보내시며 2 이르
시되 너희 맞은편 마을로 가라 그리로 들어가면 곧 아직 아무 사
람도 타 보지 않은 나귀 새끼의 매여 있는 것을 보리니 풀어 끌고

오너라 3 만일 누가 너희에게 왜 이리 하느냐 묻거든 주가 쓰시겠
다 [1]하라 그리하면 즉시 이리로 보내리라 하시니 4 제자들이 가서
본즉 나귀 새끼가 문앞 거리에 매여 있는지라 그것을 푸니 5 거기
섰는 사람 중 어떤이들이 가로되 나귀 새끼를 풀어 무엇하려느냐
하매 6 제자들이 예수의 이르신대로 말한대 이에 허락하는지라
7 나귀 새끼를 예수께로 끌고 와서 자기들의 겉옷을 그 위에 걸쳐
두매 예수께서 타시니 8 많은 사람은 자기 겉옷과 다른이들은 밭
에서 벤 나무가지를 길에 펴며 9 앞에서 가고 뒤에서 따르는 자들
이 소리지르되 호산나 찬송하리로다 주의 이름으로 오시는이여
10 찬송하리로다 오는 우리 조상 다윗의 나라여 가장 높은 곳에서
호산나 하더라 11 ● 예수께서 예루살렘에 이르러 성전에 들어가
사 모든 것을 둘러 보시고 때가 이미 저물매 열 두 제자를 데리시
고 베다니에 나가시다

무화과나무에게 이르시다(마 21:18-19)

12 ● 이튿날 저희가 베다니에서 나왔을 때에 예수께서 시
장하신지라 13 멀리서 잎사귀 있는 한 무화과나무를 보시고 혹 그
나무에 무엇이 있을까 하여 가셨더니 가서 보신즉 잎사귀 외에 아
무 것도 없더라 이는 무화과의 때가 아님이라 14 예수께서 나무에
게 일러 가라사대 이제부터 영원토록 사람이 네게서 열매를 따 먹
지 못하리라 하시니 제자들이 이를 듣더라

성전을 깨끗하게 하시다(마 21:12-17; 누 19:45-48; 요 2:13-22)

15 ● 저희가 예루살렘에 들어가니라 예수께서 성전에 들어
가사 성전 안에서 매매하는 자들을 내어쫓으시며 돈 바꾸는 자들

1) 혹 즉시 돌려 보내리라 하라 하시니

의 상과 비둘기 파는 자들의 의자를 둘러 엎으시며 16 아무나 기
구를 가지고 성전 안으로 지나다님을 허치 아니하시고 17 이에 가
르쳐 이르시되 기록된바 [ㄱ]내 집은 만민의 기도하는 집이라 칭함
을 받으리라고 하지 아니하였느냐 너희는 [ㄴ]강도의 굴혈을 만들
었도다 하시매 18 대제사장들과 서기관들이 듣고 예수를 어떻게
멸할까 하고 꾀하니 이는 무리가 다 그의 교훈을 기이히 여기므
로 그를 두려워함일러라 19 • 매양 저물매 저희가 성밖으로 나가
더라

무화과나무가 마르다(마 21:20-22)

20 • 저희가 아침에 지나갈 때에 무화과나무가 뿌리로부터
마른 것을 보고 21 베드로가 생각이 나서 여짜오되 랍비여 보소
서 저주하신 무화과나무가 말랐나이다 22 예수께서 대답하여 저
희에게 이르시되 하나님을 믿으라 23 내가 진실로 너희에게 이르
노니 누구든지 이 산더러 들리어 바다에 던지우라 하며 그 말하는
것이 이룰줄 믿고 마음에 의심치 아니하면 그대로 되리라 24 그
러므로 내가 너희에게 말하노니 무엇이든지 기도하고 구하는 것
은 받은 줄로 믿으라 그리하면 너희에게 그대로 되리라 25 서서
기도할 때에 아무에게나 혐의가 있거든 용서하라 그리하여야 하
늘에 계신 너희 아버지도 너희 허물을 사하여 주시리라 하셨더라
26 [1](없음)

예수의 권세를 두고 논란하다(마 21:23-27; 눅 20:1-8)

27 • 저희가 다시 예루살렘에 들어가니라 예수께서 성전에
서 걸어다니실 때에 대제사장들과 서기관들과 장로들이 나아와

1) 어떤 사본에, 26 「만일 너희가 용서하지 아니하면 하늘에 계신 너희 아버지도 너희 허물을 사하지 아니하시리라」가 있음 ㄱ. 사 56:7 ㄴ. 렘 7:11

28 가로되 무슨 권세로 이런 일을 하느뇨 누가 이런 일 할 이 권세
를 주었느뇨 29 예수께서 가라사대 나도 한 말을 너희에게 물으리
니 대답하라 그리하면 나도 무슨 권세로 이런 일을 하는지 이르리
라 30 요한의 세례가 하늘로서냐 사람에게로서냐 내게 대답하라
31 저희가 서로 의논하여 가로되 만일 하늘로서라 하면 어찌하여
저를 믿지 아니하였느냐 할것이니 32 그러면 사람에게로서라 할
까 하였으나 모든 사람이 요한을 참 선지자로 여기므로 저희가 백
성을 무서워하는지라 33 이에 예수께 대답하여 가로되 우리가 알
지 못하노라 하니 예수께서 가라사대 나도 무슨 권세로 이런 일을
하는지 너희에게 이르지 아니하리라 하시니라

포도원 농부의 비유(마 21:33-46; 눅 20:9-19)

12 예수께서 비유로 저희에게 말씀하시되 한 사람이 포도원
을 만들고 산울로 두르고 즙 짜는 구유 자리를 파고 망대
를 짓고 농부들에게 세로 주고 타국에 갔더니 2 때가 이르매 농부
들에게 포도원 소출 얼마를 받으려고 한 종을 보내니 3 저희가 종
을 잡아 심히 때리고 거저 보내었거늘 4 다시 다른 종을 보내니 그
의 머리에 상처를 내고 능욕하였거늘 5 또 다른 종을 보내니 저희
가 그를 죽이고 또 그외 많은 종들도 혹은 때리고 혹은 죽인지라
6 오히려 한 사람이 있으니 곧 그의 사랑하는 아들이라 최후로 이
를 보내며 가로되 내 아들은 공경하리라 하였더니 7 저 농부들이
서로 말하되 이는 상속자니 자 죽이자 그러면 그 유업이 우리 것
이 되리라 하고 8 이에 잡아 죽여 포도원 밖에 내어던졌느니라
9 포도원 주인이 어떻게 하겠느뇨 와서 그 농부들을 진멸하고 포

도원을 다른 사람들에게 주리라 10 너희가 성경에 ㄱ건축자들의
버린 돌이 모퉁이의 머릿돌이 되었나니 11 이것은 주로 말미암아
된 것이요 우리 눈에 기이하도다 함을 읽어 보지도 못하였느냐 하
시니라 12 저희가 예수의 이 비유는 자기들을 가리켜 말씀하심인
줄 알고 잡고자 하되 무리를 두려워하여 예수를 버려두고 가니라

가이사에게 세 바치는 일(마 22:15-22; 눅 20:20-26)

13 ● 저희가 예수의 말씀을 책잡으려 하여 바리새인과 헤롯
당 중에서 사람을 보내매 14 와서 가로되 선생님이여 우리가 아노
니 당신은 참되시고 아무라도 꺼리는 일이 없으시니 이는 사람을
외모로 보지 않고 오직 참으로써 하나님의 도를 가르치심이니이
다 가이사에게 세를 바치는 것이 가하니이까 불가하니이까 15 우
리가 바치리이까 말리이까 한대 예수께서 그 외식함을 아시고 이
르시되 어찌하여 나를 시험하느냐 [1]데나리온 하나를 가져다가 내
게 보이라 하시니 16 가져왔거늘 예수께서 가라사대 이 화상과 이
글이 뉘 것이냐 가로되 가이사의 것이니이다 17 이에 예수께서 가
라사대 가이사의 것은 가이사에게, 하나님의 것은 하나님께 바치
라 하시니 저희가 예수께 대하여 심히 기이히 여기더라

부활 논쟁(마 22:23-33; 눅 20:27-40)

18 ● 부활이 없다 하는 사두개인들이 예수께 와서 물어 가
로되 19 선생님이여 ㄴ모세가 우리에게 써 주기를 사람의 형이 자
식이 없이 아내를 두고 죽거든 그 동생이 그 아내를 취하여 형을
위하여 후사를 세울찌니라 하였나이다 20 칠 형제가 있었는데 맏
이 아내를 취하였다가 후사가 없이 죽고 21 둘째도 그 여자를 취

1) 은전의 명칭 ㄱ. 시 118:22 이하 ㄴ. 신 25:5

하였다가 후사가 없이 죽고 세째도 그렇게 하여 22 일곱이 다 후
사가 없었고 최후에 여자도 죽었나이다 23 일곱 사람이 다 그를
아내로 취하였으니 부활을 당하여 저희가 살아날 때에 그중에 뉘
아내가 되리이까 24 예수께서 가라사대 너희가 성경도 하나님의
능력도 알지 못하므로 오해함이 아니냐 25 사람이 죽은 자 가운
데서 살아날 때에는 장가도 아니가고 시집도 아니가고 하늘에 있
는 천사들과 같으니라 26 죽은 자의 살아난다는 것을 의논할찐대
너희가 모세의 책 중 가시나무떨기에 관한 글에 하나님께서 모세
에게 이르시되 ㄱ나는 아브라함의 하나님이요 이삭의 하나님이요
야곱의 하나님이로라 하신 말씀을 읽어보지 못하였느냐 27 하나
님은 죽은 자의 하나님이 아니요 산 자의 하나님이시라 너희가 크
게 오해하였도다 하시니라

가장 큰 계명(마 22:34-40; 눅 10:25-28)

28 • 서기관 중 한 사람이 저희의 변론하는 것을 듣고 예수
께서 대답 잘하신 줄을 알고 나아와 묻되 모든 계명 중에 첫째가
무엇이니이까 29 예수께서 대답하시되 첫째는 이것이니 ㄴ이스라
엘아 들으라 주 곧 우리 하나님은 유일한 주시라 30 네 마음을 다
하고 목숨을 다하고 뜻을 다하고 힘을 다하여 주 너의 하나님을
사랑하라 하신 것이요 31 둘째는 이것이니 ㄷ네 이웃을 네 몸과 같
이 사랑하라 하신 것이라 이에서 더 큰 계명이 없느니라 32 서기
관이 가로되 선생님이여 옳소이다 하나님은 한 분이시요 그 외에
다른이가 없다 하신 말씀이 참이니이다 33 또 마음을 다하고 지혜
를 다하고 힘을 다하여 하나님을 사랑하는 것과 또 이웃을 제 몸

ㄱ. 출 3:6 ㄴ. 신 6:4 이하 ㄷ. 레 19:18

과 같이 사랑하는 것이 전체로 드리는 모든 번제물과 기타 제물보
다 나으니이다 34 예수께서 그 지혜 있게 대답함을 보시고 이르
시되 네가 하나님의 나라에 멀지 않도다 하시니 그 후에 감히 묻
는 자가 없더라

그리스도와 다윗의 자손(마 22:41-46; 눅 20:41-44)

35 ● 예수께서 성전에서 가르치실쌔 대답하여 가라사대 어
찌하여 서기관들이 그리스도를 다윗의 자손이라 하느뇨 36 다윗
이 성령에 감동하여 친히 말하되 [ㄱ]주께서 내 주께 이르시되 내가
네 원수를 네 발 아래 둘 때까지 내 우편에 앉았으라 하셨도다 하
였느니라 37 다윗이 그리스도를 주라 하였은즉 어찌 그의 자손이
되겠느냐 하시더라 백성이 즐겁게 듣더라

서기관들을 꾸짖으시다(마 23:1-36; 눅 20:45-47)

38 ● 예수께서 가르치실 때에 가라사대 긴 옷을 입고 다니
는 것과 시장에서 문안 받는 것과 39 회당의 상좌와 잔치의 상석을
원하는 서기관들을 삼가라 40 저희는 과부의 가산을 삼키며 외식
으로 길게 기도하는 자니 그 받는 판결이 더욱 중하리라 하시니라

과부의 헌금(눅 21:1-4)

41 ● 예수께서 연보 궤를 대하여 앉으사 무리의 연보 궤에
돈 넣는 것을 보실쌔 여러 부자는 많이 넣는데 42 한 가난한 과부
는 와서 두 [1]렙돈 곧 한 [2]고드란트를 넣는지라 43 예수께서 제자
들을 불러다가 이르시되 내가 진실로 너희에게 이르노니 이 가난
한 과부는 연보 궤에 넣는 모든 사람보다 많이 넣었도다 44 저희
는 다 그 풍족한 중에서 넣었거니와 이 과부는 그 구차한 중에서

1) 헬라 동전의 명칭 2) 로마 동전의 명칭 ㄱ. 시 110:1

자기 모든 소유 곧 생활비 전부를 넣었느니라 하셨더라

성전이 무너질 것을 이르시다(마 24:1-2; 눅 21:5-6)

13 예수께서 성전에서 나가실 때에 제자 중 하나가 가로되 선
생님이여 보소서 이 돌들이 어떠하며 이 건물들이 어떠하
니이까 2 예수께서 이르시되 네가 이 큰 건물들을 보느냐 돌 하나
도 돌 위에 남지 않고 다 무너뜨려지리라 하시니라

재난의 징조(마 24: 3-14; 눅 21:7-19)

3 • 예수께서 감람산에서 성전을 마주 대하여 앉으셨을 때
에 베드로와 야고보와 요한과 안드레가 종용히 묻자오되 4 우리
에게 이르소서 어느 때에 이런 일이 있겠사오며 이 모든 일이 이
루려 할 때에 무슨 징조가 있사오리이까 5 예수께서 이르시되 너
희가 사람의 미혹을 받지 않도록 주의하라 6 많은 사람이 내 이름
으로 와서 이르되 내가 그로라 하여 많은 사람을 미혹케 하리라
7 난리와 난리 소문을 들을 때에 두려워 말라 이런 일이 있어야 하
되 끝은 아직 아니니라 8 민족이 민족을, 나라가 나라를 대적하여
일어나겠고 처처에 지진이 있으며 기근이 있으리니 이는 재난의
시작이니라 9 • 너희는 스스로 조심하라 사람들이 너희를 공회에
넘겨주겠고 너희를 회당에서 매질하겠으며 나를 인하여 너희가 관
장들과 임금들 앞에 서리니 이는 저희에게 증거되려함이라 10 또
복음이 먼저 만국에 전파되어야 할것이니라 11 사람들이 너희를
끌어다가 넘겨줄 때에 무슨 말을 할까 미리 염려치 말고 무엇이든
지 그 시에 너희에게 주시는 그 말을 하라 말하는 이는 너희가 아
니요 성령이시니라 12 형제가 형제를, 아비가 자식을 죽는데 내어

주며 자식들이 부모를 대적하여 죽게 하리라 13 또 너희가 내 이
름을 인하여 모든 사람에게 미움을 받을 것이나 나중까지 견디는
자는 구원을 얻으리라

가장 큰 환난(마 24:15-28; 눅 21:20-24)

14 • 멸망의 가증한 것이 서지 못할 곳에 선것을 보거든 (읽
는 자는 깨달을찐저) 그 때에 유대에 있는 자들은 산으로 도망할
찌어다 15 지붕 위에 있는 자는 내려가지도 말고 집에 있는 무엇
을 가지러 들어가지도 말며 16 밭에 있는 자는 겉옷을 가지러 뒤
로 돌이키지 말찌어다 17 그날에는 아이 밴 자들과 젖먹이는 자들
에게 화가 있으리로다 18 이 일이 겨울에 나지 않도록 기도하라
19 이는 그날들은 환난의 날이 되겠음이라 하나님의 창조하신 창초
부터 지금까지 이런 환난이 없었고 후에도 없으리라 20 만일 주께
서 그날들을 감하지 아니하셨더면 모든 육체가 구원을 얻지 못할
것이어늘 자기의 택하신 백성을 위하여 그날들을 감하셨느니라
21 그 때에 사람이 너희에게 말하되 보라 그리스도가 여기 있다 보
라 저기 있다 하여도 믿지 말라 22 거짓 그리스도들과 거짓 선지
자들이 일어나서 [1]이적과 기사를 행하여 할 수만 있으면 택하신
백성을 미혹케 하려 하리라 23 너희는 삼가라 내가 모든 일을 너
희에게 미리 말하였노라

인자의 오심(마 24:29-31; 눅 21:25-28)

24 • 그 때에 그 환난 후 해가 어두워지며 달이 빛을 내지
아니하며 25 별들이 하늘에서 떨어지며 하늘에 있는 권능들이 흔
들리리라 26 그 때에 인자가 구름을 타고 큰 권능과 영광으로 오

1) 혹 표적

는 것을 사람들이 보리라 27 또 그 때에 저가 천사들을 보내어 자
기 택하신 자들을 땅 끝으로부터 하늘 끝까지 사방에서 모으리라

무화과나무 비유에서 배울 교훈(마 24:32-35; 눅 21:29-33)

28 ● 무화과나무의 비유를 배우라 그 가지가 연하여지고
잎사귀를 내면 여름이 가까운 줄을 아나니 29 이와 같이 너희가
이런 일이 나는 것을 보거든 [1]인자가 가까이 곧 문앞에 이른 줄을
알라 30 내가 진실로 너희에게 말하노니 이 세대가 지나가기 전에
이 일이 다 이루리라 31 천지는 없어지겠으나 내 말은 없어지지
아니하리라 32 그러나 그 날과 그 때는 아무도 모르나니 하늘에
있는 천사들도, 아들도 모르고 아버지만 아시느니라 33 주의하
라 깨어 [2]있으라 그 때가 언제인지 알지 못함이니라 34 가령 사람
이 집을 떠나 타국으로 갈 때에 그 종들에게 권한을 주어 각각 사
무를 맡기며 문지기에게 깨어 있으라 명함과 같으니 35 그러므로
깨어 있으라 집 주인이 언제 올는지 혹 저물 때엘는지, 밤중엘는
지, 닭 울 때엘는지, 새벽엘는지 너희가 알지 못함이라 36 그가 홀
연히 와서 너희의 자는 것을 보지 않도록 하라 37 깨어 있으라 내
가 너희에게 하는 이 말이 모든 사람에게 하는 말이니라 하시니라

예수를 죽일 방책을 구하다(마 26:1-5; 눅 22:1-2; 요 11:45-53)

14 이틀을 지나면 유월절과 무교절이라 대제사장들과 서기
관들이 예수를 궤계로 잡아 죽일 방책을 구하며 2 가로되
민요가 날까 하노니 명절에는 말자 하더라

예수의 머리에 향유를 붓다(마 26:6-13; 요 12:1-8)

3 ● 예수께서 베다니 문둥이 시몬의 집에서 [3]식사하실 때

1) 혹 때가 2) 어떤 사본에, 있어 기도하라 3) 2:15 난하주를 보라

에 한 여자가 매우 값진 향유 곧 순전한 나드 한 옥합을 가지고 와
서 그 옥합을 깨뜨리고 예수의 머리에 부으니 4 어떤 사람들이 분
내어 서로 말하되 무슨 의사로 이 향유를 허비하였는가 5 이 향유
를 삼백 [1)]데나리온 이상에 팔아 가난한 자들에게 줄 수 있었겠도
다 하며 그 여자를 책망하는지라 6 예수께서 가라사대 가만 두어
라 너희가 어찌하여 저를 괴롭게 하느냐 저가 내게 좋은 일을 하
였느니라 7 가난한 자들은 항상 너희와 함께 있으니 아무 때라도
원하는대로 도울 수 있거니와 나는 너희와 항상 함께 있지 아니하
리라 8 저가 힘을 다하여 내 몸에 향유를 부어 내 장사를 미리 준
비하였느니라 9 내가 진실로 너희에게 이르노니 온 천하에 어디
서든지 복음이 전파되는 곳에는 이 여자의 행한 일도 말하여 저를
기념하리라 하시니라

유다가 배반하다(마 26:14-16; 눅 22:3-6)

10 ●열 둘 중에 하나인 가룟 유다가 예수를 넘겨 주려고 대
제사장들에게 가매 11 저희가 듣고 기뻐하여 돈을 주기로 약속하
니 유다가 예수를 어떻게 넘겨 줄 기회를 찾더라

제자들과 함께 유월절을 지키시다

(마 26:17-25; 눅 22:7-14, 21-23; 요 13:21-30)

12 ●무교절의 첫날 곧 유월절 양 잡는 날에 제자들이 예수
께 여짜오되 우리가 어디로 가서 선생님으로 유월절을 잡수시게
예비하기를 원하시나이까 하매 13 예수께서 제자 중에 둘을 보내
시며 가라사대 성내로 들어가라 그리하면 물 한 동이를 가지고 가
는 사람을 만나리니 그를 따라가서 14 어디든지 그의 들어가는 그

1) 은전의 명칭

집 주인에게 이르되 선생님의 말씀이 내가 내 제자들과 함께 유
월절을 먹을 나의 객실이 어디 있느뇨 하시더라 하라 15 그리하면
자리를 베풀고 예비된 큰 다락방을 보이리니 거기서 우리를 위하
여 예비하라 하신대 16 제자들이 나가 성내로 들어가서 예수의 하
시던 말씀대로 만나 유월절을 예비하니라 17 • 저물매 그 열 둘을
데리시고 와서 18 다 [1]앉아 먹을 때에 예수께서 가라사대 내가 진
실로 너희에게 이르노니 너희 중에 한 사람 곧 나와 함께 먹는 자
가 나를 팔리라 하신대 19 저희가 근심하여 하나씩 하나씩 여짜오
되 내니이까 20 이르시되 열 둘 중 하나 곧 나와 함께 그릇에 손을
넣는 자니라 21 인자는 자기에게 대하여 기록된대로 가거니와 인
자를 파는 그 사람에게는 화가 있으리로다 그 사람은 차라리 나지
아니하였더면 제게 좋을뻔하였느니라 하시니라

마지막 만찬(마 26:26-30; 눅 22:15-20; 고전 11:23-25)

22 • 저희가 먹을 때에 예수께서 떡을 가지사 축복하시고
떼어 제자들에게 주시며 가라사대 받으라 이것이 내 몸이니라 하
시고 23 또 잔을 가지사 사례하시고 저희에게 주시니 다 이를 마
시매 24 가라사대 이것은 많은 사람을 위하여 흘리는바 나의 피
곧 언약의 피니라 25 진실로 너희에게 이르노니 내가 포도나무에
서 난 것을 하나님 나라에서 새것으로 마시는 날까지 다시 마시
지 아니하리라 하시니라 26 • 이에 저희가 찬미하고 감람산으로
나가니라

베드로가 부인할 것을 이르시다(마 26:31-35; 눅 22:31-34; 요 13:36-38)

27 • 예수께서 제자들에게 이르시되 너희가 다 [2]나를 버리

1) 2:15 난하주를 보라 2) 혹 나를 인하여 실족하리라

리라 이는 기록된바 [ㄱ]내가 목자를 치리니 양들이 흩어지리라 하
였느니라 28 그러나 내가 살아난 후에 너희보다 먼저 갈릴리로 가
리라 29 베드로가 여짜오되 다 [1)]버릴찌라도 나는 그렇지 않겠나
이다 30 예수께서 가라사대 내가 진실로 네게 이르노니 오늘 이밤
닭이 두번 울기 전에 네가 세번 나를 부인하리라 31 베드로가 힘
있게 말하되 내가 주와 함께 죽을찌언정 주를 부인하지 않겠나이
다 하고 모든 제자도 이와 같이 말하니라

겟세마네에서 기도하시다(마 26:36-46; 눅 22:39-46)

32 ● 저희가 겟세마네라 하는 곳에 이르매 예수께서 제자
들에게 이르시되 나의 기도할 동안에 너희는 여기 앉았으라 하시
고 33 베드로와 야고보와 요한을 데리고 가실새 심히 놀라시며 슬
퍼하사 34 말씀하시되 내 마음이 심히 고민하여 죽게 되었으니 너
희는 여기 머물러 깨어 있으라 하시고 35 조금 나아가사 땅에 엎
드리어 될 수 있는대로 이 때가 자기에게서 지나가기를 구하여
36 가라사대 아바 아버지여 아버지께는 모든 것이 가능하오니 이
잔을 내게서 옮기시옵소서 그러나 나의 원대로 마옵시고 아버지
의 원대로 하옵소서 하시고 37 돌아오사 제자들의 자는 것을 보시
고 베드로에게 말씀하시되 시몬아 자느냐 네가 한시 동안도 깨어
있을 수 없더냐 38 시험에 들지 않게 깨어 있어 기도하라 마음에
는 원이로되 육신이 약하도다 하시고 39 다시 나아가 동일한 말씀
으로 기도하시고 40 다시 오사 보신즉 저희가 자니 이는 저희 눈
이 심히 피곤함이라 저희가 예수께 무엇으로 대답할 줄을 알지 못
하더라 41 세번째 오사 저희에게 이르시되 이제는 자고 쉬라 그만

1) 혹 실족할찌라도 ㄱ. 슥 13:7

이다 때가 왔도다 보라 인자가 죄인의 손에 팔리우느니라 42 일어
나라 함께 가자 보라 나를 파는 자가 가까이 왔느니라

잡히시다(마 26:47-56; 눅 22:47-53; 요 18:2-12)

43 ● 말씀하실 때에 곧 열 둘 중의 하나인 유다가 왔는데 대
제사장들과 서기관들과 장로들에게서 파송된 무리가 검과 몽치
를 가지고 그와 함께 하였더라 44 예수를 파는 자가 이미 그들과
군호를 짜 가로되 내가 입맞추는 자가 그이니 그를 잡아 단단히
끌어가라 하였는지라 45 이에 와서 곧 예수께 나아와 랍비여 하고
입을 맞추니 46 저희가 예수께 손을 대어 잡거늘 47 곁에 섰는 자
중에 한 사람이 검을 빼어 대제사장의 종을 쳐 그 귀를 떨어뜨리
니라 48 예수께서 무리에게 말씀하여 가라사대 너희가 강도를 잡
는 것 같이 검과 몽치를 가지고 나를 잡으러 나왔느냐 49 내가 날
마다 너희와 함께 성전에 있어서 가르쳤으되 너희가 나를 잡지 아
니하였도다 그러나 이는 성경을 이루려 함이니라 하시더라 50 제
자들이 다 예수를 버리고 도망하니라

한 청년이 벗은 몸으로 달아나다

51 ● 한 청년이 벗은 몸에 베 홑이불을 두르고 예수를 따라
오다가 무리에게 잡히매 52 베 홑이불을 버리고 벗은 몸으로 도
망하니라

공회 앞에 서시다

(마 26:57-68; 눅 22:54-55, 63-71; 요 18:13-14, 19-24)

53 ● 저희가 예수를 끌고 대제사장에게로 가니 대제사장들
과 장로들과 서기관들이 다 모이더라 54 베드로가 예수를 멀찍이

좇아 대제사장의 집 뜰안까지 들어가서 하속들과 함께 앉아 [1]불
을 쬐더라 55 대제사장들과 온 공회가 예수를 죽이려고 그를 칠
증거를 찾되 얻지 못하니 56 이는 예수를 쳐서 거짓 증거하는 자
가 많으나 그 증거가 서로 합하지 못함이라 57 어떤 사람들이 일어
나 예수를 쳐서 거짓 증거하여 가로되 58 우리가 그의 말을 들으
니 손으로 지은 이 성전을 내가 헐고 손으로 짓지 아니한 다른 성
전을 사흘에 지으리라 하더라 하되 59 오히려 그 증거도 서로 합
하지 않더라 60 대제사장이 가운데 일어서서 예수에게 물어 가로
되 너는 아무 대답도 없느냐 이 사람들의 너를 치는 증거가 어떠
하냐 하되 61 잠잠하고 아무 대답도 아니하시거늘 대제사장이 다
시 물어 가로되 네가 찬송 받을 자의 아들 그리스도냐 62 예수께
서 이르시되 내가 그니라 인자가 권능자의 우편에 앉은 것과 하늘
구름을 타고 오는 것을 너희가 보리라 하시니 63 대제사장이 자
기 옷을 찢으며 가로되 우리가 어찌 더 증인을 요구하리요 64 그
참람한 말을 너희가 들었도다 너희는 어떻게 생각하느뇨 하니 저
희가 다 예수를 사형에 해당한 자로 정죄하고 65 혹은 그에게 침
을 뱉으며 그의 얼굴을 가리우고 주먹으로 치며 가로되 선지자 노
릇을 하라 하고 하속들은 손바닥으로 치더라

베드로가 예수를 모른다고 하다

(마 26:69-75; 눅 22:56-62; 요 18:15-18, 25-27)

66 ● 베드로는 아래 뜰에 있더니 대제사장의 비자 하나가
와서 67 베드로의 불 쬠을 보고 주목하여 가로되 너도 나사렛 예
수와 함께 있었도다 하거늘 68 베드로가 부인하여 가로되 나는 네

1) 헬, 빛에 쬐더라

말하는 것이 무엇인지 알지도 못하고 깨닫지도 못하겠노라 하며
앞뜰로 나갈새[1] 69 비자가 그를 보고 곁에 서 있는 자들에게 다시
이르되 이 사람은 그 당이라 하되 70 또 부인하더라 조금 후에 곁
에 서 있는 사람들이 다시 베드로에게 말하되 너는 갈릴리 사람
이니 참으로 그 당이니라 71 베드로가 저주하며 맹세하되 나는 너
희의 말하는 이 사람을 알지 못하노라 하니 72 닭이 곧 두번째 울
더라 이에 베드로가 예수께서 자기에게 하신 말씀 곧 닭이 두번
울기 전에 네가 세번 나를 부인하리라 하심이 기억되어 생각하고
울었더라

빌라도가 예수께 묻다(마 27:1-2, 11-14; 눅 23:1-5; 요 18:28-38)

15 새벽에 대제사장들이 즉시 장로들과 서기관들 곧 온 공회
로 더불어 의논하고 예수를 결박하여 끌고 가서 빌라도에
게 넘겨주니 2 빌라도가 묻되 네가 유대인의 왕이냐 예수께서 대
답하여 가라사대 네 말이 옳도다 하시매 3 대제사장들이 여러가
지로 고소하는지라 4 빌라도가 또 물어 가로되 아무 대답도 없느
냐 저희가 얼마나 많은 것으로 너로 고소하는가 보라 하되 5 예
수께서 다시 아무 말씀도 대답지 아니하시니 빌라도가 기이히 여
기더라

사형 선고를 받으시다(마 27:15-26; 눅 23:13-25; 요 18:39-19:16)

6 ● 명절을 당하면 백성의 구하는대로 죄수 하나를 놓아
주는 전례가 있더니 7 민란을 꾸미고 이 민란에 살인하고 포박된
자 중에 바라바라 하는 자가 있는지라 8 무리가 나아가서 전례대
로 하여주기를 구한대 9 빌라도가 대답하여 가로되 너희는 내가

1) 어떤 사본에는, 68절 끝에 「마침 닭이 울더라」가 있음

유대인의 왕을 너희에게 놓아 주기를 원하느냐 하니 10 이는 저
가 대제사장들이 시기로 예수를 넘겨준줄 앎이러라 11 그러나 대
제사장들이 무리를 충동하여 도리어 바라바를 놓아 달라 하게 하
니 12 빌라도가 또 대답하여 가로되 그러면 너희가 유대인의 왕이
라 하는 이는 내가 어떻게 하랴 13 저희가 다시 소리지르되 저를
십자가에 못 박게 하소서 14 빌라도가 가로되 어찜이뇨 무슨 악한
일을 하였느냐 하니 더욱 소리지르되 십자가에 못 박게 하소서 하
는지라 15 빌라도가 무리에게 만족을 주고자 하여 바라바는 놓아
주고 예수는 채찍질하고 십자가에 못 박히게 넘겨주니라

군병들이 예수를 희롱하다(마 27:27-31; 요 19:2-3)

16 ●군병들이 예수를 끌고 브라이도리온이라는 뜰 안으로
들어가서 온 군대를 모으고 17 예수에게 자색 옷을 입히고 가시 면
류관을 엮어 씌우고 18 예하여 가로되 유대인의 왕이여 평안할찌
어다 하고 19 갈대로 그의 머리를 치며 침을 뱉으며 꿇어 절하더
라 20 희롱을 다한 후 자색 옷을 벗기고 도로 그의 옷을 입히고 십
자가에 못 박으려고 끌고 나가니라

십자가에 못 박히시다(마 27:32-44; 눅 23:26-43; 요 19:17-27)

21 ●마침 알렉산더와 루포의 아비인 구레네 사람 시몬이
시골로서 와서 지나가는데 저희가 그를 억지로 같이 가게 하여 예
수의 십자가를 지우고 22 예수를 끌고 골고다라 하는 곳(번역하
면 해골의 곳)에 이르러 23 몰약을 탄 포도주를 주었으나 예수께
서 받지 아니하시니라 24 십자가에 못 박고 그 옷을 나눌쌔 누가
어느 것을 얻을까 하여 제비를 뽑더라 25 때가 제삼시가 되어 십자

가에 못 박으니라 26 그 위에 있는 죄 패에 유대인의 왕이라 썼고
27 강도 둘을 예수와 함께 십자가에 못 박으니 하나는 그의 우편
에, 하나는 좌편에 있더라 28 [1](없음) 29 지나가는 자들은 자기 머
리를 흔들며 예수를 모욕하여 가로되 아하 성전을 헐고 사흘에 짓
는 자여 30 네가 너를 구원하여 십자가에서 내려 오라 하고 31 그
와 같이 대제사장들도 서기관들과 함께 희롱하며 서로 말하되 저
가 남은 구원하였으되 자기는 구원할 수 없도다 32 이스라엘의 왕
그리스도가 지금 십자가에서 내려와 우리로 보고 믿게 할찌어다
하며 함께 십자가에 못 박힌 자들도 예수를 욕하더라

운명하시다(마 27:45-61; 눅 23:44-56; 요 19:28-30, 38-42)

33 • 제 육시가 되매 온 땅에 어두움이 임하여 제 구시까지
계속하더니 34 제 구시에 예수께서 크게 소리지르시되 엘리 엘리
라마 사박다니 하시니 이를 번역하면 나의 하나님 나의 하나님 어
찌하여 나를 버리셨나이까 하는 뜻이라 35 곁에 섰던 자 중 어떤이
들이 듣고 가로되 보라 엘리야를 부른다 하고 36 한 사람이 달려
가서 해융에 신포도주를 머금게 하여 갈대에 꿰어 마시우고 가로
되 가만 두어라 엘리야가 와서 저를 내려 주나 보자 하더라 37 예
수께서 큰 소리를 지르시고 운명하시다 38 이에 성소 휘장이 위로
부터 아래까지 찢어져 둘이 되니라 39 예수를 향하여 섰던 백부장
이 그렇게 운명하심을 보고 가로되 이 사람은 진실로 하나님의 아
들이었도다 하더라 40 멀리서 바라보는 여자들도 있는데 그 중에
막달라 마리아와 또 작은 야고보와 요세의 어머니 마리아와 또 살
로메가 있었으니 41 이들은 예수께서 갈릴리에 계실 때에 좇아 섬

1) 어떤 사본에는, 28「불법자와 함께 인정함을 받았다 한 성경이 응하였느니라」가 있음

기던 자요 또 이 외에도 예수와 함께 예루살렘에 올라온 여자가
많이 있었더라 42 ● 이 날은 예비일 곧 안식일 전날이므로 저물었
을 때에 43 아리마대 사람 요셉이 와서 당돌히 빌라도에게 들어
가 예수의 시체를 달라 하니 이 사람은 존귀한 공회원이요 하나님
의 나라를 기다리는 자라 44 빌라도는 예수께서 벌써 죽었을까 하
고 이상히 여겨 백부장을 불러 죽은지 오래냐 묻고 45 백부장에게
알아 본 후에 요셉에게 시체를 내어 주는지라 46 요셉이 세마포를
사고 예수를 내려다가 이것으로 싸서 바위 속에 판 무덤에 넣어
두고 돌을 굴려 무덤 문에 놓으매 47 때에 막달라 마리아와 요세
의 어머니 마리아가 예수 둔 곳을 보더라

살아나시다(마 28:1-10; 눅 24:1-12; 요 20:1-18)

16 안식일이 지나매 막달라 마리아와 야고보의 어머니 마리
아와 또 살로메가 가서 예수께 바르기 위하여 향품을 사
다 두었다가 2 안식 후 첫날 매우 일찌기 해 돋은 때에 그 무덤으
로 가며 3 서로 말하되 누가 우리를 위하여 무덤 문에서 돌을 굴
려 주리요 하더니 4 눈을 들어본즉 돌이 벌써 굴려졌으니 그 돌이
심히 크더라 5 무덤에 들어가서 흰 옷을 입은 한 청년이 우편에 앉
은 것을 보고 놀라매 6 청년이 이르되 놀라지 말라 너희가 십자가
에 못 박히신 나사렛 예수를 찾는구나 그가 살아나셨고 여기 계
시지 아니하니라 보라 그를 두었던 곳이니라 7 가서 그의 제자들
과 베드로에게 이르기를 예수께서 너희보다 먼저 갈릴리로 가시
나니 전에 너희에게 말씀하신대로 너희가 거기서 뵈오리라 하라
하는지라 8 여자들이 심히 놀라 떨며 나와 무덤에서 도망하고 무

서워하여 아무에게 아무 말도 하지 못하더라 9 [1]〔예수께서 안식
후 첫날 이른 아침에 살아나신 후 전에 일곱 귀신을 쫓아내어 주
신 막달라 마리아에게 먼저 보이시니 10 마리아가 가서 예수와 함
께하던 사람들의 슬퍼하며 울고 있는 중에 이 일을 고하매 11 그들
은 예수의 살으셨다는 것과 마리아에게 보이셨다는 것을 듣고도
믿지 아니하니라

두 제자에게 나타나시다(눅 24:13-35)

12 ●그 후에 저희 중 두 사람이 걸어서 시골로 갈때에 예수
께서 다른 모양으로 저희에게 나타나시니 13 두 사람이 가서 남은
제자들에게 고하였으되 역시 믿지 아니하니라

제자들이 선교의 사명을 받다
(마 28:16-20; 눅 24:36-49; 요 20:19-23; 행 1:6-8)

14 ●그 후에 열 한 제자가 [2]음식 먹을 때에 예수께서 저희
에게 나타나사 저희의 믿음 없는 것과 마음이 완악한 것을 꾸짖으
시니 이는 자기의 살아난 것을 본 자들의 말을 믿지 아니함일러라
15 또 가라사대 너희는 온 천하에 다니며 만민에게 복음을 전파하
라 16 믿고 세례를 받는 사람은 구원을 얻을 것이요 믿지 않는 사
람은 정죄를 받으리라 17 믿는 자들에게는 이런 [3]표적이 따르리니
곧 저희가 내 이름으로 귀신을 쫓아내며 새 방언을 말하며 18 뱀
을 집으며 무슨 독을 마실찌라도 해를 받지 아니하며 병든 사람에
게 손을 얹은즉 나으리라 하시더라

하늘로 올리우시다(눅 24:50-53; 행 1:9-11)

19 ●주 예수께서 말씀을 마치신 후에 하늘로 올리우사 하

1) 어떤 사본에는, 9-20절까지 없음 2) 2:15 난하주를 보라 3) 혹 이적

나님 우편에 앉으시니라 20 제자들이 나가 두루 전파할새 주께
서 함께 역사하사 그 따르는 [1]표적으로 말씀을 확실히 증거하시
니라〕

1) 혹 이적

누가복음

데오빌로 각하에게

1 우리 중에 이루어진 사실에 대하여 2 처음부터 말씀의 목
격자 되고 일군 된 자들의 전하여 준 그대로 내력을 저술
하려고 붓을 든 사람이 많은지라 3 그 모든 일을 근원부터 자세
히 미루어 살핀 나도 데오빌로 각하에게 차례대로 써 보내는 것
이 좋은줄 알았노니 4 이는 각하로 그 배운 바의 확실함을 알게 하
려 함이로라

세례 요한의 출생을 예고하다

5 ●유대 왕 헤롯 때에 아비야 반열에 제사장 하나가 있으
니 이름은 사가랴요 그 아내는 아론의 자손이니 이름은 엘리사벳
이라 6 이 두 사람이 하나님 앞에 의인이니 주의 모든 계명과 규
례대로 흠이 없이 행하더라 7 엘리사벳이 수태를 못하므로 저희
가 무자하고 두 사람의 나이 많더라 8 ●마침 사가랴가 그 반열의
차례대로 제사장의 직무를 하나님 앞에 행할쌔 9 제사장의 전례
를 따라 제비를 뽑아 주의 성소에 들어가 분향하고 10 모든 백성
은 그 분향하는 시간에 밖에서 기도하더니 11 주의 사자가 저에게
나타나 향단 우편에 선지라 12 사가랴가 보고 놀라며 무서워하니
13 천사가 일러 가로되 사가랴여 무서워 말라 너의 간구함이 들린
지라 네 아내 엘리사벳이 네게 아들을 낳아 주리니 그 이름을 요
한이라 하라 14 너도 기뻐하고 즐거워할 것이요 많은 사람도 그
의 남을 기뻐하리니 15 이는 저가 주 앞에 큰 자가 되며 포도주나
소주를 마시지 아니하며 모태로부터 성령의 충만함을 입어 16 이
스라엘 자손을 주 곧 저희 하나님께로 많이 돌아오게 하겠음이니

라 17 저가 또 엘리야의 심령과 능력으로 주 앞에 앞서 가서 아비
의 마음을 자식에게, 거스리는 자를 의인의 슬기에 돌아오게 하
고 주를 위하여 세운 백성을 예비하리라 18 사가랴가 천사에게 이
르되 내가 이것을 어떻게 알리요 내가 늙고 아내도 나이 많으니
이다 19 천사가 대답하여 가로되 나는 하나님 앞에 섰는 가브리
엘이라 이 좋은 소식을 전하여 네게 말하라고 보내심을 입었노라
20 보라 이 일의 되는 날까지 네가 벙어리가 되어 능히 말을 못하
리니 이는 내 말을 네가 믿지 아니함이어니와 때가 이르면 내 말
이 이루리라 하더라 21 백성들이 사가랴를 기다리며 그의 성소 안
에서 지체함을 기이히 여기더니 22 그가 나와서 저희에게 말을 못
하니 백성들이 그 성소 안에서 이상을 본줄 알았더라 그가 형용으
로 뜻을 표시하며 그냥 벙어리대로 있더니 23 그 직무의 날이 다
되매 집으로 돌아가니라 24 •이 후에 그 아내 엘리사벳이 수태
하고 다섯 달 동안 숨어 있으며 가로되 25 주께서 나를 돌아 보시
는 날에 인간에 내 부끄러움을 없게 하시려고 이렇게 행하심이라
하더라

예수의 나심을 예고하다

26 •여섯째 달에 천사 가브리엘이 하나님의 보내심을 받
들어 갈릴리 나사렛이란 동네에 가서 27 다윗의 자손 요셉이라 하
는 사람과 정혼한 처녀에게 이르니 그 처녀의 이름은 마리아라
28 그에게 들어가 가로되 은혜를 받은 자여 평안할찌어다 주께서
너와 함께하시도다 하니 29 처녀가 그 말을 듣고 놀라 이런 인사
가 어찌함인고 생각하매 30 천사가 일러 가로되 마리아여 무서워

말라 네가 하나님께 은혜를 얻었느니라 31 보라 네가 수태하여 아
들을 낳으리니 그 이름을 예수라 하라 32 저가 큰 자가 되고 지극
히 높으신 이의 아들이라 일컬을 것이요 주 하나님께서 그 조상
다윗의 위를 저에게 주시리니 33 영원히 야곱의 집에 왕노릇 하
실 것이며 그 나라가 무궁하리라 34 마리아가 천사에게 말하되 나
는 사내를 알지 못하니 어찌 이 일이 있으리이까 35 천사가 대답
하여 가로되 성령이 네게 임하시고 지극히 높으신 이의 능력이 너
를 덮으시리니 이러므로 나실바 거룩한 자는 하나님의 아들이라
일컬으리라 36 보라 네 친족 엘리사벳도 늙어서 아들을 배었느
니라 본래 수태하지 못한다 하던 이가 이미 여섯 달이 되었나니
37 대저 하나님의 모든 말씀은 능치 못하심이 없느니라 38 마리아
가 가로되 주의 계집 종이오니 말씀대로 내게 이루어지이다 하매
천사가 떠나가니라

마리아가 엘리사벳을 방문하다

39 ●이 때에 마리아가 일어나 빨리 산중에 가서 유대 한
동네에 이르러 40 사가랴의 집에 들어가 엘리사벳에게 문안하니
41 엘리사벳이 마리아의 문안함을 들으매 아이가 복중에서 뛰노는
지라 엘리사벳이 성령의 충만함을 입어 42 큰 소리로 불러 가로되
여자 중에 네가 복이 있으며 네 태중의 아이도 복이 있도다 43 내
주의 모친이 내게 나아오니 이 어찌 된 일인고 44 보라 네 문안하
는 소리가 내 귀에 들릴 때에 아이가 내 복중에서 기쁨으로 뛰놀
았도다 45 믿은 여자에게 복이 있도다 주께서 그에게 하신 말씀
이 반드시 이루리라 46 마리아가 가로되 내 영혼이 주를 찬양하며

47 내 마음이 하나님 내 구주를 기뻐하였음은 48 그 계집종의 비
천함을 돌아 보셨음이라 보라 이제 후로는 만세에 나를 복이 있다
일컬으리로다 49 능하신 이가 큰 일을 내게 행하셨으니 그 이름이
거룩하시며 50 긍휼하심이 두려워하는 자에게 대대로 이르는도
다 51 그의 팔로 힘을 보이사 마음의 생각이 교만한 자들을 흩으
셨고 52 권세 있는 자를 그 위에서 내리치셨으며 비천한 자를 높
이셨고 53 주리는 자를 좋은 것으로 배불리셨으며 부자를 공수로
보내셨도다 54 그 종 이스라엘을 도우사 긍휼히 여기시고 기억하
시되 55 우리 조상에게 말씀하신 것과 같이 아브라함과 및 그 자
손에게 영원히 하시리로다 하니라 56 마리아가 석 달쯤 함께 있다
가 집으로 돌아가니라

세례 요한의 출생

57 ● 엘리사벳이 해산할 기한이 차서 아들을 낳으니 58 이
웃과 친족이 주께서 저를 크게 긍휼히 여기심을 듣고 함께 즐거워
하더라 59 팔일이 되매 아이를 할례하러 와서 그 부친의 이름을
따라 사가랴라 하고자 하더니 60 그 모친이 대답하여 가로되 아니
라 요한이라 할 것이라 하매 61 저희가 가로되 네 친족 중에 이 이
름으로 이름한 이가 없다 하고 62 그 부친께 형용하여 무엇으로
이름하려 하는가 물으니 63 저가 서판을 달라 하여 그 이름은 요
한이라 쓰매 다 기이히 여기더라 64 이에 그 입이 곧 열리고 혀가
풀리며 말을 하여 하나님을 찬송하니 65 그 근처에 사는 자가 다
두려워하고 이 모든 말이 온 유대 산중에 두루 퍼지매 66 듣는 사
람이 다 이 말을 마음에 두며 가로되 이 아이가 장차 어찌 될꼬 하

니 이는 주의 손이 저와 함께하심이러라

사가랴의 예언

67 •그 부친 사가랴가 성령의 충만함을 입어 예언하여 가
로되 68 찬송하리로다 주 이스라엘의 하나님이여 그 백성을 돌아
보사 속량하시며 69 우리를 위하여 구원의 뿔을 그 종 다윗의 집에
일으키셨으니 70 이것은 주께서 예로부터 거룩한 선지자의 입으
로 말씀하신 바와 같이 71 우리 원수에게서와 우리를 미워하는 모
든 자의 손에서 구원하시는 구원이라 72 우리 조상을 긍휼히 여기
시며 그 거룩한 언약을 기억하셨으니 73 곧 우리 조상 아브라함에
게 맹세하신 맹세라 74 우리로 원수의 손에서 건지심을 입고 75 종
신토록 주의 앞에서 성결과 의로 두려움이 없이 섬기게 하리라 하
셨도다 76 이 아이여 네가 지극히 높으신 이의 선지자라 일컬음을
받고 주 앞에 앞서 가서 그 길을 예비하여 77 주의 백성에게 그 죄
사함으로 말미암는 구원을 알게 하리니 78 이는 우리 하나님의 긍
휼을 인함이라 이로써 돋는 해가 위로부터 우리에게 임하여 79 어
두움과 죽음의 그늘에 앉은 자에게 비취고 우리 발을 평강의 길로
인도하시리로다 하니라 80 아이가 자라며 심령이 강하여지며 이
스라엘에게 나타나는 날까지 빈 들에 있으니라

예수의 나심(마 1:18-25)

2 이때에 가이사 아구스도가 영을 내려 천하로 다 호적하라
하였으니 2 이 호적은 구레뇨가 수리아 총독 되었을 때에
첫번 한것이라 3 모든 사람이 호적하러 각각 고향으로 돌아가매
4 요셉도 다윗의 집 족속인 고로 갈릴리 나사렛 동네에서 유대를

향하여 베들레헴이라 하는 다윗의 동네로 5 그 정혼한 마리아와
함께 호적하러 올라가니 마리아가 이미 잉태되었더라 6 거기 있
을 그 때에 해산할 날이 차서 7 맏아들을 낳아 강보로 싸서 구유에
뉘었으니 이는 사관에 있을 곳이 없음이러라

목자들이 예수 탄생의 소식을 듣다

8 •그 지경에 목자들이 밖에서 밤에 자기 양떼를 지키더
니 9 주의 사자가 곁에 서고 주의 영광이 저희를 두루 비취매 크게
무서워하는지라 10 천사가 이르되 무서워 말라 보라 내가 온 백성
에게 미칠 큰 기쁨의 좋은 소식을 너희에게 전하노라 11 오늘날 다
윗의 동네에 너희를 위하여 구주가 나셨으니 곧 그리스도 주시니
라 12 너희가 가서 강보에 싸여 구유에 누인 아기를 보리니 이것
이 너희에게 표적이니라 하더니 13 홀연히 허다한 천군이 그 천사
와 함께 있어 하나님을 찬송하여 가로되 14 지극히 높은 곳에서는
하나님께 영광이요 땅에서는 기뻐하심을 입은 사람들 중에 평화
로다 하니라 15 •천사들이 떠나 하늘로 올라가니 목자가 서로 말
하되 이제 베들레헴까지 가서 주께서 우리에게 알리신바 이 이루
어진 일을 보자 하고 16 빨리 가서 마리아와 요셉과 구유에 누인
아기를 찾아서 17 보고 천사가 자기들에게 이 아기에 대하여 말한
것을 고하니 18 듣는 자가 다 목자의 말하는 일을 기이히 여기되
19 마리아는 이 모든 말을 마음에 지키어 생각하니라 20 목자가 자
기들에게 이르던 바와 같이 듣고 본 그 모든 것을 인하여 하나님
께 영광을 돌리고 찬송하며 돌아가니라 21 •할례할 팔일이 되매
그 이름을 예수라 하니 곧 수태하기 전에 천사의 일컬은 바러라

아기 예수의 정결예식

22 ● ㄱ모세의 법대로 결례의 날이 차매 아기를 데리고 예루
살렘에 올라가니 23 이는 주의 율법에 쓴바 ㄴ첫 태에 처음 난 남자
마다 주의 거룩한 자라 하리라 한대로 아기를 주께 드리고 24 또
주의 율법에 말씀하신대로 ㄷ비둘기 한 쌍이나 혹 어린 반구 둘로
제사하려함이더라 25 예루살렘에 시므온이라 하는 사람이 있으
니 이 사람이 의롭고 경건하여 이스라엘의 위로를 기다리는 자라
성령이 그 위에 계시더라 26 저가 주의 그리스도를 보기 전에 죽
지 아니하리라 하는 성령의 지시를 받았더니 27 성령의 감동으로
성전에 들어가매 마침 부모가 율법의 전례대로 행하고자 하여 그
아기 예수를 데리고 오는지라 28 시므온이 아기를 안고 하나님을
찬송하여 가로되 29 주재여 이제는 말씀하신대로 종을 평안히 놓
아 주시는도다 30 내 눈이 주의 구원을 보았사오니 31 이는 만민
앞에 예비하신 것이요 32 이방을 비추는 빛이요 주의 백성 이스라
엘의 영광이니이다 하니 33 그 부모가 그 아기에 대한 말들을 기
이히 여기더라 34 시므온이 저희에게 축복하고 그 모친 마리아에
게 일러 가로되 보라 이 아이는 이스라엘 중 많은 사람의 패하고
흥함을 위하며 비방을 받는 표적 되기 위하여 세움을 입었고 35 또
칼이 네 마음을 찌르듯 하리라 이는 여러 사람의 마음의 생각을
드러내려 함이니라 하더라 36 또 아셀 지파 바누엘의 딸 안나라
하는 선지자가 있어 나이 매우 늙었더라 그가 출가한 후 일곱 해
동안 남편과 함께 살다가 37 과부 된지 팔십 사년이라 이 사람이
성전을 떠나지 아니하고 주야에 금식하며 기도함으로 섬기더니

ㄱ. 레 12:2-6 ㄴ. 출 13:2, 12 ㄷ. 레 12:8, 5:11

38 마침 이 때에 나아와서 하나님께 감사하고 예루살렘의 구속됨
을 바라는 모든 사람에게 이 아기에 대하여 말하니라 39 주의 율
법을 좇아 모든 일을 필하고 갈릴리로 돌아가 본 동네 나사렛에
이르니라 40 •아기가 자라며 강하여지고 지혜가 충족하며 하나
님의 은혜가 그 위에 있더라

소년 시절의 예수

41 •그 부모가 해마다 유월절을 당하면 예루살렘으로 가
더니 42 예수께서 열 두살 될 때에 저희가 이 절기의 전례를 좇아
올라갔다가 43 그 날들을 마치고 돌아갈 때에 아이 예수는 예루살
렘에 머무셨더라 그 부모는 이를 알지 못하고 44 동행 중에 있는
줄로 생각하고 하룻길을 간 후 친족과 아는 자 중에서 찾되 45 만
나지 못하매 찾으면서 예루살렘에 돌아갔더니 46 사흘 후에 성전
에서 만난즉 그가 선생들 중에 앉으사 저희에게 듣기도 하시며 묻
기도 하시니 47 듣는 자가 다 그 지혜와 대답을 기이히 여기더라
48 그 부모가 보고 놀라며 그 모친은 가로되 아이야 어찌하여 우
리에게 이렇게 하였느냐 보라 네 아버지와 내가 근심하여 너를 찾
았노라 49 예수께서 가라사대 어찌하여 나를 찾으셨나이까 내가
[1]내 아버지 집에 있어야 될 줄을 알지 못하셨나이까 하시니 50 양
친이 그 하신 말씀을 깨닫지 못하더라 51 예수께서 한가지로 내
려가사 나사렛에 이르러 순종하여 받드시더라 그 모친은 이 모든
[2]말을 마음에 두니라 52 •예수는 그 지혜와 그 키가 자라가며 하
나님과 사람에게 더 사랑스러워 가시더라

세례 요한의 전파(마 3:1-12; 막 1:1-8; 요 1:19-28)

1) 혹 내 아버지의 일에 관계하여야 2) 혹 일을

3 디베료 가이사가 위에 있은지 열 다섯 해 곧 본디오 빌라도
가 유대의 총독으로, 헤롯이 갈릴리의 분봉왕으로, 그 동
생 빌립이 이두래와 드라고닛 지방의 분봉왕으로, 루사니아가 아
빌레네의 분봉왕으로, 2 안나스와 가야바가 대제사장으로 있을
때에 하나님의 말씀이 빈 들에서 사가랴의 아들 요한에게 임한지
라 3 요한이 요단강 부근 각처에 와서 죄 사함을 얻게 하는 회개의
세례를 전파하니 4 선지자 이사야의 책에 쓴바 [ㄱ]광야에 외치는
자의 소리가 있어 가로되 너희는 주의 길을 예비하라 그의 첩경을
평탄케 하라 5 모든 골짜기가 메워지고 모든 산과 작은 산이 낮아
지고 굽은 것이 곧아지고 험한 길이 평탄하여질 것이요 6 모든 육
체가 하나님의 구원하심을 보리라 함과 같으니라 7 ● 요한이 세
례 받으러 나오는 무리에게 이르되 독사의 자식들아 누가 너희를
가르쳐 장차 올 진노를 피하라 하더냐 8 그러므로 회개에 합당한
열매를 맺고 속으로 아브라함이 우리 조상이라 말하지 말라 내가
너희에게 이르노니 하나님이 능히 이 돌들로도 아브라함의 자손
이 되게 하시리라 9 이미 도끼가 나무 뿌리에 놓였으니 좋은 열매
맺지 아니하는 나무마다 찍혀 불에 던지우리라 10 무리가 물어 가
로되 그러하면 우리가 무엇을 하리이까 11 대답하여 가로되 옷 두
벌 있는 자는 옷 없는 자에게 나눠줄 것이요 먹을 것이 있는 자도
그렇게 할것이니라 하고 12 세리들도 세례를 받고자하여 와서 가
로되 선생이여 우리는 무엇을 하리이까 하매 13 가로되 정한 세 외
에는 늑징치 말라하고 14 군병들도 물어 가로되 우리는 무엇을 하
리이까 하매 가로되 사람에게 강포하지 말며 무소하지 말고 받는

ㄱ. 사 40:3 이하

요를 족한 줄로 알라 하니라 15 • 백성들이 바라고 기다리므로 모
든 사람들이 요한을 혹 그리스도신가 심중에 의논하니 16 요한이
모든 사람에게 대답하여 가로되 나는 물로 너희에게 세례를 주거
니와 나보다 능력이 많으신 이가 오시나니 나는 그 신들메를 풀기
도 감당치 못하겠노라 그는 성령과 불로 너희에게 세례를 주실 것
이요 17 손에 키를 들고 자기의 타작마당을 정하게 하사 알곡은 모
아 곡간에 들이고 쭉정이는 꺼지지 않는 불에 태우시리라 18 • 또
기타 여러가지로 권하여 백성에게 좋은 소식을 전하였으나 19 분
봉왕 헤롯은 그 동생의 아내 헤로디아의 일과 또 그의 행한 모든
악한 일을 인하여 요한에게 책망을 받고 20 이 위에 한 가지 악을
더하여 요한을 옥에 가두니라

세례를 받으시다(마 3:13-17; 막 1:9-11)

21 • 백성이 다 세례를 받을쌔 예수도 세례를 받으시고 기
도하실 때에 하늘이 열리며 22 성령이 형체로 비둘기 같이 그의
위에 강림하시더니 하늘로서 소리가 나기를 너는 내 사랑하는 아
들이라 내가 너를 기뻐하노라 하시니라

예수의 세계(마 1:1-17)

23 • 예수께서 가르치심을 시작할 때에 삼십세쯤 되시니라
사람들의 아는대로는 요셉의 아들이니 요셉의 이상은 헬리요 24 그
이상은 맛닷이요 그 이상은 레위요 그 이상은 멜기요 그 이상은
얀나요 그 이상은 요셉이요 25 그 이상은 맛다디아요 그 이상은
아모스요 그 이상은 나훔이요 그 이상은 에슬리요 그 이상은 낙
개요 26 그 이상은 마앗이요 그 이상은 맛다디아요 그 이상은 서

머인이요 그 이상은 요섹이요 그 이상은 요다요 27 그 이상은 요
아난이요 그 이상은 레사요 그 이상은 스룹바벨이요 그 이상은 스
알디엘이요 그 이상은 네리요 28 그 이상은 멜기요 그 이상은 앗
디요 그 이상은 고삼이요 그 이상은 엘마담이요 그 이상은 에르
요 29 그 이상은 예수요 그 이상은 엘리에서요 그 이상은 요림이
요 그 이상은 맛닷이요 그 이상은 레위요 30 그 이상은 시므온이
요 그 이상은 유다요 그 이상은 요셉이요 그 이상은 요남이요 그
이상은 엘리아김이요 31 그 이상은 멜레아요 그 이상은 멘나요 그
이상은 맛다다요 그 이상은 나단이요 그 이상은 다윗이요 32 그
이상은 이새요 그 이상은 오벳이요 그 이상은 보아스요 그 이상은
살몬이요 그 이상은 나손이요 33 그 이상은 아미나답이요 그 이
상은 아니요 그 이상은 헤스론이요 그 이상은 베레스요 그 이상은
유다요 34 그 이상은 야곱이요 그 이상은 이삭이요 그 이상은 아
브라함이요 그 이상은 데라요 그 이상은 나홀이요 35 그 이상은
스룩이요 그 이상은 르우요 그 이상은 벨렉이요 그 이상은 헤버요
그 이상은 살라요 36 그 이상은 가이난이요 그 이상은 아박삿이
요 그 이상은 셈이요 그 이상은 노아요 그 이상은 레멕이요 37 그
이상은 므두셀라요 그 이상은 에녹이요 그 이상은 야렛이요 그 이
상은 마할랄렐이요 그 이상은 가이난이요 38 그 이상은 에노스요
그 이상은 셋이요 그 이상은 아담이요 그 이상은 하나님이시니라

시험을 받으시다(마 4:1-11; 막 1:12-13)

4 예수께서 성령의 충만함을 입어 요단강에서 돌아오사 광
야에서 사십일 동안 성령에게 이끌리시며 2 마귀에게 시

험을 받으시더라 이 모든 날에 아무 것도 잡수시지 아니하시니 날
수가 다하매 주리신지라 3 마귀가 가로되 네가 만일 하나님의 아
들이어든 이 돌들에게 명하여 떡덩이가 되게 하라 4 예수께서 대
답하시되 기록하기를 ㄱ사람이 떡으로만 살 것이 아니라 하였느
니라 5 마귀가 또 예수를 이끌고 올라가서 순식간에 천하 만국을
보이며 6 가로되 이 모든 권세와 그 영광을 내가 네게 주리라 이것
은 내게 넘겨준 것이므로 나의 원하는 자에게 주노라 7 그러므로
네가 만일 내게 절하면 다 네 것이 되리라 8 예수께서 대답하여 가
라사대 기록하기를 ㄴ주 너의 하나님께 경배하고 다만 그를 섬기
라 하였느니라 9 또 이끌고 예루살렘으로 가서 성전 꼭대기에 세
우고 가로되 네가 만일 하나님의 아들이어든 여기서 뛰어 내리라
10 기록하였으되 ㄷ하나님이 너를 위하여 그 사자들을 명하사 너를
지키게 하시리라 하였고 11 또한 저희가 손으로 너를 받들어 네 발
이 돌에 부딪히지 않게 하시리라 하였느니라 12 예수께서 대답하
여 가라사대 말씀하기를 ㄹ주 너의 하나님을 시험치 말라 하였느
니라 13 마귀가 모든 시험을 다 한 후에 얼마 동안 떠나니라

갈릴리에서 가르치시다(마 4:12-17; 막 1:14-15)

14 • 예수께서 성령의 권능으로 갈릴리에 돌아가시니 그
소문이 사방에 퍼졌고 15 친히 그 여러 회당에서 가르치시매 뭇사
람에게 칭송을 받으시더라

나사렛에서 배척을 받으시다(마 13:53-58; 막 6:1-6)

16 • 예수께서 그 자라나신 곳 나사렛에 이르사 안식일에
자기 규례대로 회당에 들어가사 성경을 읽으려고 서시매 17 선지

ㄱ. 신 8:3 ㄴ. 신 6:13 ㄷ. 시 91:11, 12 ㄹ. 신 6:16

자 이사야의 글을 드리거늘 책을 펴서 이렇게 기록한 데를 찾으시
니 곧 18 [ㄱ]주의 성령이 내게 임하셨으니 이는 가난한 자에게 복음
을 전하게 하시려고 내게 기름을 부으시고 나를 보내사 포로 된
자에게 자유를, 눈먼 자에게 다시 보게 함을 전파하며 눌린 자를
자유케 하고 19 주의 은혜의 해를 전파하게 하려 하심이라 하였더
라 20 책을 덮어 그 [1)]맡은 자에게 주시고 앉으시니 회당에 있는 자
들이 다 주목하여 보더라 21 이에 예수께서 저희에게 말씀하시되
이 글이 오늘날 너희 귀에 응하였느니라 하시니 22 저희가 다 그
를 증거하고 그 입으로 나오는바 은혜로운 말을 기이히 여겨 가로
되 이 사람이 요셉의 아들이 아니냐 23 예수께서 저희에게 이르
시되 너희가 반드시 의원아 너를 고치라 하는 속담을 인증하여 내
게 말하기를 우리의 들은바 가버나움에서 행한 일을 네 고향 여기
서도 행하라 하리라 24 또 가라사대 내가 진실로 너희에게 이르노
니 선지자가 고향에서 환영을 받는 자가 없느니라 25 내가 참으로
너희에게 이르노니 엘리야 시대에 하늘이 세 해 여섯 달을 닫히어
온 땅에 큰 흉년이 들었을 때에 이스라엘에 많은 과부가 있었으
되 26 엘리야가 그 중 한 사람에게도 보내심을 받지 않고 오직 시
돈 땅에 있는 사렙다의 한 과부에게 뿐이었으며 27 또 선지자 엘
리사 때에 이스라엘에 많은 문둥이가 있었으되 그 중에 한 사람도
깨끗함을 얻지 못하고 오직 수리아 사람 나아만 뿐이니라 28 회당
에 있는 자들이 이것을 듣고 다 분이 가득하여 29 일어나 동네 밖
으로 쫓아내어 그 동네가 건설된 산 낭떠러지까지 끌고 가서 밀
쳐 내리치고자 하되 30 예수께서 저희 가운데로 지나서 가시니라

1) 헬, 사환에게 ㄱ. 사 61:1 이하

더러운 귀신 들린 사람을 고치시다(막 1:21-28)

31 ● 갈릴리 가버나움 동네에 내려오사 안식일에 가르치시
매 32 저희가 그 가르치심에 놀라니 이는 그 말씀이 권세가 있음
이러라 33 회당에 더러운 귀신 들린 사람이 있어 크게 소리질러
가로되 34 아 나사렛 예수여 우리가 당신과 무슨 상관이 있나이까
우리를 멸하러 왔나이까 나는 당신이 누구인줄 아노니 하나님의
거룩한 자니이다 35 예수께서 꾸짖어 가라사대 잠잠하고 그 사람
에게서 나오라 하시니 귀신이 그 사람을 무리 중에 넘어뜨리고 나
오되 그 사람은 상하지 아니한지라 36 다 놀라 서로 말하여 가로
되 이 어떠한 말씀인고 권세와 능력으로 더러운 귀신을 명하매 나
가는도다 하더라 37 이에 예수의 소문이 그 근처 사방에 퍼지니라

많은 사람을 고치시다(마 8:14-17; 막 1:29-34)

38 ● 예수께서 일어나 회당에서 나가사 시몬의 집에 들어
가시니 시몬의 장모가 중한 열병에 붙들린지라 사람이 저를 위하
여 예수께 구하니 39 예수께서 가까이 서서 열병을 꾸짖으신대 병
이 떠나고 여자가 곧 일어나 저희에게 수종드니라 40 ● 해 질 적
에 각색 병으로 앓는 자 있는 사람들이 다 병인을 데리고 나아오
매 예수께서 일일히 그 위에 손을 얹으사 고치시니 41 여러 사람
에게서 귀신들이 나가며 소리질러 가로되 당신은 하나님의 아들
이니이다 예수께서 꾸짖으사 저희의 말함을 허락지 아니하시니
이는 자기를 그리스도인줄 앎이러라

전도 여행을 떠나시다(막 1:35-39)

42 ● 날이 밝으매 예수께서 나오사 한적한 곳에 가시니 무

리가 찾다가 만나서 자기들에게서 떠나시지 못하게 만류하려 하
매 43 예수께서 이르시되 내가 다른 동네에서도 하나님의 나라 복
음을 전하여야 하리니 나는 이 일로 보내심을 입었노라 하시고
44 [1]갈릴리 여러 회당에서 전도하시더라

어부들을 제자로 부르시다(마 4:18-22; 막 1:16-20)

5 무리가 옹위하여 하나님의 말씀을 들을쌔 예수는 게네사
렛 호숫가에 서서 2 호숫가에 두 배가 있는 것을 보시니 어
부들은 배에서 나와서 그물을 씻는지라 3 예수께서 한 배에 오르
시니 그 배는 시몬의 배라 육지에서 조금 떠기를 청하시고 앉으사
배에서 무리를 가르치시더니 4 말씀을 마치시고 시몬에게 이르시
되 깊은데로 가서 그물을 내려 고기를 잡으라 5 시몬이 대답하여
가로되 선생이여 우리들이 밤이 맞도록 수고를 하였으되 얻은 것
이 없지마는 말씀에 의지하여 내가 그물을 내리리이다 하고 6 그
리한즉 고기를 에운 것이 심히 많아 그물이 찢어지는지라 7 이에
다른 배에 있는 동무를 손짓하여 와서 도와달라 하니 저희가 와서
두 배에 채우매 잠기게 되었더라 8 시몬 베드로가 이를 보고 예수
의 무릎 아래 엎드려 가로되 주여 나를 떠나소서 나는 죄인이로소
이다 하니 9 이는 자기와 및 함께 있는 모든 사람이 고기 잡힌 것
을 인하여 놀라고 10 세베대의 아들로서 시몬의 동업자인 야고보
와 요한도 놀랐음이라 예수께서 시몬에게 일러 가라사대 무서워
말라 이제 후로는 네가 사람을 [2]취하리라 하시니 11 저희가 배들
을 육지에 대고 모든 것을 버려두고 예수를 좇으니라

나병환자를 깨끗하게 하시다(마 8:1-4; 막 1:40-45)

1) 어떤 사본에는, 유대 2) 헬, 사로잡으리라

12 ● 예수께서 한 동네에 계실 때에 온 몸에 문둥병 들린 사
람이 있어 예수를 보고 엎드려 구하여 가로되 주여 원하시면 나를
깨끗케 하실 수 있나이다 하니 13 예수께서 손을 내밀어 저에게
대시며 가라사대 내가 원하노니 깨끗함을 받으라 하신대 문둥병
이 곧 떠나니라 14 예수께서 저를 경계하시되 아무에게도 이르지
말고 가서 ㄱ제사장에게 네 몸을 보이고 또 네 깨끗케 됨을 인하여
모세의 명한대로 예물을 드려 저희에게 증거하라 하셨더니 15 예
수의 소문이 더욱 퍼지매 허다한 무리가 말씀도 듣고 자기 병도
나음을 얻고자 하여 모여 오되 16 예수는 물러가사 한적한 곳에서
기도하시니라

중풍병자를 고치시다(마 9:1-8; 막 2:1-12)

17 ● 하루는 가르치실 때에 갈릴리 각 촌과 유대와 예루살
렘에서 나온 바리새인과 교법사들이 앉았는데 병을 고치는 주의
능력이 예수와 함께하더라 18 한 중풍병자를 사람들이 침상에 메
고 와서 예수 앞에 들여놓고자 하였으나 19 무리 때문에 메고 들
어갈 길을 얻지 못한지라 지붕에 올라가 기와를 벗기고 병자를 침
상채 무리 가운데로 예수 앞에 달아 내리니 20 예수께서 저희 믿
음을 보시고 이르시되 이 사람아 네 죄 사함을 받았느니라 하시니
21 서기관과 바리새인들이 의논하여 가로되 이 참람한 말을 하는
자가 누구뇨 오직 하나님 외에 누가 능히 죄를 사하겠느냐 22 예
수께서 그 의논을 아시고 대답하여 가라사대 너희 마음에 무슨 의
논을 하느냐 23 네 죄 사함을 받았느니라 하는 말과 일어나 걸어
가라 하는 말이 어느 것이 쉽겠느냐 24 그러나 인자가 땅에서 죄

ㄱ. 레 14:2 이하

를 사하는 권세가 있는 줄을 너희로 알게 하리라 하시고 중풍병자
에게 말씀하시되 내가 네게 이르노니 일어나 네 침상을 가지고 집
으로 가라 하시매 25 그 사람이 저희 앞에서 곧 일어나 그 누웠던
것을 가지고 하나님께 영광을 돌리며 자기 집으로 돌아가니 26 모
든 사람이 놀라 하나님께 영광을 돌리며 심히 두려워하여 가로되
오늘날 우리가 기이한 일을 보았다 하니라

레위를 부르시다(마 9:9-17; 막 2:13-22)

27 ●그 후에 나가사 레위라 하는 세리가 세관에 앉은 것을
보시고 나를 좇으라 하시니 28 저가 모든 것을 버리고 일어나 좇
으니라 29 레위가 예수를 위하여 자기 집에서 큰 잔치를 하니 세
리와 다른 사람이 많이 함께 [1]앉았는지라 30 바리새인과 저희 서
기관들이 그 제자들을 비방하여 가로되 너희가 어찌하여 세리와
죄인과 함께 먹고 마시느냐 31 예수께서 대답하여 가라사대 건
강한 자에게는 의원이 쓸데 없고 병든 자에게라야 쓸데 있나니
32 내가 의인을 부르러 온 것이 아니요 죄인을 불러 회개시키러 왔
노라 33 저희가 예수께 말하되 요한의 제자는 자주 금식하며 기
도하고 바리새인의 제자들도 또한 그리하되 당신의 제자들은 먹
고 마시나이다 34 예수께서 저희에게 이르시되 혼인집 손님들이
신랑과 함께 있을 때에 너희가 그 손님으로 금식하게 할 수 있느
뇨 35 그러나 그 날에 이르러 저희가 신랑을 빼앗기리니 그 날에
는 금식할 것이니라 36 또 비유하여 이르시되 새 옷에서 한 조각
을 찢어 낡은 옷에 붙이는 자가 없나니 만일 그렇게 하면 새 옷을
찢을 뿐이요 또 새 옷에서 찢은 조각이 낡은 것에 합하지 아니하

1) 헬, 기대어 누웠는지라(유대인의 음식 먹을 때에 가지는 자세)

리라 37 새 포도주를 낡은 가죽 부대에 넣는 자가 없나니 만일 그
렇게 하면 새 포도주가 부대를 터뜨려 포도주가 쏟아지고 부대
도 버리게 되리라 38 새 포도주는 새 부대에 넣어야 할것이니라
39 묵은 포도주를 마시고 새 것을 원하는 자가 없나니 이는 묵은
것이 좋다 함이니라

안식일에 밀 이삭을 자르다(마 12:1-8; 막 2:23-28)

6 안식일에 예수께서 밀밭 사이로 지나가실쌔 제자들이 이
삭을 잘라 손으로 비비어 먹으니 2 어떤 바리새인들이 말
하되 어찌하여 안식일에 하지 못할 일을 하느뇨 3 예수께서 대답
하여 가라사대 [ㄱ]다윗이 자기와 및 함께한 자들이 시장할 때에 한
일을 읽지 못하였느냐 4 그가 하나님의 전에 들어가서 다만 제사
장 외에는 먹지 못하는 진설병을 집어 먹고 함께한 자들에게도 주
지 아니하였느냐 5 또 가라사대 인자는 안식일의 주인이니라 하
시더라

안식일에 손 마른 사람을 고치시다(마 12:9-14; 막 3:1-6)

6 ● 또 다른 안식일에 예수께서 회당에 들어가사 가르치실
쌔 거기 오른손 마른 사람이 있는지라 7 서기관과 바리새인들이
예수를 송사할 빙거를 찾으려 하여 안식일에 병 고치시는가 엿보
니 8 예수께서 저희 생각을 아시고 손 마른 사람에게 이르시되 일
어나 한가운데 서라 하시니 저가 일어나 서거늘 9 예수께서 저희
에게 이르시되 내가 너희에게 묻노니 안식일에 선을 행하는 것과
악을 행하는 것 생명을 구하는 것과 멸하는 것 어느 것이 옳으냐
하시며 10 무리를 둘러 보시고 그 사람에게 이르시되 네 손을 내

ㄱ. 삼상 21:6

밀라 하시니 저가 그리하매 그 손이 회복된지라 11 저희는 분기가
가득하여 예수를 어떻게 처치할 것을 서로 의논하니라

열 두 제자를 택하시다(마 10:1-4; 4:23-25; 막 3:13-19)

12 • 이 때에 예수께서 기도하시러 산으로 가사 밤이 맞도
록 하나님께 기도하시고 13 밝으매 그 제자들을 부르사 그 중에서
열 둘을 택하여 사도라 칭하셨으니 14 곧 베드로라고도 이름 주신
시몬과 및 그 형제 안드레와 및 야고보와 요한과 빌립과 바돌로매
와 15 마태와 도마와 및 알패오의 아들 야고보와 및 [1] 셀롯이라 하
는 시몬과 16 및 야고보의 아들 유다와 및 예수를 파는 자 될 가룟
유다라 17 예수께서 저희와 함께 내려오사 평지에 서시니 그 제자
의 허다한 무리와 또 예수의 말씀도 듣고 병 고침을 얻으려고 유
대 사방과 예루살렘과 및 두로와 시돈의 해안으로부터 온 많은 백
성도 있더라 18 더러운 귀신에게 고난 받는 자들도 고침을 얻은지
라 19 온 무리가 예수를 만지려고 힘쓰니 이는 능력이 예수께로
나서 모든 사람을 낫게 함이러라

복과 화를 선포하시다(마 5:1-12)

20 • 예수께서 눈을 들어 제자들을 보시고 가라사대 가난
한 자는 복이 있나니 하나님의 나라가 너희 것임이요 21 이제 주
린 자는 복이 있나니 너희가 배부름을 얻을 것임이요 이제 우는
자는 복이 있나니 너희가 웃을 것임이요 22 인자를 인하여 사람들
이 너희를 미워하며 멀리하고 욕하고 너희 이름을 악하다 하여 버
릴 때에는 너희에게 복이 있도다 23 그날에 기뻐하고 뛰놀라 하늘
에서 너희 상이 큼이라 저희 조상들이 선지자들에게 이와 같이 하

1) 열심당원

였느니라 24 그러나 화 있을찐저 너희 부요한 자여 너희는 너희의
위로를 이미 받았도다 25 화 있을찐저 너희 이제 배부른 자여 너
희는 주리리로다 화 있을찐저 너희 이제 웃는 자여 너희가 애통하
며 울리로다 26 모든 사람이 너희를 칭찬하면 화가 있도다 저희
조상들이 거짓 선지자들에게 이와 같이 하였느니라

원수를 사랑하라(마 5:38-48; 7:1-5, 12 상, 17-20; 12:34 하-35)

27 ● 그러나 너희 듣는 자에게 내가 이르노니 너희 원수를
사랑하며 너희를 미워하는 자를 선대하며 28 너희를 저주하는 자
를 위하여 축복하며 너희를 모욕하는 자를 위하여 기도하라 29 네
이 뺨을 치는 자에게 저 뺨도 돌려 대며 네 겉옷을 빼앗는 자에게
속옷도 금하지 말라 30 무릇 네게 구하는 자에게 주며 네 것을 가
져가는 자에게 다시 달라지 말며 31 남에게 대접을 받고자 하는대
로 너희도 남을 대접하라 32 너희가 만일 너희를 사랑하는 자를
사랑하면 칭찬 받을 것이 무엇이뇨 죄인들도 사랑하는 자를 사랑
하느니라 33 너희가 만일 선대하는 자를 선대하면 칭찬 받을 것이
무엇이뇨 죄인들도 이렇게 하느니라 34 너희가 받기를 바라고 사
람들에게 빌리면 칭찬 받을 것이 무엇이뇨 죄인들도 의수히 받고
자 하여 죄인에게 빌리느니라 35 오직 너희는 원수를 사랑하고 선
대하며 [1]아무 것도 바라지 말고 빌리라 그리하면 너희 상이 클 것
이요 또 지극히 높으신 이의 아들이 되리니 그는 은혜를 모르는
자와 악한 자에게도 인자로우시니라 36 너희 아버지의 자비하심
같이 너희도 자비하라 37 비판치 말라 그리하면 너희가 비판을 받
지 않을 것이요 정죄하지 말라 그리하면 너희가 정죄를 받지 않을

1) 어떤 사본에, 아무에게 대하여도 실망치 말고

것이요 용서하라 그리하면 너희가 용서를 받을 것이요 38 주라 그
리하면 너희에게 줄 것이니 곧 후히 되어 누르고 흔들어 넘치도록
하여 너희에게 안겨 주리라 너희의 헤아리는 그 헤아림으로 너희
도 헤아림을 도로 받을 것이니라 39 ●또 비유로 말씀하시되 소경
이 소경을 인도할 수 있느냐 둘이 다 구덩이에 빠지지 아니하겠느
냐 40 제자가 그 선생보다 높지 못하나 무릇 온전케 된 자는 그 선
생과 같으리라 41 어찌하여 형제의 눈 속에 있는 티는 보고 네 눈
속에 있는 들보는 깨닫지 못하느냐 42 너는 네 눈 속에 있는 들보
를 보지 못하면서 어찌하여 형제에게 말하기를 형제여 나로 네 눈
속에 있는 티를 빼게 하라 할 수 있느냐 외식하는 자여 먼저 네 눈
속에서 들보를 빼어라 그 후에야 네가 밝히 보고 형제의 눈 속에
있는 티를 빼리라 43 못된 열매 맺는 좋은 나무가 없고 또 좋은 열
매 맺는 못된 나무가 없느니라 44 나무는 각각 그 열매로 아나니
가시나무에서 무화과를, 또는 찔레에서 포도를 따지 못하느니라
45 선한 사람은 마음의 쌓은 선에서 선을 내고 악한 자는 그 쌓은
악에서 악을 내나니 이는 마음의 가득한 것을 입으로 말함이니라

말씀대로 하는 사람과 하지 않는 사람(마 7:24-27)

46 ●너희는 나를 불러 주여 주여 하면서도 어찌하여 나의
말하는 것을 행치 아니하느냐 47 내게 나아와 내 말을 듣고 행하
는 자마다 누구와 같은 것을 너희에게 보이리라 48 집을 짓되 깊
이 파고 주추를 반석 위에 놓은 사람과 같으니 큰 물이 나서 탁류
가 그 집에 부딪히되 잘 지은 연고로 능히 요동케 못하였거니와
49 듣고 행치 아니하는 자는 주초 없이 흙 위에 집 지은 사람과 같

으니 탁류가 부딪히매 집이 곧 무너져 파괴됨이 심하니라 하시
니라

백부장의 하인을 고치시다(마 8:5-13; 요 4:43-54)

7 예수께서 모든 말씀을 백성에게 들려주시기를 마치신 후
에 가버나움으로 들어가시니라 2 ●어떤 백부장의 사랑하
는 종이 병들어 죽게 되었더니 3 예수의 소문을 듣고 유대인의 장
로 몇을 보내어 오셔서 그 종을 구원하시기를 청한지라 4 이에 저
희가 예수께 나아와 간절히 구하여 가로되 이 일을 하시는 것이
이 사람에게는 합당하니이다 5 저가 우리 민족을 사랑하고 또한
우리를 위하여 회당을 지었나이다 하니 6 예수께서 함께 가실쌔
이에 그 집이 멀지 아니하여 백부장이 벗들을 보내어 가로되 주여
수고하시지 마옵소서 내 집에 들어오심을 나는 감당치 못하겠나
이다 7 그러므로 내가 주께 나아가기도 감당치 못할 줄을 알았나
이다 말씀만 [1]하사 내 하인을 낫게 하소서 8 저도 남의 수하에 든
사람이요 제 아래에도 군병이 있으니 이더러 가라 하면 가고 저더
러 오라 하면 오고 제 종더러 이것을 하라 하면 하나이다 9 예수께
서 들으시고 저를 기이히 여겨 돌이키사 좇는 무리에게 이르시되
내가 너희에게 이르노니 이스라엘 중에서도 이만한 믿음은 만나
보지 못하였노라 하시더라 10 보내었던 사람들이 집으로 돌아가
보매 종이 이미 강건하여졌더라

과부의 아들을 살리시다

11 ●그 후에 예수께서 나인이란 성으로 가실쌔 제자와 허
다한 무리가 동행하더니 12 성문에 가까이 오실 때에 사람들이 한

1) 어떤 사본에, 하소서 그리하면 내 하인이 낫겠나이다

죽은 자를 메고 나오니 이는 그 어미의 독자요 어미는 과부라 그
성의 많은 사람도 그와 함께 나오거늘 13 주께서 과부를 보시고
불쌍히 여기사 울지 말라 하시고 14 가까이 오사 그 관에 손을 대
시니 멘 자들이 서는지라 예수께서 가라사대 청년아 내가 네게 말
하노니 일어나라 하시매 15 죽었던 자가 일어앉고 말도 하거늘 예
수께서 그를 어미에게 주신대 16 모든 사람이 두려워하며 하나님
께 영광을 돌려 가로되 큰 선지자가 우리 가운데 일어나셨다 하고
또 하나님께서 자기 백성을 돌아보셨다 하더라 17 예수께 대한 이
소문이 온 유대와 사방에 두루 퍼지니라

세례 요한의 제자들에게 대답하시다(마 11:2-19)

18 • 요한의 제자들이 이 모든 일을 그에게 고하니 19 요한
이 그 제자 중 둘을 불러 주께 보내어 가로되 오실 그이가 당신이
오니이까 우리가 다른이를 기다리오리이까 하라 하매 20 저희가
예수께 나아가 가로되 세례 요한이 우리를 보내어 당신께 말하기
를 오실 그이가 당신이오니이까 우리가 다른이를 기다리오리이
까 하더이다 하니 21 마침 그 시에 예수께서 질병과 고통과 및 악
귀 들린 자를 많이 고치시며 또 많은 소경을 보게 하신지라 22 대
답하여 가라사대 너희가 가서 보고 들은 것을 요한에게 고하되 소
경이 보며 앉은뱅이가 걸으며 문둥이가 깨끗함을 받으며 귀머거
리가 들으며 죽은 자가 살아나며 가난한 자에게 복음이 전파된다
하라 23 누구든지 나를 인하여 실족하지 아니하는 자는 복이 있
도다 하시니라 24 • 요한의 보낸 자가 떠난 후에 예수께서 무리
에게 요한에 대하여 말씀하시되 너희가 무엇을 보려고 광야에 나

갔더냐 바람에 흔들리는 갈대냐 25 그러면 너희가 무엇을 보려고
나갔더냐 부드러운 옷 입은 사람이냐 보라 화려한 옷 입고 사치
하게 지내는 자는 왕궁에 있느니라 26 그러면 너희가 무엇을 보
려고 나갔더냐 선지자냐 옳다 내가 너희에게 이르노니 선지자보
다도 나은 자니라 27 기록된바 ㄱ보라 내가 내 사자를 네 앞에 보
내노니 그가 네 앞에서 네 길을 예비하리라 한 것이 이 사람에 대
한 말씀이라 28 내가 너희에게 말하노니 여자가 낳은 자 중에 요
한보다 큰이가 없도다 그러나 하나님의 나라에서는 극히 작은 자
라도 저보다 크니라 하시니 29 모든 백성과 세리들은 이미 요한
의 세례를 받은지라 이 말씀을 듣고 하나님을 의롭다 하되 30 오
직 바리새인과 율법사들은 그 세례를 받지 아니한지라 스스로 하
나님의 뜻을 저버리니라 31 또 가라사대 이 세대의 사람을 무엇으
로 비유할꼬 무엇과 같은고 32 비유컨대 아이들이 장터에 앉아 서
로 불러 가로되 우리가 너희를 향하여 피리를 불어도 너희가 춤추
지 않고 우리가 애곡을 하여도 너희가 울지 아니하였다 함과 같도
다 33 세례 요한이 와서 떡도 먹지 아니하며 포도주도 마시지 아
니하매 너희 말이 귀신이 들렸다 하더니 34 인자는 와서 먹고 마
시매 너희 말이 보라 먹기를 탐하고 포도주를 즐기는 사람이요 세
리와 죄인의 친구로다 하니 35 지혜는 자기의 모든 자녀로 인하여
옳다 함을 얻느니라

한 여자가 예수께 향유를 붓다

36 ● 한 바리새인이 예수께 자기와 함께 잡수시기를 청하
니 이에 바리새인의 집에 들어가 [1]앉으셨을 때에 37 그 동네에 죄

1) 5:29 난하주를 보라 ㄱ. 말 3:1

인인 한 여자가 있어 예수께서 바리새인의 집에 [1]앉으셨음을 알
고 향유 담은 옥합을 가지고 와서 38 예수의 뒤로 그 발 곁에 서
서 울며 눈물로 그 발을 적시고 자기 머리털로 씻고 그 발에 입맞
추고 향유를 부으니 39 예수를 청한 바리새인이 이것을 보고 마
음에 이르되 이 사람이 만일 선지자더면 자기를 만지는 이 여자
가 누구며 어떠한 자 곧 죄인인 줄을 알았으리라 하거늘 40 예수
께서 대답하여 가라사대 시몬아 내가 네게 이를 말이 있다 하시
니 저가 가로되 선생님 말씀하소서 41 가라사대 빚 주는 사람에게
빚진 자가 둘이 있어 하나는 오백 [2]데나리온을 졌고 하나는 오십
[2]데나리온을 졌는데 42 갚을 것이 없으므로 둘 다 탕감하여 주었
으니 둘 중에 누가 저를 더 사랑하겠느냐 43 시몬이 대답하여 가
로되 제 생각에는 많이 탕감함을 받은 자니이다 가라사대 네 판단
이 옳다 하시고 44 여자를 돌아보시며 시몬에게 이르시되 이 여자
를 보느냐 내가 네 집에 들어오매 너는 내게 발 씻을 물도 주지 아
니하였으되 이 여자는 눈물로 내 발을 적시고 그 머리털로 씻었으
며 45 너는 내게 입맞추지 아니하였으되 저는 내가 들어올 때로
부터 내 발에 입맞추기를 그치지 아니하였으며 46 너는 내 머리
에 감람유도 붓지 아니하였으되 저는 향유를 내 발에 부었느니라
47 이러므로 내가 네게 말하노니 저의 많은 죄가 사하여졌도다 이
는 저의 사랑함이 많음이라 사함을 받은 일이 적은 자는 적게 사
랑하느니라 48 이에 여자에게 이르시되 네 죄 사함을 얻었느니라
하시니 49 함께 [1]앉은 자들이 속으로 말하되 이가 누구이기에 죄
도 사하는가 하더라 50 예수께서 여자에게 이르시되 네 믿음이 너

1) 5:29 난하주를 보라 2) 은전의 명칭

를 구원하였으니 평안히 가라 하시니라

여자들이 예수의 활동을 돕다

8 이 후에 예수께서 각 성과 촌에 두루 다니시며 하나님의 나
라를 반포하시며 그 복음을 전하실쌔 열 두 제자가 함께 하
였고 2 또한 악귀를 쫓아내심과 병 고침을 받은 어떤 여자들 곧 일
곱 귀신이 나간 자 막달라인이라 하는 마리아와 3 또 헤롯의 청지
기 구사의 아내 요안나와 또 수산나와 다른 여러 여자가 함께 하
여 자기들의 소유로 저희를 섬기더라

씨 뿌리는 사람의 비유(마 13:1-9; 막 4:1-9)

4 • 각 동네 사람들이 예수께로 나아와 큰 무리를 이루니
예수께서 비유로 말씀하시되 5 씨를 뿌리는 자가 그 씨를 뿌리러
나가서 뿌릴쌔 더러는 길 가에 떨어지매 밟히며 공중의 새들이 먹
어버렸고 6 더러는 바위 위에 떨어지매 났다가 습기가 없으므로
말랐고 7 더러는 가시떨기 속에 떨어지매 가시가 함께 자라서 기
운을 막았고 8 더러는 좋은 땅에 떨어지매 나서 백배의 결실을 하
였느니라 이 말씀을 하시고 외치시되 들을 귀 있는 자는 들을찌
어다

비유를 설명하시다(마 13:10-23; 막 4:13-20)

9 • 제자들이 이 비유의 뜻을 물으니 10 가라사대 하나님 나
라의 비밀을 아는 것이 너희에게는 허락되었으나 다른 사람에게
는 비유로 하나니 이는 저희로 보아도 보지 못하고 들어도 깨닫지
못하게 하려 함이니라 11 이 비유는 이러하니라 씨는 하나님의 말
씀이요 12 길 가에 있다는 것은 말씀을 들은 자니 이에 마귀가 와

서 그들로 믿어 구원을 얻지 못하게 하려고 말씀을 그 마음에서 빼
앗는 것이요 13 바위 위에 있다는 것은 말씀을 들을 때에 기쁨으로
받으나 뿌리가 없어 잠간 믿다가 시험을 받을 때에 배반하는 자요
14 가시떨기에 떨어졌다는 것은 말씀을 들은 자니 지내는 중 이생
의 염려와 재리와 일락에 기운이 막혀 온전히 결실치 못하는 자요
15 좋은 땅에 있다는 것은 착하고 좋은 마음으로 말씀을 듣고 지키
어 인내로 결실하는 자니라

등불은 등경 위에(막 4:21-25)

16 • 누구든지 등불을 켜서 그릇으로 덮거나 평상 아래 두
지 아니하고 등경 위에 두나니 이는 들어가는 자들로 그 빛을 보
게 하려 함이라 17 숨은 것이 장차 드러나지 아니할 것이 없고 감
추인 것이 장차 알려지고 나타나지 않을 것이 없느니라 18 그러므
로 너희가 어떻게 듣는가 스스로 삼가라 누구든지 있는 자는 받
겠고 없는 자는 그 있는 줄로 아는 것까지 빼앗기리라 하시니라

예수의 모친과 동생들(마 12:46-50; 막 3:31-35)

19 • 예수의 모친과 그 [1]동생들이 왔으나 무리를 인하여 가
까이 하지 못하니 20 혹이 고하되 당신의 모친과 [1]동생들이 당신
을 보려고 밖에 섰나이다 21 예수께서 대답하여 가라사대 내 모
친과 내 [1]동생들은 곧 하나님의 말씀을 듣고 행하는 이 사람들이
라 하시니라

바람과 바다를 잔잔하게 하시다(마 8:23-27; 막 4:35-41)

22 • 하루는 제자들과 함께 배에 오르사 저희에게 이르시
되 호수 저편으로 건너가자 하시매 이에 떠나 23 행선할 때에 예

1) 혹 형제들

수께서 잠이 드셨더니 마침 광풍이 호수로 내리치매 배에 물이 가
득하게 되어 위태한지라 24 제자들이 나아와 깨워 가로되 주여 주
여 우리가 죽겠나이다 한대 예수께서 잠을 깨사 바람과 물결을 꾸
짖으시니 이에 그쳐 잔잔하여지더라 25 제자들에게 이르시되 너
희 믿음이 어디 있느냐 하시니 저희가 두려워하고 기이히 여겨 서
로 말하되 저가 뉘기에 바람과 물을 명하매 순종하는고 하더라

귀신 들린 사람을 고치시다(마 8:28-34; 막 5:1-20)

26 • 갈릴리 맞은편 거라사인의 땅에 이르러 27 육지에 내
리시매 그 도시 사람으로서 귀신들린 자 하나가 예수를 만나니 이
사람은 오래 옷을 입지 아니하며 집에 거하지도 아니하고 무덤 사
이에 거하는 자라 28 예수를 보고 부르짖으며 그 앞에 엎드리어
큰 소리로 불러 가로되 지극히 높으신 하나님의 아들 예수여 나
와 당신과 무슨 상관이 있나이까 당신께 구하노니 나를 괴롭게 마
옵소서 하니 29 이는 예수께서 이미 더러운 귀신을 명하사 이 사
람에게서 나오라 하셨음이라 (귀신이 가끔 이 사람을 붙잡으므로
저가 쇠사슬과 고랑에 매이어 지키웠으되 그 맨 것을 끊고 귀신에
게 몰려 광야로 나갔더라) 30 예수께서 네 이름이 무엇이냐 물으
신즉 가로되 군대라 하니 이는 많은 귀신이 들렸음이라 31 무저갱
으로 들어가라 하지 마시기를 간구하더니 32 마침 거기 많은 돼지
떼가 산에서 먹고 있는지라 귀신들이 그 돼지에게로 들어가게 허
하심을 간구하니 이에 허하신대 33 귀신들이 그 사람에게서 나와
돼지에게로 들어가니 그 떼가 비탈로 내리달아 호수에 들어가 몰
사하거늘 34 치던 자들이 그 된 것을 보고 도망하여 성내와 촌에

고하니 35 사람들이 그 된 것을 보러 나와서 예수께 이르러 귀신
나간 사람이 옷을 입고 정신이 온전하여 예수의 발 아래 앉은 것
을 보고 두려워하거늘 36 귀신 들렸던 자의 어떻게 구원 받은 것
을 본 자들이 저희에게 이르매 37 거라사인의 땅 근방 모든 백성
이 크게 두려워하여 떠나가시기를 구하더라 예수께서 배에 올라
돌아가실쌔 38 귀신 나간 사람이 함께 있기를 구하였으나 예수께
서 저를 보내시며 가라사대 39 집으로 돌아가 하나님이 네게 어떻
게 큰 일 행하신 것을 일일이 고하라 하시니 저가 가서 예수께서
자기에게 어떻게 큰 일 하신 것을 온 성내에 전파하니라

야이로의 딸과 예수의 옷에 손 댄 여자(마 9:18-26; 막 5:21-43)

40 ● 예수께서 돌아오시매 무리가 환영하니 이는 다 기다
렸음이러라 41 이에 회당장인 야이로라 하는 사람이 와서 예수의
발 아래 엎드려 자기 집에 오시기를 간구하니 42 이는 자기에게
열 두살 먹은 외딸이 있어 죽어감이러라 ● 예수께서 가실 때에 무
리가 옹위하더라 43 이에 열 두 해를 혈루증으로 앓는 중에 [1]아무
에게도 고침을 받지 못하던 여자가 44 예수의 뒤로 와서 그 옷가
에 손을 대니 혈루증이 즉시 그쳤더라 45 예수께서 가라사대 내
게 손을 댄 자가 누구냐 하시니 다 아니라 할 때에 [2]베드로가 가로
되 주여 무리가 옹위하여 미나이다 46 예수께서 가라사대 내게 손
을 댄 자가 있도다 이는 내게서 능력이 나간 줄 앎이로다 하신대
47 여자가 스스로 숨기지 못할 줄을 알고 떨며 나아와 엎드리어 그
손 댄 연고와 곧 나은 것을 모든 사람 앞에서 고하니 48 예수께서
이르시되 딸아 네 믿음이 너를 구원하였으니 평안히 가라 하시더

1) 어떤 사본에는, 의원들에게 그 가산을 다 허비하였으되 아무에게도
2) 어떤 사본에는, 베드로와 및 함께 있는 자들이

라 49 • 아직 말씀하실 때에 회당장의 집에서 사람이 와서 말하되
당신의 딸이 죽었나이다 선생을 더 괴롭게 마소서 하거늘 50 예수
께서 들으시고 가라사대 두려워 말고 믿기만 하라 그리하면 딸이
구원을 얻으리라 하시고 51 집에 이르러 베드로와 요한과 야고보
와 및 아이의 부모 외에는 함께 들어가기를 허하지 아니하시니라
52 모든 사람이 아이를 위하여 울며 통곡하매 예수께서 이르시되
울지 말라 죽은 것이 아니라 잔다 하시니 53 저희가 그 죽은 것을
아는고로 비웃더라 54 예수께서 아이의 손을 잡고 불러 가라사대
아이야 일어나라 하시니 55 그 영이 돌아와 아이가 곧 일어나거늘
예수께서 먹을 것을 주라 명하신대 56 그 부모가 놀라는지라 예수
께서 경계하사 이 일을 아무에게도 말하지 말라 하시니라

열 두 제자를 보내시다(마 10:5-15; 막 6:7-13)

9 예수께서 열 두 제자를 불러 모으사 모든 귀신을 제어하며
병을 고치는 능력과 권세를 주시고 2 하나님의 나라를 전
파하며 앓는 자를 고치게 하려고 내어 보내시며 3 이르시되 여행
을 위하여 아무 것도 가지지 말라 지팡이나 주머니나 양식이나 돈
이나 두 벌 옷을 가지지 말며 4 어느 집에 들어가든지 거기서 유하
다가 거기서 떠나라 5 누구든지 너희를 영접지 아니하거든 그 성
에서 떠날 때에 너희 발에서 먼지를 떨어버려 저희에게 증거를 삼
으라 하시니 6 제자들이 나가 각 촌에 두루 행하여 처처에 복음을
전하며 병을 고치더라

헤롯이 심히 당황하다(마 14:1-12; 막 6:14-29)

7 • 분봉왕 헤롯이 이 모든 일을 듣고 심히 당황하여 하니

이는 혹은 요한이 죽은 자 가운데서 살아났다고도 하며 8 혹은 엘
리야가 나타났다고도 하며 혹은 옛 선지자 하나가 다시 살아났다
고도 함이라 9 헤롯이 가로되 요한은 내가 목을 베었거늘 이제 이
런 일이 들리니 이 사람이 누군고 하며 저를 보고자 하더라

오천 명을 먹이시다(마 14:13-21; 막 6:30-44; 요 6:1-14)

10 • 사도들이 돌아와 자기들의 모든 행한 것을 예수께 고
한대 데리시고 따로 벳새다라는 고을로 떠나 가셨으나 11 무리가
알고 따라왔거늘 예수께서 저희를 영접하사 하나님 나라의 일을
이야기하시며 병 고칠 자들은 고치시더라 12 날이 저물어가매 열
두 사도가 나아와 여짜오되 무리를 보내어 두루 마을과 촌으로 가
서 유하며 먹을 것을 얻게 하소서 우리 있는 여기가 빈 들이니이
다 13 예수께서 이르시되 너희가 먹을 것을 주어라 하시니 여짜오
되 우리에게 떡 다섯 개와 물고기 두 마리 밖에 없으니 이 모든 사
람을 위하여 먹을 것을 사지 아니하고는 할수 없삽나이다 하였으
니 14 이는 남자가 한 오천 명됨이러라 제자들에게 이르시되 떼
를 지어 한 오십명씩 앉히라 하시니 15 제자들이 이렇게 하여 다
앉힌 후 16 예수께서 떡 다섯 개와 물고기 두 마리를 가지사 하늘
을 우러러 축사하시고 떼어 제자들에게 주어 무리 앞에 놓게 하시
니 17 먹고 다 배불렀더라 그 남은 조각 열 두 바구니를 거두니라

베드로의 고백, 죽음과 부활을 이르심(마 16:13-28; 막 8:27-9:1)

18 • 예수께서 따로 기도하실 때에 제자들이 주와 함께 있
더니 물어 가라사대 무리가 나를 누구라고 하느냐 19 대답하여 가
로되 세례 요한이라 하고 더러는 엘리야라, 더러는 옛 선지자 중

의 하나가 살아났다 하나이다 20 예수께서 이르시되 너희는 나를
누구라 하느냐 베드로가 대답하여 가로되 하나님의 그리스도시
니이다 하니 21 경계하사 이 말을 아무에게도 이르지 말라 명하시
고 22 가라사대 인자가 많은 고난을 받고 장로들과 대제사장들과
서기관들에게 버린바 되어 죽임을 당하고 제 삼일에 살아나야 하
리라 하시고 23 또 무리에게 이르시되 아무든지 나를 따라 오려거
든 자기를 부인하고 날마다 제 십자가를 지고 나를 좇을 것이니라
24 누구든지 제 목숨을 구원코자 하면 잃을 것이요 누구든지 나를
위하여 제 목숨을 잃으면 구원하리라 25 사람이 만일 온 천하를
얻고도 자기를 잃든지 빼앗기든지 하면 무엇이 유익하리요 26 누
구든지 나와 내 말을 부끄러워하면 인자도 자기와 아버지와 거룩
한 천사들의 영광으로 올 때에 그 사람을 부끄러워하리라 27 내가
참으로 너희에게 이르노니 여기 섰는 사람 중에 죽기 전에 하나님
의 나라를 볼 자들도 있느니라

영광스러운 모습으로 변화되시다(마 17:1-8; 막 9:2-8)

28 ● 이 말씀을 하신 후 팔일쯤 되어 예수께서 베드로와 요
한과 야고보를 데리시고 기도하시러 산에 올라가사 29 기도하실
때에 용모가 변화되고 그 옷이 희어져 광채가 나더라 30 문득 두
사람이 예수와 함께 말하니 이는 모세와 엘리야라 31 영광 중에
나타나서 장차 예수께서 예루살렘에서 별세하실 것을 말씀할쌔
32 베드로와 및 함께 있는 자들이 곤하여 졸다가 아주 깨어 예수의
영광과 및 함께 선 두 사람을 보더니 33 두 사람이 떠날 때에 베드
로가 예수께 여짜오되 주여 우리가 여기 있는 것이 좋사오니 우리

가 초막 셋을 짓되 하나는 주를 위하여, 하나는 모세를 위하여, 하
나는 엘리야를 위하여 하사이다 하되 자기의 하는 말을 자기도 알
지 못하더라 34 이 말 할 즈음에 구름이 와서 저희를 덮는지라 구
름 속으로 들어갈 때에 저희가 무서워하더니 35 구름 속에서 소리
가 나서 가로되 이는 나의 아들 곧 택함을 받은 자니 너희는 저의
말을 들으라 하고 36 소리가 그치매 오직 예수만 보이시더라 제자
들이 잠잠하여 그 본 것을 무엇이든지 그 때에는 아무에게도 이르
지 아니하니라

귀신 들린 아이를 고치시다(마 17:14-18; 막 9:14-27)

37 • 이튿날 산에서 내려 오시니 큰 무리가 맞을새 38 무리
중에 한 사람이 소리질러 가로되 선생님 청컨대 내 아들을 돌아보
아 주옵소서 이는 내 외아들이니이다 39 귀신이 저를 잡아 졸지에
부르짖게 하고 경련을 일으켜 거품을 흘리게 하며 심히 상하게 하
고야 겨우 떠나 가나이다 40 당신의 제자들에게 내어 쫓아 주기를
구하였으나 저희가 능히 못하더이다 41 예수께서 대답하여 가라
사대 믿음이 없고 패역한 세대여 내가 얼마나 너희와 함께 있으며
너희를 참으리요 네 아들을 이리로 데리고 오라 하시니 42 올 때
에 귀신이 거꾸러뜨리고 심한 경련을 일으키게 하는지라 예수께
서 더러운 귀신을 꾸짖으시고 아이를 낫게 하사 그 아비에게 도로
주시니 43 사람들이 다 하나님의 위엄을 놀라니라

죽음을 예고하시다(마 17:22-23; 막 9:30-32)

• 저희가 다 그 행하시는 모든 일을 기이히 여길새 예수께
서 제자들에게 이르시되 44 이 말을 너희 귀에 담아 두라 인자가

장차 사람들의 손에 넘기우리라 하시되 45 저희가 이 말씀을 알지
못하였나니 이는 저희로 깨닫지 못하게 숨김이 되었음이라 또 저
희는 이 말씀을 묻기도 두려워하더라

누가 크냐(마 18:1-5; 막 9:33-37)

46 ● 제자 중에서 누가 크냐 하는 변론이 일어나니 47 예수
께서 그 마음에 변론하는 것을 아시고 어린아이 하나를 데려다가
자기 곁에 세우시고 48 저희에게 이르시되 누구든지 내 이름으로
이 어린 아이를 영접하면 곧 나를 영접함이요 또 누구든지 나를
영접하면 곧 나 보내신 이를 영접함이라 너희 모든 사람 중에 가
장 작은 그이가 큰 자니라

너희를 위하는 사람(막 9:38-40)

49 ● 요한이 여짜오되 주여 어떤 사람이 주의 이름으로 귀
신을 내어 쫓는 것을 우리가 보고 우리와 함께 따르지 아니하므로
금하였나이다 50 예수께서 가라사대 금하지 말라 너희를 반대하
지 않는 자는 너희를 위하는 자니라 하시니라

사마리아의 촌에서 예수를 받아 들이지 않다

51 ● 예수께서 승천하실 기약이 차가매 예루살렘을 향하여
올라가기로 굳게 결심하시고 52 사자들을 앞서 보내시매 저희가
가서 예수를 위하여 예비하려고 사마리아인의 한 촌에 들어갔더
니 53 예수께서 예루살렘을 향하여 가시는고로 저희가 받아 들이
지 아니하는지라 54 제자 야고보와 요한이 이를 보고 가로되 주여
우리가 불을 명하여 하늘로 좇아 내려 저희를 멸하라 하기를 원하
시나이까 55 예수께서 돌아보시며 꾸짖으시고[1] 56 함께 다른 촌

1) 어떤 상고 사본에는, 55절 끝에 다음 말이 있음 「가라사대 너희는 무슨 정신으로 말하는지 모르는구나 인자는 사람의 생명을 멸하러 온 것이 아니요 구하러 왔노라 하시고」

으로 가시니라

예수를 따르려면(마 8:19-22)

57 ● 길 가실 때에 혹이 여짜오되 어디로 가시든지 저는 좇
으리이다 58 예수께서 가라사대 여우도 굴이 있고 공중의 새도 집
이 있으되 인자는 머리 둘 곳이 없도다 하시고 59 또 다른 사람에
게 나를 좇으라 하시니 그가 가로되 나로 먼저 가서 내 부친을 장
사하게 허락하옵소서 60 가라사대 죽은 자들로 자기의 죽은 자들
을 장사하게 하고 너는 가서 하나님의 나라를 전파하라 하시고
61 또 다른 사람이 가로되 주여 내가 주를 좇겠나이다 마는 나로
먼저 내 가족을 작별케 허락하소서 62 예수께서 이르시되 손에 쟁
기를 잡고 뒤를 돌아보는 자는 하나님의 나라에 합당치 아니하니
라 하시니라

칠십인을 세워서 보내시다(마 11:20-24)

10 이 후에 주께서 달리 칠십인을 세우사 친히 가시려는 각동
각처로 둘씩 앞서 보내시며 2 이르시되 추수할 것은 많되
일군이 적으니 그러므로 추수하는 주인에게 청하여 추수할 일군
들을 보내어 주소서 하라 3 갈찌어다 내가 너희를 보냄이 어린 양
을 이리 가운데로 보냄과 같도다 4 전대나 주머니나 신을 가지지
말며 길에서 아무에게도 문안하지 말며 5 어느 집에 들어가든지
먼저 말하되 이 집이 평안할찌어다 하라 6 만일 [1]평안을 받을 사
람이 거기 있으면 너희 빈 평안이 그에게 머물 것이요 그렇지 않
으면 너희에게로 돌아오리라 7 그 집에 유하며 주는 것을 먹고 마
시라 일군이 그 삯을 얻는 것이 마땅하니라 이 집에서 저 집으로

1) 헬, 평안의 아들이

옮기지 말라 8 어느 동네에 들어가든지 너희를 영접하거든 너희
앞에 차려놓는 것을 먹고 9 거기 있는 병자들을 고치고 또 말하기
를 하나님의 나라가 너희에게 가까이 왔다 하라 10 어느 동네에
들어가든지 너희를 영접지 아니하거든 그 거리로 나와서 말하되
11 너희 동네에서 우리 발에 묻은 먼지도 너희에게 떨어버리노라
그러나 하나님의 나라가 가까이 온줄을 알라 하라 12 내가 너희
에게 말하노니 저날에 소돔이 그 동네보다 견디기 쉬우리라 13 화
있을찐저 고라신아, 화 있을찐저 벳새다야, 너희에게서 행한 모
든 권능을 두로와 시돈에서 행하였더면 저희가 벌써 베옷을 입고
재에 앉아 회개하였으리라 14 심판 때에 두로와 시돈이 너희보다
견디기 쉬우리라 15 가버나움아 네가 하늘에까지 높아지겠느냐
음부에까지 낮아지리라 16 너희 말을 듣는 자는 곧 내 말을 듣는
것이요 너희를 저버리는 자는 곧 나를 저버리는 것이요 나를 저버
리는 자는 나 보내신 이를 저버리는 것이라 하시니라

칠십인이 돌아오다

17 • 칠십인이 기뻐 돌아와 가로되 주여 주의 이름으로 귀
신들도 우리에게 항복하더이다 18 예수께서 이르시되 사단이 하
늘로서 번개 같이 떨어지는 것을 내가 보았노라 19 내가 너희에게
뱀과 전갈을 밟으며 원수의 모든 능력을 제어할 권세를 주었으니
너희를 해할 자가 결단코 없으리라 20 그러나 귀신들이 너희에게
항복하는 것으로 기뻐하지 말고 너희 이름이 하늘에 기록된 것으
로 기뻐하라 하시니라

예수의 감사 기도(마 11:25-27; 13:16-17)

21 ●이 때에 예수께서 성령으로 기뻐하사 가라사대 천지
의 주재이신 아버지여 이것을 지혜롭고 슬기있는 자들에게는 숨
기시고 어린 아이들에게는 나타내심을 감사하나이다 옳소이다
이렇게 된 것이 아버지의 뜻이니이다 22 내 아버지께서 모든 것
을 내게 주셨으니 아버지 외에는 아들이 누군지 아는 자가 없고
아들과 또 아들의 소원대로 계시를 받는 자 외에는 아버지가 누
군지 아는 자가 없나이다 하시고 23 제자들을 돌아 보시며 종용
히 이르시되 너희의 보는 것을 보는 눈은 복이 있도다 24 내가 너
희에게 말하노니 많은 선지자와 임금이 너희 보는 바를 보고자 하
였으되 보지 못하였으며 너희 듣는 바를 듣고자 하였으되 듣지 못
하였느니라

자비를 베푼 사마리아인

25 ●어떤 율법사가 일어나 예수를 시험하여 가로되 선생
님 내가 무엇을 하여야 영생을 얻으리이까 26 예수께서 이르시되
율법에 무엇이라 기록되었으며 네가 어떻게 읽느냐 27 대답하여
가로되 [ㄱ]네 마음을 다하며 목숨을 다하며 힘을 다하며 뜻을 다하
여 주 너의 하나님을 사랑하고 또한 [ㄴ]네 이웃을 네 몸과 같이 사랑
하라 하였나이다 28 예수께서 이르시되 네 대답이 옳도다 이를 행
하라 그러면 살리라 하시니 29 이 사람이 자기를 옳게 보이려고
예수께 여짜오되 그러면 내 이웃이 누구오니이까 30 예수께서 대
답하여 가라사대 어떤 사람이 예루살렘에서 여리고로 내려가다
가 강도를 만나매 강도들이 그 옷을 벗기고 때려 거반 죽은 것을
버리고 갔더라 31 마침 한 제사장이 그 길로 내려가다가 그를 보

ㄱ. 신 6:5 ㄴ. 레 19:18

고 피하여 지나가고 32 또 이와 같이 한 레위인도 그곳에 이르러
그를 보고 피하여 지나가되 33 어떤 사마리아인은 여행하는 중 거
기 이르러 그를 보고 불쌍히 여겨 34 가까이 가서 기름과 포도주
를 그 상처에 붓고 싸매고 자기 짐승에 태워 주막으로 데리고 가
서 돌보아 주고 35 이튿날에 [1]데나리온 둘을 내어 주막 주인에게
주며 가로되 이 사람을 돌보아 주라 부비가 더 들면 내가 돌아 올
때에 갚으리라 하였으니 36 네 의견에는 이 세 사람 중에 누가 강
도 만난 자의 이웃이 되겠느냐 37 가로되 자비를 베푼 자니이다
예수께서 이르시되 가서 너도 이와 같이 하라 하시니라

마르다와 마리아

38 • 저희가 길 갈 때에 예수께서 한 촌에 들어가시매 마르
다라 이름하는 한 여자가 자기 집으로 영접하더라 39 그에게 마리
아라 하는 동생이 있어 주의 발아래 앉아 그의 말씀을 듣더니 40 마
르다는 [2]준비하는 일이 많아 마음이 분주한지라 예수께 나아가 가
로되 주여 내 동생이 나 혼자 일하게 두는 것을 생각지 아니하시나
이까 저를 명하사 나를 도와주라 하소서 41 주께서 대답하여 가라
사대 마르다야 마르다야 네가 많은 일로 염려하고 근심하나 42 그
러나 [3]몇 가지만 하든지 혹 한 가지만이라도 족하니라 마리아는
이 좋은 편을 택하였으니 빼앗기지 아니하리라 하시니라

기도를 가르치시다(마 6:9-15; 7:7-11)

11 예수께서 한 곳에서 기도하시고 마치시매 제자 중 하나가
여짜오되 주여 요한이 자기 제자들에게 기도를 가르친 것
과 같이 우리에게도 가르쳐 주옵소서

1) 은전의 명칭 2) 헬, 봉사하는 3) 어떤 사본에, 부족한 것 하나가 있도다

2 예수께서 이르시되 너희는 기도할 때에 이렇게 하라 아버
지여 이름이 거룩히 여김을 받으시오며 나라이 임하옵시며 3 우
리에게 날마다 일용할 양식을 주옵시고 4 우리가 우리에게 [1]죄
지은 모든 사람을 용서하오니 우리 죄도 사하여 주옵시고 우리를
시험에 들게 하지 마옵소서 하라 5 • 또 이르시되 너희 중에 누가
벗이 있는데 밤중에 그에게 가서 말하기를 벗이여 떡 세 덩이를
내게 빌리라 6 내 벗이 여행 중에 내게 왔으나 내가 먹일 것이 없
노라 하면 7 저가 안에서 대답하여 이르되 나를 괴롭게 하지 말라
문이 이미 닫혔고 아이들이 나와 함께 침소에 누웠으니 일어나 네
게 줄 수가 없노라 하겠느냐 8 내가 너희에게 말하노니 비록 벗됨
을 인하여서는 일어나 주지 아니할찌라도 그 강청함을 인하여 일
어나 그 소용대로 주리라 9 내가 또 너희에게 이르노니 구하라 그
러면 너희에게 주실 것이요 찾으라 그러면 찾을 것이요 문을 두드
리라 그러면 너희에게 열릴 것이니 10 구하는 이마다 받을 것이요
찾는 이가 찾을 것이요 두드리는 이에게 열릴 것이니라 11 너희 중
에 아비된 자 누가 아들이 [2]생선을 달라 하면 생선 대신에 뱀을 주
며 12 알을 달라 하면 전갈을 주겠느냐 13 너희가 악할찌라도 좋은
것을 자식에게 줄줄 알거든 하물며 너희 천부께서 구하는 자에게
성령을 주시지 않겠느냐 하시니라

예수와 바알세불(마 12:22-30, 43-45; 막 3:20-27)

14 • 예수께서 한 벙어리 귀신을 쫓아 내시니 귀신이 나가
매 벙어리가 말하는지라 무리들이 기이히 여겼으나 15 그 중에 더
러는 말하기를 저가 귀신의 왕 바알세불을 힘입어 귀신을 쫓아

1) 헬, 빚진 모든 2) 어떤 사본에, 떡을 달라 하면 돌을 주며 생선을

낸다 하고 16 또 더러는 예수를 시험하여 하늘로서 오는 [1]표적을
구하니 17 예수께서 저희 생각을 아시고 이르시되 스스로 분쟁하
는 나라마다 황폐하여지며 스스로 분쟁하는 집은 무너지느니라
18 너희 말이 내가 바알세불을 힘입어 귀신을 쫓아낸다 하니 만일
사단이 스스로 분쟁하면 저의 나라가 어떻게 서겠느냐 19 내가 바
알세불을 힘입어 귀신을 쫓아내면 너희 아들들은 누구를 힘입어
쫓아내느냐 그러므로 저희가 너희 재판관이 되리라 20 그러나 내
가 만일 하나님의 [2]손을 힘입어 귀신을 쫓아내는 것이면 하나님
의 나라가 이미 너희에게 임하였느니라 21 강한 자가 무장을 하고
자기 집을 지킬 때에는 그 소유가 안전하되 22 더 강한 자가 와서
저를 이길 때에는 저의 믿던 무장을 빼앗고 저의 [3]재물을 나누느
니라 23 나와 함께 아니하는 자는 나를 반대하는 자요 나와 함께
모으지 아니하는 자는 헤치는 자니라 24 더러운 귀신이 사람에게
서 나갔을 때에 물 없는 곳으로 다니며 쉬기를 구하되 얻지 못하
고 이에 가로되 내가 나온 내 집으로 돌아가리라 하고 25 와 보니
그 집이 소제되고 수리되었거늘 26 이에 가서 저보다 더 악한 귀
신 일곱을 데리고 들어가서 거하니 그 사람의 나중 형편이 전보다
더 심하게 되느니라

복이 있는 자

27 ● 이 말씀 하실 때에 무리 중에서 한 여자가 음성을 높여
가로되 당신을 밴 태와 당신을 먹인 젖이 복이 있도소이다 하니
28 예수께서 가라사대 오히려 하나님의 말씀을 듣고 지키는 자가
복이 있느니라 하시니라

1) 혹 이적 2) 헬, 손가락을 3) 헬, 노략물을

악한 세대가 표적을 구하나(마 12:38-42; 막 8:12)

29 ●무리가 모였을 때에 예수께서 말씀하시되 이 세대는
악한 세대라 [1]표적을 구하되 요나의 [1]표적 밖에는 보일 [1]표적이
없나니 30 요나가 니느웨 사람들에게 [1]표적이 됨과 같이 인자도
이 세대에 그러하리라 31 심판 때에 남방 여왕이 일어나 이 세대
사람을 정죄하리니 이는 그가 솔로몬의 지혜로운 말을 들으려고
땅 끝에서 왔음이어니와 솔로몬보다 더 큰이가 여기 있으며 32 심
판 때에 니느웨 사람들이 일어나 이 세대 사람을 정죄하리니 이는
그들이 요나의 전도를 듣고 회개하였음이어니와 요나보다 더 큰
이가 여기 있느니라

눈은 몸의 등불(마 5:15; 6:22-23)

33 ●누구든지 등불을 켜서 움속에나 말 아래 두지 아니하
고 등경 위에 두나니 이는 들어가는 자로 그 빛을 보게 하려 함이
니라 34 네 몸의 등불은 눈이라 네 눈이 [2]성하면 온 몸이 밝을 것
이요 만일 나쁘면 네 몸도 어두우리라 35 그러므로 네 속에 있는
빛이 어둡지 아니한가 보라 36 네 온 몸이 밝아 조금도 어두운데
가 없으면 등불의 광선이 너를 비출 때와 같이 온전히 밝으리라
하시니라

바리새인과 서기관들(마 23:1-36; 막 12:38-40; 눅 20:45-47)

37 ●예수께서 말씀하실 때에 한 바리새인이 자기와 함께
점심 잡수시기를 청하므로 들어가 [3]앉으셨더니 38 잡수시기 전
에 손 씻지 아니하심을 이 바리새인이 보고 이상히 여기는지라
39 주께서 이르시되 너희 바리새인은 지금 잔과 대접의 겉은 깨끗

1) 혹 이적 2) 헬, 순전하면 3) 5:29 난하주를 보라

이 하나 너희 속인즉 탐욕과 악독이 가득하도다 40 어리석은 자
들아 밖을 만드신 이가 속도 만들지 아니하셨느냐 41 오직 그 안
에 있는 것으로 구제하라 그리하면 모든 것이 너희에게 깨끗하리
라 42 • 화 있을찐저 너희 바리새인이여 너희가 박하와 운향과 모
든 채소의 십일조를 드리되 공의와 하나님께 대한 사랑은 버리는
도다 그러나 이것도 행하고 저것도 버리지 아니하여야 할찌니라
43 화 있을찐저 너희 바리새인이여 너희가 회당의 높은 자리와 시
장에서 문안 받는 것을 기뻐하는도다 44 화 있을찐저 너희여 너희
는 [1]평토장한 무덤 같아서 그 위를 밟는 사람이 알지 못하느니라
45 • 한 율법사가 예수께 대답하여 가로되 선생님 이렇게 말씀하
시니 우리까지 모욕하심이니이다 46 가라사대 화 있을찐저 또 너
희 율법사여 지기 어려운 짐을 사람에게 지우고 너희는 한 손가락
도 이 짐에 대지 않는도다 47 화 있을찐저 너희는 선지자들의 무
덤을 쌓는도다 저희를 죽인 자도 너희 조상들이로다 48 이와 같이
저희는 죽이고 너희는 쌓으니 너희가 너희 조상의 행한 일에 증인
이 되어 옳게 여기는도다 49 이러므로 하나님의 지혜가 일렀으되
내가 선지자와 사도들을 저희에게 보내리니 그 중에 더러는 죽이
며 또 핍박하리라 하였으니 50 창세 이후로 흘린 모든 선지자의
피를 이 세대가 담당하되 51 곧 아벨의 피로부터 제단과 성전 사
이에서 죽임을 당한 사가랴의 피까지 하리라 내가 너희에게 이르
노니 과연 이 세대가 담당하리라 52 화 있을찐저 너희 율법사여
너희가 지식의 열쇠를 가져가고 너희도 들어가지 않고 또 들어가
고자 하는 자도 막았느니라 하시니라 53 • 거기서 나오실 때에 서

1) 헬, 보이지 않는

기관과 바리새인들이 맹렬히 달라붙어 여러가지 일로 힐문하고
54 그 입에서 나오는 것을 잡고자 하여 목을 지키더라

바리새인들의 외식을 경계하다(마 10:26-33; 12:32; 10:19-20)

12 그 동안에 무리 수만 명이 모여 서로 밟힐만큼 되었더니 예
수께서 먼저 제자들에게 말씀하여 가라사대 바리새인들
의 누룩 곧 외식을 주의하라

2 감추인 것이 드러나지 않을 것이 없고 숨은 것이 알려지
지 않을 것이 없나니 3 이러므로 너희가 어두운데서 말한 모든 것
이 광명한데서 들리고 너희가 골방에서 귀에 대고 말한 것이 집
위에서 전파되리라 4 내가 내 친구 너희에게 말하노니 몸을 죽이
고 그 후에는 능히 더 못하는 자들을 두려워하지 말라 5 마땅히 두
려워할 자를 내가 너희에게 보이리니 곧 죽인 후에 또한 지옥에
던져 넣는 권세 있는 그를 두려워하라 내가 참으로 너희에게 이르
노니 그를 두려워하라 6 참새 다섯이 [1]앗사리온 둘에 팔리는 것
이 아니냐 그러나 하나님 앞에는 그 하나라도 잊어버리시는바 되
지 아니하는도다 7 너희에게는 오히려 머리털까지도 다 세신바
되었나니 두려워하지 말라 너희는 많은 참새보다 귀하니라 8 내
가 또한 너희에게 말하노니 누구든지 사람 앞에서 나를 시인하면
인자도 하나님의 사자들 앞에서 저를 시인할 것이요 9 사람 앞에
서 나를 부인하는 자는 하나님의 사자들 앞에서 부인함을 받으리
라 10 누구든지 말로 인자를 거역하면 사하심을 받으려니와 성령
을 모독하는 자는 사하심을 받지 못하리라 11 사람이 너희를 회당
과 정사 잡은 이와 권세 있는 이 앞에 끌고 가거든 어떻게 무엇으

1) 동전의 명칭

로 대답하며 무엇으로 말할 것을 염려치 말라 12 마땅히 할 말을
성령이 곧 그 때에 너희에게 가르치시리라 하시니라

한 부자의 비유

13 ●무리 중에 한 사람이 이르되 선생님 내 [1]형을 명하여
유업을 나와 나누게 하소서 하니 14 이르시되 이 사람아 누가 나
를 너희의 재판장이나 물건 나누는 자로 세웠느냐 하시고 15 저희
에게 이르시되 삼가 모든 탐심을 물리치라 사람의 생명이 그 소유
의 넉넉한데 있지 아니하니라 하시고 16 또 비유로 저희에게 일러
가라사대 한 부자가 그 밭에 소출이 풍성하매 17 심중에 생각하여
가로되 내가 곡식 쌓아 둘 곳이 없으니 어찌할꼬 하고 18 또 가로
되 내가 이렇게 하리라 내 곡간을 헐고 더 크게 짓고 내 모든 곡식
과 물건을 거기 쌓아 두리라 19 또 내가 내 영혼에게 이르되 영혼
아 여러 해 쓸 물건을 많이 쌓아 두었으니 평안히 쉬고 먹고 마시
고 즐거워하자 하리라 하되 20 하나님은 이르시되 어리석은 자여
오늘 밤에 네 영혼을 도로 찾으리니 그러면 네 예비한 것이 뉘 것
이 되겠느냐 하셨으니 21 자기를 위하여 재물을 쌓아 두고 하나님
께 대하여 부요치 못한 자가 이와 같으니라

염려하지 말라(마 6:25-34)

22 ●또 제자들에게 이르시되 그러므로 내가 너희에게 이
르노니 너희 목숨을 위하여 무엇을 먹을까 몸을 위하여 무엇을 입
을까 염려하지 말라 23 목숨이 음식보다 중하고 몸이 의복보다 중
하니라 24 까마귀를 생각하라 심지도 아니하고 거두지도 아니하
며 골방도 없고 창고도 없으되 하나님이 기르시나니 너희는 새보

1) 혹 동생

다 얼마나 더 귀하냐 25 또 너희 중에 누가 염려함으로 그 [1]키를
한 자나 더할 수 있느냐 26 그런즉 지극히 작은 것이라도 능치 못
하거든 어찌 그 다른 것을 염려하느냐 27 백합화를 생각하여 보아
라 실도 만들지 않고 짜지도 아니하느니라 그러나 내가 너희에게
말하노니 솔로몬의 모든 영광으로도 입은 것이 이 꽃 하나만 같지
못하였느니라 28 오늘 있다가 내일 아궁이에 던지우는 들풀도 하
나님이 이렇게 입히시거든 하물며 너희일까보냐 믿음이 적은 자
들아 29 너희는 무엇을 먹을까 무엇을 마실까 하여 구하지 말며
근심하지도 말라 30 이 모든 것은 세상 백성들이 구하는 것이라
너희 아버지께서 이런 것이 너희에게 있어야 될 줄을 아시느니라
31 오직 너희는 그의 나라를 구하라 그리하면 이런 것을 너희에게
더하시리라 32 적은 무리여 무서워 말라 너희 아버지께서 그 나라
를 너희에게 주시기를 기뻐하시느니라 33 너희 소유를 팔아 구제
하여 낡아지지 아니하는 주머니를 만들라 곧 하늘에 둔바 다함이
없는 보물이니 거기는 도적도 가까이 하는 일이 없고 좀도 먹는
일이 없느니라 34 너희 보물 있는 곳에는 너희 마음도 있으리라

깨어 기다리라(마 24:45-51)

35 • 허리에 띠를 띠고 등불을 켜고 서 있으라 36 너희는 마
치 그 주인이 혼인 집에서 돌아와 문을 두드리면 곧 열어 주려고
기다리는 사람과 같이 되라 37 주인이 와서 깨어 있는 것을 보면
그 종들은 복이 있으리로다 내가 진실로 너희에게 이르노니 주인
이 띠를 띠고 그 종들을 자리에 [2]앉히고 나아와 수종하리라 38 주
인이 혹 이경에나 혹 삼경에 이르러서도 종들의 이같이 하는 것

1) 혹 목숨을 2) 5:29 난하주를 보라

을 보면 그 종들은 복이 있으리로다 39 너희도 아는바니 집 주인
이 만일 도적이 어느 때에 이를줄 알았더면 그 집을 뚫지 못하게
하였으리라 40 이러므로 너희도 예비하고 있으라 생각지 않은 때
에 인자가 오리라 하시니라 41 • 베드로가 여짜오되 주께서 이 비
유를 우리에게 하심이니이까 모든 사람에게 하심이니이까 42 주
께서 가라사대 지혜 있고 진실한 청지기가 되어 주인에게 그 집
종들을 맡아 때를 따라 양식을 나누어 줄 자가 누구냐 43 주인이
이를 때에 그 종의 이렇게 하는 것을 보면 그 종이 복이 있으리
로다 44 내가 참으로 너희에게 이르노니 주인이 그 모든 소유를
저에게 맡기리라 45 만일 그 종이 마음에 생각하기를 주인이 더
디 오리라 하여 노비를 때리며 먹고 마시고 취하게 되면 46 생각
지 않은 날 알지 못하는 시간에 이 종의 주인이 이르러 [1]엄히 때
리고 신실치 아니한 자의 받는 율에 처하리니 47 주인의 뜻을 알
고도 예비치 아니하고 그 뜻대로 행치 아니한 종은 많이 맞을 것
이요 48 알지 못하고 맞을 일을 행한 종은 적게 맞으리라 무릇 많
이 받은 자에게는 많이 찾을 것이요 많이 맡은 자에게는 많이 달
라 할 것이니라

불을 던지러, 분쟁을 일으키러 왔다(마 10:34-36)

49 • 내가 불을 땅에 던지러 왔노니 이 불이 이미 붙었으면
내가 무엇을 원하리요 50 나는 받을 세례가 있으니 그 이루기까지
나의 답답함이 어떠하겠느냐 51 내가 세상에 화평을 주려고 온줄
로 아느냐 내가 너희에게 이르노니 아니라 도리어 분쟁케 하려 함
이로라 52 이 후부터 한 집에 다섯 사람이 있어 분쟁하되 셋이 둘

1) 헬, 쪼개어 내고

과, 둘이 셋과 하리니 53 아비가 아들과, 아들이 아비와, 어미가
딸과, 딸이 어미와, 시어미가 며느리와, 며느리가 시어미와 분쟁
하리라 하시니라

때를 분간하고, 화해하기를 힘쓰라(마 5:25-26; 16:2-3)

54 ●또 무리에게 이르시되 너희가 구름이 서에서 일어남
을 보면 곧 말하기를 소나기가 오리라 하나니 과연 그러하고 55 남
풍이 붊을 보면 말하기를 심히 더우리라 하나니 과연 그러하니라
56 외식하는 자여 너희가 천지의 기상은 분변할 줄을 알면서 어
찌 이 시대는 분변치 못하느냐 57 또 어찌하여 옳은 것을 스스로
판단치 아니하느냐 58 네가 너를 고소할 자와 함께 법관에게 갈
때에 길에서 화해하기를 힘쓰라 저가 너를 재판장에게 끌어가고
재판장이 너를 관속에게 넘겨주어 관속이 옥에 가둘까 염려하라
59 네게 이르노니 호리라도 남김이 없이 갚지 아니하여서는 결단
코 저기서 나오지 못하리라 하시니라

회개치 아니하면 망하리라

13 그 때 마침 두어 사람이 와서 빌라도가 어떤 갈릴리 사람들
의 피를 저희의 제물에 섞은 일로 예수께 고하니 2 대답하
여 가라사대 너희는 이 갈릴리 사람들이 이 같이 해 받음으로써 모
든 갈릴리 사람보다 죄가 더 있는줄 아느냐 3 너희에게 이르노니
아니라 너희도 만일 회개치 아니하면 다 이와 같이 망하리라 4 또
실로암에서 망대가 무너져 치어 죽은 열 여덟 사람이 예루살렘에
거한 모든 사람보다 [1]죄가 더 있는줄 아느냐 5 너희에게 이르노
니 아니라 너희도 만일 회개치 아니하면 다 이와 같이 망하리라

1) 헬, 빚진 것이

열매 맺지 못하는 무화과나무의 비유

6 •이에 비유로 말씀하시되 한 사람이 포도원에 무화과나
무를 심은 것이 있더니 와서 그 열매를 구하였으나 얻지 못한지라
7 과원지기에게 이르되 내가 삼 년을 와서 이 무화과나무에 실과
를 구하되 얻지 못하니 찍어버리라 어찌 땅만 버리느냐 8 대답하
여 가로되 주인이여 금년에도 그대로 두소서 내가 두루 파고 거름
을 주리니 9 이 후에 만일 실과가 열면이어니와 그렇지 않으면 찍
어버리소서 하였다 하시니라

안식일에 등 굽은 여자를 고치시다

10 •안식일에 한 회당에서 가르치실 때에 11 십 팔년 동안
을 귀신들려 앓으며 꼬부라져 조금도 펴지 못하는 한 여자가 있더
라 12 예수께서 보시고 불러 이르시되 여자여 네가 네 병에서 놓
였다 하시고 13 안수하시매 여자가 곧 펴고 하나님께 영광을 돌리
는지라 14 회당장이 예수께서 안식일에 병 고치시는 것을 분내어
무리에게 이르되 일할 날이 엿새가 있으니 그 동안에 와서 고침
을 받을 것이요 안식일에는 말 것이니라 하거늘 15 주께서 대답하
여 가라사대 외식하는 자들아 너희가 각각 안식일에 자기의 소나
나귀나 마구에서 풀어내어 이끌고 가서 물을 먹이지 아니하느냐
16 그러면 십 팔년 동안 사단에게 매인바 된 이 아브라함의 딸을
안식일에 이 매임에서 푸는 것이 합당치 아니하냐 17 예수께서 이
말씀을 하시매 모든 반대하는 자들은 부끄러워하고 온 무리는 그
하시는 모든 영광스러운 일을 기뻐하니라

겨자씨와 누룩의 비유(마 13:31-33; 막 4:30-32)

18 •그러므로 가라사대 하나님의 나라가 무엇과 같을꼬
내가 무엇으로 비할꼬 19 마치 사람이 자기 채전에 갖다 심은 겨
자씨 한 알 같으니 자라 나무가 되어 공중의 새들이 그 가지에 깃
들였느니라 20 또 가라사대 내가 하나님의 나라를 무엇으로 비할
꼬 21 마치 여자가 가루 서 말 속에 갖다 넣어 전부 부풀게 한 누룩
과 같으니라 하셨더라

좁은 문으로 들어가라(마 7:13-14, 21-23)

22 •예수께서 각성 각촌으로 다니사 가르치시며 예루살렘
으로 여행하시더니 23 혹이 여짜오되 주여 구원을 얻는 자가 적으
니이까 저희에게 이르시되 24 좁은 문으로 들어가기를 힘쓰라 내
가 너희에게 이르노니 들어가기를 구하여도 못하는 자가 많으리
라 25 집 주인이 일어나 문을 한번 닫은 후에 너희가 밖에 서서 문
을 두드리며 주여 열어 주소서 하면 저가 대답하여 가로되 나는
너희가 어디로서 온 자인지 알지 못하노라 하리니 26 그 때에 너
희가 말하되 우리는 주 앞에서 먹고 마셨으며 주는 또한 우리 길
거리에서 가르치셨나이다 하나 27 저가 너희에게 일러 가로되 나
는 너희가 어디로서 왔는지 알지 못하노라 행악하는 모든 자들아
나를 떠나 가라 하리라 28 너희가 아브라함과 이삭과 야곱과 모든
선지자는 하나님 나라에 있고 오직 너희는 밖에 쫓겨난 것을 볼
때에 거기서 슬피 울며 이를 갊이 있으리라 29 사람들이 동서 남
북으로부터 와서 하나님의 나라 잔치에 [1]참석하리니 30 보라 나
중 된 자로서 먼저 될 자도 있고 먼저 된 자로서 나중 될 자도 있느
니라 하시더라

1) 5:29 난하주를 보라

예루살렘을 두고 한탄하시다(마 23:37-39)

31 ●곧 그 때에 어떤 바리새인들이 나아와서 이르되 나가
서 여기를 떠나소서 헤롯이 당신을 죽이고자 하나이다 32 가라사
대 가서 저 여우에게 이르되 오늘과 내일 내가 귀신을 쫓아내며
병을 낫게 하다가 제 삼일에는 [1]완전하여지리라 하라 33 그러나
오늘과 내일과 모레는 내가 갈 길을 가야 하리니 선지자가 예루살
렘 밖에서는 죽는 법이 없느니라 34 예루살렘아 예루살렘아 선지
자들을 죽이고 네게 파송된 자들을 돌로 치는 자여 암탉이 제새
끼를 날개 아래 모음 같이 내가 너희의 자녀를 모으려한일이 몇
번이냐 그러나 너희가 원치 아니하였도다 35 보라 너희 집이 황
폐하여 버린바 되리라 내가 너희에게 이르노니 너희가 주의 이름
으로 오시는 이를 찬송하리로다 할 때까지는 나를 보지 못하리라
하시니라

고창병 든 사람을 고치시다

14 안식일에 예수께서 바리새인의 한 두령의 집에 떡 잡수시
러 들어가시니 저희가 엿보고 있더라 2 주의 앞에 고창병
든 한 사람이 있는지라 3 예수께서 대답하여 율법사들과 바리새
인들에게 일러 가라사대 안식일에 병 고쳐주는 것이 합당하냐 아
니하냐 4 저희가 잠잠하거늘 예수께서 그 사람을 데려다가 고쳐
보내시고 5 또 저희에게 이르시되 너희 중에 누가 그 [2]아들이나
소나 우물에 빠졌으면 안식일에라도 곧 끌어내지 않겠느냐 하시
니 6 저희가 이에 대하여 대답지 못하니라

말석에 앉으라

1) 혹 완전히 이루리라 2) 어떤 사본에, 나귀나

7 • 청함을 받은 사람들의 상좌 택함을 보시고 저희에게
비유로 말씀하여 가라사대 8 네가 누구에게나 혼인 잔치에 청함
을 받았을 때에 상좌에 [1]앉지 말라 그렇지 않으면 너보다 더 높
은 사람이 청함을 받은 경우에 9 너와 저를 청한 자가 와서 너더
러 이 사람에게 자리를 내어 주라 하리니 그 때에 네가 부끄러워
말석으로 가게 되리라 10 청함을 받았을 때에 차라리 가서 말석
에 [1]앉으라 그러면 너를 청한 자가 와서 너더러 벗이여 올라 [1]앉
으라 하리니 그 때에야 함께 [1]앉은 모든 사람 앞에 영광이 있으리
라 11 무릇 자기를 높이는 자는 낮아지고 자기를 낮추는 자는 높
아지리라 12 • 또 자기를 청한 자에게 이르시되 네가 점심이나 저
녁이나 베풀거든 벗이나 형제나 친척이나 부한 이웃을 청하지 말
라 두렵건대 그 사람들이 너를 도로 청하여 네게 갚음이 될까 하
라 13 잔치를 배설하거든 차라리 가난한 자들과 병신들과 저는 자
들과 소경들을 청하라 14 그리하면 저희가 갚을 것이 없는고로 네
게 복이 되리니 이는 의인들의 부활시에 네가 갚음을 받겠음이니
라 하시더라

큰 잔치의 비유(마 22:1-10)

15 • 함께 [1]먹는 사람 중에 하나가 이 말을 듣고 이르되 무
릇 하나님의 나라에서 떡을 먹는 자는 복되도다 하니 16 이르시되
어떤 사람이 큰 잔치를 배설하고 많은 사람을 청하였더니 17 잔치
할 시간에 그 청하였던 자들에게 종을 보내어 가로되 오소서 모
든 것이 준비되었나이다 하매 18 다 일치하게 사양하여 하나는 가
로되 나는 밭을 샀으매 불가불 나가 보아야 하겠으니 청컨대 나를

1) 5:29 난하주를 보라

용서하도록 하라 하고 19 또 하나는 가로되 나는 소 다섯 겨리를
샀으매 시험하러 가니 청컨대 나를 용서하도록 하라 하고 20 또
하나는 가로되 나는 장가 들었으니 그러므로 가지 못하겠노라 하
는지라 21 종이 돌아와 주인에게 그대로 고하니 이에 집주인이
노하여 그 종에게 이르되 빨리 시내의 거리와 골목으로 나가서
가난한 자들과 병신들과 소경들과 저는 자들을 데려오라 하니라
22 종이 가로되 주인이여 명하신대로 하였으되 오히려 자리가 있
나이다 23 주인이 종에게 이르되 길과 산울 가로 나가서 사람을
강권하여 데려다가 내 집을 채우라 24 내가 너희에게 말하노니 전
에 청하였던 그 사람은 하나도 내 잔치를 맛보지 못하리라 하였
다 하시니라

제자가 되는 길(마 5:13; 막 9:50)

25 • 허다한 무리가 함께 갈쌔 예수께서 돌이키사 이르시
되 26 무릇 내게 오는 자가 자기 부모와 처자와 형제와 자매와 및
자기 목숨까지 미워하지 아니하면 능히 나의 제자가 되지 못하고
27 누구든지 자기 십자가를 지고 나를 좇지 않는 자도 능히 나의
제자가 되지 못하리라 28 너희 중에 누가 망대를 세우고자 할찐대
자기의 가진 것이 준공하기까지에 족할는지 먼저 앉아 그 비용을
예산하지 아니하겠느냐 29 그렇게 아니하여 그 기초만 쌓고 능히
이루지 못하면 보는 자가 다 비웃어 30 가로되 이 사람이 역사를
시작하고 능히 이루지 못하였다 하리라 31 또 어느 임금이 다른
임금과 싸우러 갈 때에 먼저 앉아 일만으로서 저 이만을 가지고
오는 자를 대적할 수 있을까 헤아리지 아니하겠느냐 32 만일 못할

터이면 저가 아직 멀리 있을 동안에 사신을 보내어 화친을 청할찌
니라 33 이와 같이 너희 중에 누구든지 자기의 모든 소유를 버리
지 아니하면 능히 내 제자가 되지 못하리라 34 소금이 좋은 것이
나 소금도 만일 그 맛을 잃었으면 무엇으로 짜게 하리요 35 땅에
도, 거름에도 쓸데 없어 내어버리느니라 들을 귀가 있는 자는 들
을찌어다 하시니라

잃은 양의 비유(마 18:12-14)

15 모든 세리와 죄인들이 말씀을 들으러 가까이 나아오니 2 바
리새인과 서기관들이 원망하여 가로되 이 사람이 죄인을
영접하고 음식을 같이 먹는다 하더라 3 • 예수께서 저희에게 이
비유로 이르시되 4 너희 중에 어느 사람이 양 일백 마리가 있는데
그 중에 하나를 잃으면 아흔 아홉 마리를 들에 두고 그 잃은 것을
찾도록 찾아 다니지 아니하느냐 5 또 찾은즉 즐거워 어깨에 메고
6 집에 와서 그 벗과 이웃을 불러 모으고 말하되 나와 함께 즐기자
나의 잃은 양을 찾았노라 하리라 7 내가 너희에게 이르노니 이와
같이 죄인 하나가 회개하면 하늘에서는 회개할 것 없는 의인 아흔
아홉을 인하여 기뻐하는 것보다 더하리라

되찾은 드라크마의 비유

8 • 어느 여자가 열 [1]드라크마가 있는데 하나를 잃으면 등
불을 켜고 집을 쓸며 찾도록 부지런히 찾지 아니하겠느냐 9 또 찾
은즉 벗과 이웃을 불러 모으고 말하되 나와 함께 즐기자 잃은 [1]드
라크마를 찾았노라 하리라 10 내가 너희에게 이르노니 이와 같
이 죄인 하나가 회개하면 하나님의 사자들 앞에 기쁨이 되느니라

1) 온전의 명칭

되찾은 아들의 비유

11 ●또 가라사대 어떤 사람이 두 아들이 있는데 12 그 둘째
가 아비에게 말하되 아버지여 재산 중에서 내게 돌아올 분깃을 내
게 주소서 하는지라 아비가 그 살림을 각각 나눠 주었더니 13 그
후 며칠이 못되어 둘째 아들이 재물을 다 모아가지고 먼 나라에
가 거기서 허랑방탕하여 그 재산을 허비하더니 14 다 없이한 후
그 나라에 크게 흉년이 들어 저가 비로소 궁핍한지라 15 가서 그
나라 백성 중 하나에게 붙여 사니 그가 저를 들로 보내어 돼지를
치게 하였는데 16 저가 돼지 먹는 쥐엄 열매로 배를 채우고자 하
되 주는 자가 없는지라 17 이에 스스로 돌이켜 가로되 내 아버지
에게는 양식이 풍족한 품군이 얼마나 많은고 나는 여기서 주려 죽
는구나 18 내가 일어나 아버지께 가서 이르기를 아버지여 내가 하
늘과 아버지께 죄를 얻었사오니 19 지금부터는 아버지의 아들이
라 일컬음을 감당치 못하겠나이다 나를 품군의 하나로 보소서 하
리라 하고 20 이에 일어나서 아버지께로 돌아가니라 아직도 상거
가 먼데 아버지가 저를 보고 측은히 여겨 달려가 목을 안고 입을
맞추니 21 아들이 가로되 아버지여 내가 하늘과 아버지께 죄를 얻
었사오니 지금부터는 아버지의 아들이라 일컬음을 감당치 못하
겠나이다 [1]하나 22 아버지는 종들에게 이르되 제일 좋은 옷을 내
어다가 입히고 손에 가락지를 끼우고 발에 신을 신기라 23 그리고
살진 송아지를 끌어다가 잡으라 우리가 먹고 즐기자 24 이 내 아
들은 죽었다가 다시 살아났으며 내가 잃었다가 다시 얻었노라 하
니 저희가 즐거워하더라 25 맏아들은 밭에 있다가 돌아와 집에 가

1) 어떤 사본에, 「나를 품군의 하나로 보소서」가 있음

까왔을 때에 풍류와 춤추는 소리를 듣고 26 한 종을 불러 이 무슨
일인가 물은대 27 대답하되 당신의 동생이 돌아왔으매 당신의 아
버지가 그의 건강한 몸을 다시 맞아 들이게 됨을 인하여 살진 송
아지를 잡았나이다 하니 28 저가 노하여 들어가기를 즐겨 아니하
거늘 아버지가 나와서 권한대 29 아버지께 대답하여 가로되 내가
여러 해 아버지를 섬겨 명을 어김이 없거늘 내게는 염소 새끼라
도 주어 나와 내 벗으로 즐기게 하신 일이 없더니 30 아버지의 살
림을 창기와 함께 먹어버린 이 아들이 돌아오매 이를 위하여 살진
송아지를 잡으셨나이다 31 아버지가 이르되 얘 너는 항상 나와 함
께 있으니 내 것이 다 네 것이로되 32 이 네 동생은 죽었다가 살았
으며 내가 잃었다가 얻었기로 우리가 즐거워하고 기뻐하는 것이
마땅하다 하니라

옳지 않은 청지기의 비유

16 또한 제자들에게 이르시되 어떤 부자에게 청지기가 있는
데 그가 주인의 소유를 허비한다는 말이 그 주인에게 들린
지라 2 주인이 저를 불러 가로되 내가 네게 대하여 들은 이 말이
어찜이뇨 네 보던 일을 셈하라 청지기 사무를 계속하지 못하리라
하니 3 청지기가 속으로 이르되 주인이 내 직분을 빼앗으니 내가
무엇을 할꼬 땅을 파자니 힘이 없고 빌어 먹자니 부끄럽구나 4 내
가 할 일을 알았도다 이렇게 하면 직분을 빼앗긴 후에 저희가 나
를 자기 집으로 영접하리라 하고 5 주인에게 빚진 자를 낱낱이 불
러다가 먼저 온 자에게 이르되 네가 내 주인에게 얼마나 졌느뇨
6 말하되 기름 백 말이니이다 가로되 여기 네 증서를 가지고 빨리

앉아 오십이라 쓰라 하고 7 또 다른이에게 이르되 너는 얼마나 졌
느냐 가로되 밀 백 석이니이다 이르되 여기 네 증서를 가지고 팔
십이라 쓰라 하였는지라 8 주인이 이 옳지 않은 청지기가 일을 지
혜 있게 하였으므로 칭찬하였으니 이 세대의 아들들이 자기 시대
에 있어서는 빛의 아들들보다 더 지혜로움이니라 9 내가 너희에
게 말하노니 불의의 재물로 친구를 사귀라 그리하면 없어질 때에
저희가 영원한 처소로 너희를 영접하리라 10 지극히 작은 것에 충
성된 자는 큰 것에도 충성되고 지극히 작은 것에 불의한 자는 큰
것에도 불의하니라 11 너희가 만일 불의한 재물에 충성치 아니하
면 누가 참된 것으로 너희에게 맡기겠느냐 12 너희가 만일 남의
것에 충성치 아니하면 누가 너희의 것을 너희에게 주겠느냐 13 집
하인이 두 주인을 섬길 수 없나니 혹 이를 미워하고 저를 사랑하
거나 혹 이를 중히 여기고 저를 경히 여길 것임이니라 너희가 하
나님과 재물을 겸하여 섬길 수 없느니라

율법과 하나님 나라

14 ●바리새인들은 돈을 좋아하는 자라 이 모든 것을 듣고
비웃거늘 15 예수께서 이르시되 너희는 사람 앞에서 스스로 옳다
하는 자이나 너희 마음을 하나님께서 아시나니 사람 중에 높임을
받는 그것은 하나님 앞에 미움을 받는 것이니라 16 율법과 선지
자는 요한의 때까지요 그 후부터는 하나님 나라의 복음이 전파되
어 사람마다 그리로 침입하느니라 17 그러나 율법의 한 획이 떨어
짐보다 천지의 없어짐이 쉬우리라 18 무릇 그 아내를 버리고 다른
데 장가드는 자도 간음함이요 무릇 버리운이에게 장가드는 자도

간음함이니라

부자와 거지

19 • 한 부자가 있어 자색 옷과 고운 베옷을 입고 날마다 호
화로이 연락하는데 20 나사로라 이름한 한 거지가 헌데를 앓으며
그 부자의 대문에 누워 21 부자의 상에서 떨어지는 것으로 배불리
려 하매 심지어 개들이 와서 그 헌데를 핥더라 22 이에 그 거지가
죽어 천사들에게 받들려 아브라함의 품에 들어가고 부자도 죽어
장사되매 23 저가 음부에서 고통 중에 눈을 들어 멀리 아브라함
과 그의 품에 있는 나사로를 보고 24 불러 가로되 아버지 아브라
함이여 나를 긍휼히 여기사 나사로를 보내어 그 손가락 끝에 물을
찍어 내 혀를 서늘하게 하소서 내가 이 불꽃 가운데서 고민하나이
다 25 아브라함이 가로되 얘 너는 살았을 때에 네 좋은 것을 받았
고 나사로는 고난을 받았으니 이것을 기억하라 이제 저는 여기서
위로를 받고 너는 고민을 받느니라 26 이뿐 아니라 너희와 우리
사이에 큰 구렁이 끼어 있어 여기서 너희에게 건너가고자 하되 할
수 없고 거기서 우리에게 건너 올 수도 없게 하였느니라 27 가로
되 그러면 구하노니 아버지여 나사로를 내 아버지의 집에 보내소
서 28 내 형제 다섯이 있으니 저희에게 증거하게 하여 저희로 이
고통 받는 곳에 오지 않게 하소서 29 아브라함이 가로되 저희에게
모세와 선지자들이 있으니 그들에게 들을찌니라 30 가로되 그렇
지 아니하니이다 아버지 아브라함이여 만일 죽은 자에게서 저희
에게 가는 자가 있으면 회개하리이다 31 가로되 모세와 선지자들
에게 듣지 아니하면 비록 죽은 자 가운데서 살아나는 자가 있을찌

라도 권함을 받지 아니하리라 하였다 하시니라

죄, 용서, 믿음, 종의 도리(마 18:6-7; 21:22; 막 9:42)

17 예수께서 제자들에게 이르시되 실족케 하는 것이 없을 수
는 없으나 있게 하는 자에게는 화로다 2 저가 이 작은 자 중
에 하나를 실족케 할찐대 차라리 연자맷돌을 그 목에 매이우고 바
다에 던지우는 것이 나으리라 3 너희는 스스로 조심하라 만일 네
형제가 죄를 범하거든 경계하고 회개하거든 용서하라 4 만일 하
루 일곱번이라도 네게 죄를 얻고 일곱번 네게 돌아와 내가 회개하
노라 하거든 너는 용서하라 하시더라 5 • 사도들이 주께 여짜오
되 우리에게 믿음을 더하소서 하니 6 주께서 가라사대 너희에게
겨자씨 한알만한 믿음이 있었더면 이 뽕나무더러 뿌리가 뽑혀 바
다에 심기우라 하였을 것이요 그것이 너희에게 순종하였으리라
7 너희 중에 뉘게 밭을 갈거나 양을 치거나 하는 종이 있어 밭에
서 돌아 오면 저더러 곧 와 [1]앉아서 먹으라 할 자가 있느냐 8 도리
어 저더러 내 먹을 것을 예비하고 띠를 띠고 나의 먹고 마시는 동
안에 수종들고 너는 그 후에 먹고 마시라 하지 않겠느냐 9 명한대
로 하였다고 종에게 사례하겠느냐 10 이와 같이 너희도 명령 받은
것을 다 행한 후에 이르기를 우리는 무익한 종이라 우리의 하여야
할 일을 한것 뿐이라 할찌니라

나병환자 열 명이 깨끗함을 받다

11 • 예수께서 예루살렘으로 가실 때에 사마리아와 갈릴
리 사이로 지나가시다가 12 한 촌에 들어가시니 문둥병자 열 명
이 예수를 만나 멀리 서서 13 소리를 높여 가로되 예수 선생님이

1) 5:29 난하주를 보라

여 우리를 긍휼히 여기소서 하거늘 14 보시고 가라사대 가서 제
사장들에게 너희 몸을 보이라 하셨더니 저희가 가다가 깨끗함을
받은지라 15 그 중에 하나가 자기의 나은 것을 보고 큰 소리로 하
나님께 영광을 돌리며 돌아와 16 예수의 발아래 엎드리어 사례하
니 저는 사마리아인이라 17 예수께서 대답하여 가라사대 열 사람
이 다 깨끗함을 받지 아니하였느냐 그 아홉은 어디 있느냐 18 이
이방인 외에는 하나님께 영광을 돌리러 돌아온 자가 없느냐 하시
고 19 그에게 이르시되 일어나 가라 네 믿음이 너를 구원하였느니
라 하시더라

하나님의 나라는 너희 안에 있다(마 24:23-28, 37-41)

20 ●바리새인들이 하나님의 나라가 어느 때에 임하나이
까 묻거늘 예수께서 대답하여 가라사대 하나님의 나라는 볼 수 있
게 임하는 것이 아니요 21 또 여기 있다 저기 있다고도 못하리니
하나님의 나라는 너희 안에 있느니라 22 ●또 제자들에게 이르시
되 때가 이르리니 너희가 인자의 날 하루를 보고자 하되 보지 못
하리라 23 사람이 너희에게 말하되 보라 저기 있다 보라 여기 있
다 하리라 그러나 너희는 가지도 말고 좇지도 말라 24 번개가 하
늘 아래 이편에서 번뜻하여 하늘 아래 저편까지 비췸 같이 인자도
자기 날에 그러하리라 25 그러나 그가 먼저 많은 고난을 받으며
이 세대에게 버린바 되어야 할찌니라 26 노아의 때에 된 것과 같
이 인자의 때에도 그러하리라 27 노아가 방주에 들어가던 날까지
사람들이 먹고 마시고 장가 들고 시집 가더니 홍수가 나서 저희
를 다 멸하였으며 28 또 롯의 때와 같으리니 사람들이 먹고 마시

고 사고 팔고 심고 집을 짓더니 29 롯이 소돔에서 나가던 날에 하
늘로서 불과 유황이 비오듯하여 저희를 멸하였느니라 30 인자의
나타나는 날에도 이러하리라 31 그 날에 만일 사람이 지붕 위에
있고 그 세간이 집 안에 있으면 그것을 가지러 내려오지 말 것이
요 밭에 있는 자도 이와 같이 뒤로 돌이키지 말것이니라 32 롯의
처를 생각하라 33 무릇 자기 목숨을 보존하고자 하는 자는 잃을
것이요 잃는 자는 살리리라 34 내가 너희에게 이르노니 그 밤에
두 남자가 한 자리에 누워 있으매 하나는 데려감을 당하고 하나는
버려둠을 당할 것이요 35 두 여자가 함께 매를 갈고 있으매 하나
는 데려감을 당하고 하나는 버려둠을 당할 것이니라 36 [1](없음)
37 저희가 대답하여 가로되 주여 어디오니이까 가라사대 주검 있
는 곳에는 독수리가 모이느니라 하시니라

과부와 재판관의 비유

18 항상 기도하고 낙망치 말아야 될 것을 저희에게 비유로 하
여 2 가라사대 어떤 도시에 하나님을 두려워 아니하고 사
람을 무시하는 한 재판관이 있는데 3 그 도시에 한 과부가 있어
자주 그에게 가서 내 원수에 대한 나의 원한을 풀어 주소서 하되
4 그가 얼마 동안 듣지 아니하다가 후에 속으로 생각하되 내가 하
나님을 두려워 아니하고 사람을 무시하나 5 이 과부가 나를 번거
롭게 하니 내가 그 원한을 풀어 주리라 그렇지 않으면 늘 와서 나
를 괴롭게 하리라 하였느니라 6 주께서 또 가라사대 불의한 재판
관의 말한 것을 들으라 7 하물며 하나님께서 그 밤낮 부르짖는 택
하신 자들의 원한을 풀어 주지 아니하시겠느냐 저희에게 오래 참

1) 어떤 상고 사본에, 36절 「두 사람이 밭에 있으매 하나는 데려감을 당하고 하나는 버려둠을 당할 것이요」가 있음

으시겠느냐 8 내가 너희에게 이르노니 속히 그 원한을 풀어 주
시리라 그러나 인자가 올 때에 세상에서 믿음을 보겠느냐 하시
니라

바리새인과 세리의 비유

9 ●또 자기를 의롭다고 믿고 다른 사람을 멸시하는 자들
에게 이 비유로 말씀하시되 10 두 사람이 기도하러 성전에 올라가
니 하나는 바리새인이요 하나는 세리라 11 바리새인은 서서 따로
기도하여 가로되 하나님이여 나는 다른 사람들 곧 토색, 불의, 간
음을 하는 자들과 같지 아니하고 이 세리와도 같지 아니함을 감사
하나이다 12 나는 이레에 두번씩 금식하고 또 소득의 십일조를 드
리나이다 하고 13 세리는 멀리 서서 감히 눈을 들어 하늘을 우러
러 보지도 못하고 다만 가슴을 치며 가로되 하나님이여 불쌍히 여
기옵소서 나는 죄인이로소이다 하였느니라 14 내가 너희에게 이
르노니 이 사람이 저보다 의롭다 하심을 받고 집에 내려 갔느니
라 무릇 자기를 높이는 자는 낮아지고 자기를 낮추는 자는 높아지
리라 하시니라

어린 아이들을 금하지 말라(마 19:13-15; 막 10:13-16)

15 ●사람들이 예수의 만져 주심을 바라고 자기 어린 아기
를 데리고 오매 제자들이 보고 꾸짖거늘 16 예수께서 그 어린 아
이들을 불러 가까이 하시고 이르시되 어린 아이들이 내게 오는
것을 용납하고 금하지 말라 하나님의 나라가 이런 자의 것이니
라 17 내가 진실로 너희에게 이르노니 누구든지 하나님의 나라
를 어린 아이와 같이 받들지 않는 자는 결단코 들어가지 못하리

라 하시니라

부자 관원(마 19:16-30; 막 10:17-31)

18 ●어떤 관원이 물어 가로되 선한 선생님이여 내가 무엇
을 하여야 영생을 얻으리이까 19 예수께서 이르시되 네가 어찌하
여 나를 선하다 일컫느냐 하나님 한분 외에는 선한 이가 없느니
라 20 네가 계명을 아나니 [ㄱ]간음하지 말라, 살인하지 말라, 도적
질하지 말라, 거짓증거하지 말라, 네 부모를 공경하라 하였느니
라 21 여짜오되 이것은 내가 어려서부터 다 지키었나이다 22 예수
께서 이 말을 들으시고 이르시되 네가 오히려 한 가지 부족한 것
이 있으니 네게 있는 것을 다 팔아 가난한 자들을 나눠 주라 그리
하면 하늘에서 보화가 네게 있으리라 그리고 와서 나를 좇으라 하
시니 23 그 사람이 큰 부자인고로 이 말씀을 듣고 심히 근심하더
라 24 예수께서 저를 보시고 가라사대 재물이 있는 자는 하나님의
나라에 들어가기가 어떻게 어려운지 25 약대가 바늘귀로 들어가
는 것이 부자가 하나님의 나라에 들어가는 것보다 쉬우니라 하신
대 26 듣는 자들이 가로되 그런즉 누가 구원을 얻을 수 있나이까
27 가라사대 무릇 사람의 할 수 없는 것을 하나님은 하실 수 있느
니라 28 베드로가 여짜오되 보옵소서 우리가 우리의 것을 다 버리
고 주를 좇았나이다 29 이르시되 내가 진실로 너희에게 이르노니
하나님의 나라를 위하여 집이나 아내나 형제나 부모나 자녀를 버
린 자는 30 금세에 있어 여러 배를 받고 내세에 영생을 받지 못할
자가 없느니라 하시니라

죽음과 부활을 세 번째로 이르시다(마 20:17-19; 막 10:32-34)

ㄱ. 출 20:12-16, 신 5:16-20

31 • 예수께서 열 두 제자를 데리시고 이르시되 보라 우리
가 예루살렘으로 올라가노니 선지자들로 기록된 모든 것이 인자
에게 응하리라 32 인자가 이방인들에게 넘기워 희롱을 받고 능욕
을 받고 침 뱉음을 받겠으며 33 저희는 채찍질하고 죽일 것이니
저는 삼일만에 살아나리라 하시되 34 제자들이 이것을 하나도 깨
닫지 못하였으니 그 말씀이 감추였으므로 저희가 그 이르신 바를
알지 못하였더라

맹인을 고치시다(마 20:29-34; 막 10:46-52)

35 • 여리고에 가까이 오실 때에 한 소경이 길 가에 앉아 구
걸하다가 36 무리의 지남을 듣고 이 무슨 일이냐고 물은대 37 저
희가 나사렛 예수께서 지나신다 하니 38 소경이 외쳐 가로되 다
윗의 자손 예수여 나를 불쌍히 여기소서 하거늘 39 앞서 가는 자
들이 저를 꾸짖어 잠잠하라 하되 저가 더욱 심히 소리질러 다윗
의 자손이여 나를 불쌍히 여기소서 하는지라 40 예수께서 머물러
서서 명하여 데려오라 하셨더니 저가 가까이 오매 물어 가라사대
41 네게 무엇을 하여 주기를 원하느냐 가로되 주여 보기를 원하나
이다 42 예수께서 저에게 이르시되 보아라 네 믿음이 너를 구원하
였느니라 하시매 43 곧 보게 되어 하나님께 영광을 돌리며 예수를
좇으니 백성이 다 이를 보고 하나님을 찬양하니라

예수와 삭개오

19 예수께서 여리고로 들어 지나가시더라 2 삭개오라 이름하
는 자가 있으니 세리장이요 또한 부자라 3 저가 예수께서
어떠한 사람인가 하여 보고자 하되 키가 작고 사람이 많아 할 수

없어 4 앞으로 달려가 보기 위하여 뽕나무에 올라가니 이는 예수
께서 그리로 지나가시게 됨이러라 5 예수께서 그곳에 이르사 우
러러 보시고 이르시되 삭개오야 속히 내려오라 내가 오늘 네 집에
유하여야 하겠다 하시니 6 급히 내려와 즐거워하며 영접하거늘
7 뭇사람이 보고 수군거려 가로되 저가 죄인의 집에 유하러 들어갔
도다 하더라 8 삭개오가 서서 주께 여짜오되 주여 보시옵소서 내
소유의 절반을 가난한 자들에게 주겠사오며 만일 뉘 것을 토색한
일이 있으면 사배나 갚겠나이다 9 예수께서 이르시되 오늘 구원
이 이 집에 이르렀으니 이 사람도 아브라함의 자손임이로다 10 인
자의 온 것은 잃어버린 자를 찾아 구원하려 함이니라

은 열 므나의 비유(마 25:14-30)

11 • 저희가 이 말씀을 듣고 있을 때에 비유를 더하여 말씀
하시니 이는 자기가 예루살렘에 가까이 오셨고 저희는 하나님의
나라가 당장에 나타날 줄로 생각함이러라 12 가라사대 어떤 귀인
이 왕위를 받아가지고 오려고 먼 나라로 갈 때에 13 그 종 열을 불
러 은 열 [1]므나를 주며 이르되 내가 돌아오기까지 장사하라 하니
라 14 그런데 그 백성이 저를 미워하여 사자를 뒤로 보내어 가로
되 우리는 이 사람이 우리의 왕 됨을 원치 아니하노이다 하였더
라 15 귀인이 왕위를 받아 가지고 돌아와서 은 준 종들의 각각 어
떻게 장사한 것을 알고자 하여 저희를 부르니 16 그 첫째가 나아
와 가로되 주여 주의 한 [1]므나로 열 [1]므나를 남겼나이다 17 주인
이 이르되 잘하였다 착한 종이여 네가 지극히 작은 것에 충성하였
으니 열 고을 권세를 차지하라 하고 18 그 둘째가 와서 가로되 주

1) 금 은의 수량

여 주의 한 [1]므나로 다섯 [1]므나를 만들었나이다 19 주인이 그에
게도 이르되 너도 다섯 고을을 차지하라 하고 20 또 한 사람이 와
서 가로되 주여 보소서 주의 한 [1]므나가 여기 있나이다 내가 수건
으로 싸두었었나이다 21 이는 당신이 엄한 사람인 것을 내가 무서
워함이라 당신은 두지 않은 것을 취하고 심지 않은 것을 거두나이
다 22 주인이 이르되 악한 종아 내가 네 말로 너를 판단하노니 너
는 내가 두지 않은 것을 취하고 심지 않은 것을 거두는 엄한 사람
인 줄을 알았느냐 23 그러면 어찌하여 내 은을 은행에 두지 아니
하였느냐 그리하였으면 내가 와서 그 변리까지 찾았으리라 하고
24 곁에 섰는 자들에게 이르되 그 한 [1]므나를 빼앗아 열 [1]므나 있
는 자에게 주라 하니 25 저희가 가로되 주여 저에게 이미 열 [1]므나
가 있나이다 26 주인이 가로되 내가 너희에게 말하노니 무릇 있
는 자는 받겠고 없는 자는 그 있는 것도 빼앗기리라 27 그리고 나
의 왕 됨을 원치 아니하던 저 원수들을 이리로 끌어다가 내 앞에
서 죽이라 하였느니라

예루살렘을 향하여 가시다(마 21:1-11; 막 11:1-11; 요 12:12-19)

28 • 예수께서 이 말씀을 하시고 예루살렘을 향하여 앞서
서 가시더라 29 감람원이라는 산의 벳바게와 베다니에 가까이
왔을 때에 제자 중 둘을 보내시며 30 이르시되 너희 맞은편 마을
로 가라 그리로 들어가면 아직 아무 사람도 타보지 않은 나귀새
끼의 매여 있는 것을 보리니 풀어 끌고 오너라 31 만일 누가 너희
에게 어찌하여 푸느냐 묻거든 이렇게 말하되 주가 쓰시겠다 하라
하시매 32 보내심을 받은 자들이 가서 그 말씀하신대로 만난지라

1) 금 은의 수량

33 나귀새끼를 풀 때에 그 임자들이 이르되 어찌하여 나귀새끼를
푸느냐 34 대답하되 주께서 쓰시겠다 하고 35 그것을 예수께로 끌
고 와서 자기들의 겉옷을 나귀새끼 위에 걸쳐 놓고 예수를 태우니
36 가실 때에 저희가 자기의 겉옷을 길에 펴더라 37 이미 감람산
에서 내려가는 편까지 가까이 오시매 제자의 온 무리가 자기의 본
바 모든 능한 일을 인하여 기뻐하며 큰 소리로 하나님을 찬양하여
38 가로되 찬송하리로다 주의 이름으로 오시는 왕이여 하늘에는
평화요 가장 높은 곳에는 영광이로다 하니 39 무리 중 어떤 바리
새인들이 말하되 선생이여 당신의 제자들을 책망하소서 하거늘
40 대답하여 가라사대 내가 너희에게 말하노니 만일 이 사람들이
잠잠하면 돌들이 소리지르리라 하시니라 41 • 가까이 오사 성을
보시고 우시며 42 가라사대 너도 오늘날 평화에 관한 일을 알았더
면 좋을 뻔하였거니와 지금 네 눈에 숨기웠도다 43 날이 이를찌
라 네 원수들이 토성을 쌓고 너를 둘러 사면으로 가두고 44 또 너
와 및 그 가운데 있는 네 자식들을 땅에 메어치며 돌 하나도 돌 위
에 남기지 아니하리니 이는 권고 받는 날을 네가 알지 못함을 인
함이니라 하시니라

장사하는 자들을 내어 쫓으시다(마 21:12-17; 막 11:15-19; 요 2:13-22)

45 • 성전에 들어가사 장사하는 자들을 내어 쫓으시며 46 저
희에게 이르시되 기록된바 ㄱ내 집은 기도하는 집이 되리라 하였
거늘 ㄴ너희는 강도의 굴혈을 만들었도다 하시니라 47 • 예수께서
날마다 성전에서 가르치시니 대제사장들과 서기관들과 백성의
두목들이 그를 죽이려고 꾀하되 48 백성이 다 그에게 귀를 기울여

ㄱ. 사 56:7 ㄴ. 렘 7:11

들으므로 어찌할 방침을 찾지 못하였더라

예수의 권세를 두고 말하다(마 21:23-27; 막 11:27-33)

20 하루는 예수께서 성전에서 백성을 가르치시며 복음을 전
하실쌔 대제사장들과 서기관들이 장로들과 함께 가까이
와서 2 말하여 가로되 당신이 무슨 권세로 이런 일을 하는지 이 권
세를 준이가 누구인지 우리에게 말하라 3 대답하여 가라사대 나
도 한 말을 너희에게 물으리니 내게 말하라 4 요한의 세례가 하늘
로서냐 사람에게로서냐 5 저희가 서로 의논하여 가로되 만일 하
늘로서라 하면 어찌하여 저를 믿지 아니하였느냐 할 것이요 6 만
일 사람에게로서라 하면 백성이 요한을 선지자로 인정하니 저희
가 다 우리를 돌로 칠 것이라 하고 7 대답하되 어디로서인지 알지
못하노라 하니 8 예수께서 이르시되 나도 무슨 권세로 이런 일을
하는지 너희에게 이르지 아니하리라 하시니라

포도원 농부의 비유(마 21:33-46; 막 12:1-12)

9 ●이 비유로 백성에게 말씀하시되 한 사람이 포도원을
만들어 농부들에게 세로 주고 타국에 가서 오래 있다가 10 때가
이르매 포도원 소출 얼마를 바치게 하려고 한 종을 농부들에게 보
내니 농부들이 종을 심히 때리고 거저 보내었거늘 11 다시 다른 종
을 보내니 그도 심히 때리고 능욕하고 거저 보내었거늘 12 다시
세 번째 종을 보내니 이도 상하게 하고 내어 쫓은지라 13 포도원
주인이 가로되 어찌할꼬 내 사랑하는 아들을 보내리니 저희가 혹
그는 공경하리라 하였더니 14 농부들이 그를 보고 서로 의논하여
가로되 이는 상속자니 죽이고 그 유업을 우리의 것으로 만들자 하

고 15 포도원 밖에 내어쫓아 죽였느니라 그런즉 포도원 주인이 이
사람들을 어떻게 하겠느뇨 16 와서 그 농부들을 진멸하고 포도원
을 다른 사람들에게 주리라 하시니 사람들이 듣고 가로되 그렇게
되지 말아지이다 하거늘 17 저희를 보시며 가라사대 그러면 기록
된바 ㄱ건축자들의 버린 돌이 모퉁이의 머릿돌이 되었느니라 함
이 어찜이뇨 18 무릇 이 돌 위에 떨어지는 자는 깨어지겠고 이 돌
이 사람 위에 떨어지면 저로 가루를 만들어 흩으리라 하시니라

가이사에게 세 바치는 일(마 22:15-22; 막 12:13-17)

19 • 서기관들과 대제사장들이 예수의 이 비유는 자기들을
가리켜 말씀하심인줄 알고 즉시 잡고자 하되 백성을 두려워하더
라 20 이에 저희가 엿보다가 예수를 총독의 치리와 권세 아래 붙
이려 하여 정탐들을 보내어 그들로 스스로 의인인 체하며 예수의
말을 책잡게 하니 21 그들이 물어 가로되 선생님이여 우리가 아
노니 당신은 바로 말씀하시고 가르치시며 사람을 외모로 취치 아
니하시고 오직 참으로서 하나님의 도를 가르치시나이다 22 우리
가 가이사에게 세를 바치는 것이 가하니이까 불가하니이까 하니
23 예수께서 그 간계를 아시고 가라사대 24 [1]데나리온 하나를 내
게 보이라 뉘 화상과 글이 여기 있느냐 대답하되 가이사의 것이
니이다 25 가라사대 그런즉 가이사의 것은 가이사에게, 하나님의
것은 하나님께 바치라 하시니 26 저희가 백성 앞에서 그의 말을
능히 책잡지 못하고 그의 대답을 기이히 여겨 잠잠하니라

부활 논쟁(마 22:23-33; 막 12:18-27)

27 • 부활이 없다 주장하는 사두개인 중 어떤이들이 와서

1) 은전의 명칭 ㄱ. 시 118:22

28 물어 가로되 선생님이여 ㄱ모세가 우리에게 써 주기를 사람의
형이 만일 아내를 두고 자식이 없이 죽거든 그 동생이 그 아내를
취하여 형을 위하여 후사를 세울찌니라 하였나이다 29 그런데 칠
형제가 있었는데 맏이 아내를 취하였다가 자식이 없이 죽고 30 그
둘째와 세째가 저를 취하고 31 일곱이 다 그와 같이 자식이 없이
죽고 32 그 후에 여자도 죽었나이다 33 일곱이 다 저를 아내로 취
하였으니 부활 때에 그 중에 뉘 아내가 되리이까 34 예수께서 이
르시되 이 세상의 자녀들은 장가도 가고 시집도 가되 35 저 세상
과 및 죽은 자 가운데서 부활함을 얻기에 합당히 여김을 입은 자
들은 장가가고 시집가는 일이 없으며 36 저희는 다시 죽을 수도
없나니 이는 천사와 동등이요 부활의 자녀로서 하나님의 자녀임
이니라 37 죽은 자의 살아난다는 것은 ㄴ모세도 가시나무떨기에
관한 글에 보였으되 주를 아브라함의 하나님이요 이삭의 하나님
이요 야곱의 하나님이시라 칭하였나니 38 하나님은 죽은 자의 하
나님이 아니요 산 자의 하나님이시라 하나님에게는 모든 사람이
살았느니라 하시니 39 서기관 중 어떤이들이 말하되 선생이여 말
씀이 옳으니이다 하니 40 저희는 아무 것도 감히 더 물을 수 없음
이더라

그리스도와 다윗의 자손(마 22:41-46; 막 12:35-37)

41 • 예수께서 저희에게 이르시되 사람들이 어찌하여 그리
스도를 다윗의 자손이라 하느냐 42 시편에 다윗이 친히 말하였으
되 ㄷ주께서 내 주께 이르시되 43 내가 네 원수를 네 발의 발등상
으로 둘 때까지 내 우편에 앉았으라 하셨도다 하였느니라 44 그

ㄱ. 신 25:5 ㄴ. 출 3:6 ㄷ. 시 110:1

런즉 다윗이 그리스도를 주라 칭하였으니 어찌 그의 자손이 되겠
느뇨 하시니라

서기관들을 삼가라(마 23:1-36; 막 12:38-40; 눅 11:37-54)

45 ●모든 백성이 들을 때에 예수께서 그 제자들에게 이
르시되 46 긴 옷을 입고 다니는 것을 원하며 시장에서 문안 받는
것과 회당의 상좌와 잔치의 상석을 좋아하는 서기관들을 삼가라
47 저희는 과부의 가산을 삼키며 외식으로 길게 기도하니 그 받는
판결이 더욱 중하리라 하시니라

과부의 헌금(막 12:41-44)

21 예수께서 눈을 들어 부자들이 연보궤에 헌금 넣는 것을 보
시고 2 또 어떤 가난한 과부의 두 [1]렙돈 넣는 것을 보시고
3 가라사대 내가 참으로 너희에게 말하노니 이 가난한 과부가 모
든 사람보다 많이 넣었도다 4 저들은 그 풍족한 중에서 헌금을 넣
었거니와 이 과부는 그 구차한 중에서 자기의 있는바 생활비 전부
를 넣었느니라 하시니라

재난의 징조(마 24:3-14; 막 13:3-13)

5 ●어떤 사람들이 성전을 가리켜 그 미석과 헌물로 꾸민
것을 말하매 예수께서 가라사대 6 너희 보는 이것들이 날이 이르
면 돌 하나도 돌 위에 남지 않고 다 무너뜨리우리라 7 저희가 물어
가로되 선생님이여 그러면 어느 때에 이런 일이 있겠사오며 이런
일이 이루려 할 때에 무슨 징조가 있사오리이까 8 가라사대 미혹
을 받지 않도록 주의하라 많은 사람이 내 이름으로 와서 이르되 내
가 그로라 하며 때가 가까왔다 하겠으나 저희를 좇지 말라 9 난리

1) 동전의 명칭

와 소란의 소문을 들을 때에 두려워 말라 이 일이 먼저 있어야 하
되 끝은 곧 되지 아니하니라 10 ● 또 이르시되 민족이 민족을, 나
라가 나라를 대적하여 일어나겠고 11 처처에 큰 지진과 기근과 온
역이 있겠고 또 무서운 일과 하늘로서 큰 징조들이 있으리라 12 이
모든 일 전에 내 이름을 인하여 너희에게 손을 대어 핍박하며 회
당과 옥에 넘겨주며 임금들과 관장들 앞에 끌어 가려니와 13 이 일
이 도리어 너희에게 [1]증거가 되리라 14 그러므로 너희는 변명할
것을 미리 연구치 않기로 결심하라 15 내가 너희의 모든 대적이
능히 대항하거나 변박할 수 없는 구재와 지혜를 너희에게 주리라
16 심지어 부모와 형제와 친척과 벗이 너희를 넘겨주어 너희 중에
몇을 죽이게 하겠고 17 또 너희가 내 이름을 인하여 모든 사람에게
미움을 받을 것이나 18 너희 머리털 하나도 상치 아니하리라 19 너
희의 인내로 너희 [2]영혼을 얻으리라

예루살렘의 환난과 인자의 오심(마 24:15-21, 29-31; 막 13:14-19, 24-27)

20 ● 너희가 예루살렘이 군대들에게 에워싸이는 것을 보
거든 그 멸망이 가까운 줄을 알라 21 그 때에 유대에 있는 자들은
산으로 도망할찌며 [3]성내에 있는 자들은 나갈찌며 촌에 있는 자
들은 그리로 들어가지 말찌어다 22 이 날들은 기록된 모든 것을
이루는 형벌의 날이니라 23 그 날에는 아이 밴 자들과 젖먹이는
자들에게 화가 있으리니 이는 땅에 큰 환난과 이 백성에게 진노가
있겠음이로다 24 저희가 칼날에 죽임을 당하며 모든 이방에 사로
잡혀 가겠고 예루살렘은 이방인의 때가 차기까지 이방인들에게
밟히리라 25 일월 성신에는 징조가 있겠고 땅에서는 민족들이 바

1) 혹 증거의 기회가 2) 혹 목숨을 3) 헬, 그 안에

다와 파도의 우는 소리를 인하여 혼란한 중에 곤고하리라 26 사
람들이 세상에 임할 일을 생각하고 무서워하므로 기절하리니 이
는 하늘의 권능들이 흔들리겠음이라 27 그 때에 사람들이 인자가
구름을 타고 능력과 큰 영광으로 오는 것을 보리라 28 이런 일이
되기를 시작하거든 일어나 머리를 들라 너희 구속이 가까왔느니
라 하시더라

무화과나무에서 배울 교훈(마 24:32-35; 막 13:28-31)

29 • 이에 비유로 이르시되 무화과나무와 모든 나무를 보
라 30 싹이 나면 너희가 보고 여름이 가까운 줄을 자연히 아나니
31 이와 같이 너희가 이런 일이 나는 것을 보거든 하나님의 나라가
가까운 줄을 알라 32 내가 진실로 너희에게 말하노니 이 세대가
지나가기 전에 모든 일이 다 이루리라 33 천지는 없어지겠으나 내
말은 없어지지 아니하리라

깨어 있으라

34 • 너희는 스스로 조심하라 그렇지 않으면 방탕함과 술
취함과 생활의 염려로 마음이 둔하여지고 뜻밖에 그 날이 덫과 같
이 너희에게 임하리라 35 이 날은 온 지구상에 거하는 모든 사람에
게 임하리라 36 이러므로 너희는 장차 올 이 모든 일을 능히 피하
고 인자 앞에 서도록 항상 기도하며 깨어 있으라 하시니라 37 • 예
수께서 낮이면 성전에서 가르치시고 밤이면 나가 감람원이라 하
는 산에서 쉬시니 38 모든 백성이 그 말씀을 들으려고 이른 아침
에 성전에 나아가더라

유다가 배반하다(마 26:1-5, 14-16; 막 14:1-2, 10-11; 요 11:45-53)

22 유월절이라 하는 무교절이 가까우매 2 대제사장들과 서기
관들이 예수를 무슨 방책으로 죽일꼬 연구하니 이는 저희
가 백성을 두려워함이더라 3 ●열 둘 중에 하나인 가룟인이라 부
르는 유다에게 사단이 들어가니 4 이에 유다가 대제사장들과 군
관들에게 가서 예수를 넘겨줄 방책을 의논하매 5 저희가 기뻐하
여 돈을 주기로 언약하는지라 6 유다가 허락하고 예수를 무리가
없을 때에 넘겨줄 기회를 찾더라

유월절을 예비하다(마 26:17-25; 막 14:12-21; 요 13:21-30)

7 ●유월절 양을 잡을 무교절일이 이른지라 8 예수께서 베
드로와 요한을 보내시며 가라사대 가서 우리를 위하여 유월절을
예비하여 우리로 먹게 하라 9 여짜오되 어디서 예비하기를 원하
시나이까 10 이르시되 보라 너희가 성내로 들어가면 물 한 동이
를 가지고 가는 사람을 만나리니 그의 들어가는 집으로 따라 들
어가서 11 그 집 주인에게 이르되 선생님이 네게 하는 말씀이 내
가 내 제자들과 함께 유월절을 먹을 객실이 어디 있느뇨 하시더라
하라 12 그리하면 저가 자리를 베푼 큰 다락방을 보이리니 거기서
예비하라 하신대 13 저희가 나가 그 하시던 말씀대로 만나 유월절
을 예비하니라

마지막 만찬(마 26:26-30; 막 14:22-26; 고전 11:23-25)

14 ●때가 이르매 예수께서 사도들과 함께 [1]앉으사 15 이르
시되 내가 고난을 받기 전에 너희와 함께 이 유월절 먹기를 원하고
원하였노라 16 내가 너희에게 이르노니 이 유월절이 하나님의 나
라에서 이루기까지 다시 먹지 아니하리라 하시고 17 이에 잔을 받

1) 5:29 난하주를 보라

으사 사례하시고 가라사대 이것을 갖다가 너희끼리 나누라 18 내
가 너희에게 이르노니 내가 이제부터 하나님의 나라가 임할 때까
지 포도나무에서 난 것을 다시 마시지 아니하리라 하시고 19 또
떡을 가져 사례하시고 떼어 저희에게 주시며 가라사대 이것은 너
희를 위하여 주는 내 몸이라 너희가 이를 행하여 나를 기념하라
하시고 20 저녁 먹은 후에 잔도 이와 같이 하여 가라사대 이 잔은
내 피로 세우는 새 언약이니 곧 너희를 위하여 붓는 것이라 21 그
러나 보라 나를 파는 자의 손이 나와 함께 상위에 있도다 22 인자
는 이미 작정된 대로 가거니와 그를 파는 그 사람에게는 화가 있
으리로다 하시니 23 저희가 서로 묻되 우리 중에서 이 일을 행할
자가 누구일까 하더라

베드로가 부인할 것을 이르시다(마 26:31-35; 막 14:27-31; 요 13:36-38)

24 ●또 저희 사이에 그중 누가 크냐 하는 다툼이 난지라
25 예수께서 이르시되 이방인의 임금들은 저희를 주관하며 그 집
권자들은 은인이라 칭함을 받으나 26 너희는 그렇지 않을찌니 너
희 중에 큰 자는 젊은 자와 같고 두목은 섬기는 자와 같을찌니라
27 [1]앉아서 먹는 자가 크냐 섬기는 자가 크냐 [1]앉아 먹는 자가 아
니냐 그러나 나는 섬기는 자로 너희 중에 있노라 28 너희는 나의
모든 시험 중에 항상 나와 함께 한 자들인즉 29 내 아버지께서 나
라를 내게 맡기신것 같이 나도 너희에게 맡겨 30 너희로 내 나라
에 있어 내 상에서 먹고 마시며 또는 보좌에 앉아 이스라엘 열 두
지파를 다스리게 하려 하노라 31 시몬아, 시몬아, 보라 사단이 밀
까부르듯 하려고 너희를 청구하였으나 32 그러나 내가 너를 위하

1) 5:29 난하주를 보라

여 네 믿음이 떨어지지 않기를 기도하였노니 너는 돌이킨 후에 네
형제를 굳게 하라 33 저가 말하되 주여 내가 주와 함께 옥에도, 죽
는데도 가기를 준비하였나이다 34 가라사대 베드로야 내가 네게
말하노니 오늘 닭 울기 전에 네가 세번 나를 모른다고 부인하리
라 하시니라

전대와 검

35 ● 저희에게 이르시되 내가 너희를 전대와 주머니와 신
도 없이 보내었을 때에 부족한 것이 있더냐 가로되 없었나이다
36 이르시되 이제는 전대 있는 자는 가질 것이요 주머니도 그리
하고 검 없는 자는 겉옷을 팔아 살찌어다 37 내가 너희에게 말하
노니 기록된바 [ㄱ]저는 불법자의 동류로 여김을 받았다 한 말이 내
게 이루어져야 하리니 내게 관한 일이 [1)]이루어 감이니라 38 저희
가 여짜오되 주여 보소서 여기 검 둘이 있나이다 대답하시되 족
하다 하시니라

감람산에서 기도하시다(마 26:36-46; 막 14:32-42)

39 ● 예수께서 나가사 습관을 좇아 감람산에 가시매 제자
들도 좇았더니 40 그곳에 이르러 저희에게 이르시되 시험에 들지
않기를 기도하라 하시고 41 저희를 떠나 돌 던질만큼 가서 무릎을
꿇고 기도하여 42 가라사대 아버지여 만일 아버지의 뜻이어든 이
잔을 내게서 옮기시옵소서 그러나 내 원대로 마옵시고 아버지의
원대로 되기를 원하나이다 하시니 43 사자가 하늘로부터 예수께
나타나 힘을 돕더라 44 예수께서 힘쓰고 애써 더욱 간절히 기도하
시니 땀이 땅에 떨어지는 피방울 같이 되더라 45 기도 후에 일어

1) 혹 끝남이니라 ㄱ. 사 53:12

나 제자들에게 가서 슬픔을 인하여 잠든 것을 보시고 46 이르시
되 어찌하여 자느냐 시험에 들지 않게 일어나 기도하라 하시니라

잡히시다(마 26:47-56; 막 14:43-50; 요 18:3-11)

47 ● 말씀하실 때에 한 무리가 오는데 열 둘 중에 하나인 유
다라 하는 자가 그들의 앞에 서서 와서 48 예수께 입을 맞추려고
가까이 하는지라 예수께서 이르시되 유다야 네가 입맞춤으로 인
자를 파느냐 하시니 49 좌우가 그 될 일을 보고 여짜오되 주여 우
리가 검으로 치리이까 하고 50 그 중에 한 사람이 대제사장의 종을
쳐 그 오른편 귀를 떨어뜨린지라 51 예수께서 일러 가라사대 이것
까지 참으라 하시고 그 귀를 만져 낫게 하시더라 52 예수께서 그
잡으러 온 대제사장들과 성전의 군관들과 장로들에게 이르시되
너희가 강도를 잡는 것 같이 검과 몽치를 가지고 나왔느냐 53 내
가 날마다 너희와 함께 성전에 있을 때에 내게 손을 대지 아니
하였도다 그러나 이제는 너희 때요 어두움의 권세로다 하시더라

베드로가 예수를 모른다고 하다

(마 26:57-58; 막 14:53-54, 66-72; 요 18:12-18, 25-27)

54 ● 예수를 잡아 끌고 대제사장의 집으로 들어갈쌔 베드
로가 멀찍이 따라가니라 55 사람들이 뜰 가운데 불을 피우고 함께
앉았는지라 베드로도 그 가운데 앉았더니 56 한 비자가 베드로의
불빛을 향하여 앉은 것을 보고 주목하여 가로되 이 사람도 그와
함께 있었느니라 하니 57 베드로가 부인하여 가로되 이 여자여 내
가 저를 알지 못하노라 하더라 58 조금 후에 다른 사람이 보고 가
로되 너도 그 당이라 하거늘 베드로가 가로되 이 사람아 나는 아

니로라 하더라 59 한 시쯤 있다가 또 한 사람이 장담하여 가로되
이는 갈릴리 사람이니 참으로 그와 함께 있었느니라 60 베드로가
가로되 이 사람아 나는 너 하는 말을 알지 못하노라고 방금 말할
때에 닭이 곧 울더라 61 주께서 돌이켜 베드로를 보시니 베드로가
주의 말씀 곧 오늘 닭 울기 전에 네가 세번 나를 부인하리라 하심
이 생각나서 62 밖에 나가서 심히 통곡하니라

예수를 희롱하고 때리다(마 26:67-68; 막 14:65)

63 • 지키는 사람들이 예수를 희롱하고 때리며 64 그의 눈
을 가리우고 물어 가로되 선지자 노릇 하라 너를 친 자가 누구냐
하고 65 이 외에도 많은 말로 욕하더라

공회 앞에 서시다(마 26:59-66; 막 14:55-64; 요 18:19-24)

66 • 날이 새매 백성의 장로들 곧 대제사장들과 서기관들
이 모이어 예수를 그 공회로 끌어들여 67 가로되 네가 그리스도여
든 우리에게 말하라 대답하시되 내가 말할찌라도 너희가 믿지 아
니할 것이요 68 내가 물어도 너희가 대답지 아니할 것이니라 69 그
러나 이제 후로는 인자가 하나님의 권능의 우편에 앉아 있으리라
하시니 70 다 가로되 그러면 네가 하나님의 아들이냐 대답하시되
너희 말과 같이 내가 그니라 71 저희가 가로되 어찌 더 증거를 요
구하리요 우리가 친히 그 입에서 들었노라 하더라

빌라도가 예수께 묻다(마 27:1-2, 11-14; 막 15:1-5; 요 18:28-38)

23 무리가 다 일어나 예수를 빌라도에게 끌고 가서 2 고소하
여 가로되 우리가 이 사람을 보매 우리 백성을 미혹하고 가
이사에게 세 바치는 것을 금하며 자칭 왕 그리스도라 하더이다 하

니 3 빌라도가 예수께 물어 가로되 네가 유대인의 왕이냐 대답하
여 가라사대 네 말이 옳도다 4 빌라도가 대제사장들과 무리에게
이르되 내가 보니 이 사람에게 죄가 없도다 하니 5 무리가 더욱 굳
세게 말하되 저가 온 유대에서 가르치고 갈릴리에서부터 시작하
여 여기까지 와서 백성을 소동케 하나이다 6 빌라도가 듣고 묻되
저가 갈릴리 사람이냐 하여 7 헤롯의 관할에 속한 줄을 알고 헤롯
에게 보내니 때에 헤롯이 예루살렘에 있더라

헤롯 앞에 서시다

8 • 헤롯이 예수를 보고 심히 기뻐하니 이는 그의 소문을
들었으므로 보고자 한지 오래였고 또한 무엇이나 [1]이적 행하심을
볼까 바랐던 연고러라 9 여러 말로 물으나 아무 말도 대답지 아니
하시니 10 대제사장들과 서기관들이 서서 힘써 고소하더라 11 헤
롯이 그 군병들과 함께 예수를 업신여기며 희롱하고 빛난 옷을 입
혀 빌라도에게 도로 보내니 12 헤롯과 빌라도가 전에는 원수이었
으나 당일에 서로 친구가 되니라

사형 선고를 받으시다(마 27:15-26; 막 15:6-15; 요 18:39-19:16)

13 • 빌라도가 대제사장들과 관원들과 백성을 불러 모으고
14 이르되 너희가 이 사람을 백성을 미혹하는 자라 하여 내게 끌어
왔도다 보라 내가 너희 앞에서 사실하였으되 너희의 고소하는 일
에 대하여 이 사람에게서 죄를 찾지 못하였고 15 헤롯이 또한 그렇
게 하여 저를 우리에게 도로 보내었도다 보라 저의 행한 것은 죽
일 일이 없느니라 16 그러므로 때려서 놓겠노라 17 [2](없음) 18 무
리가 일제히 소리질러 가로되 이 사람을 없이하고 바라바를 우리

1) 혹 표적 2) 어떤 사본에는, 17「명절을 당하면 반드시 한 사람을 놓아 주더라」가 있음

에게 놓아 주소서 하니 19 이 바라바는 성중에서 일어난 민란과
살인을 인하여 옥에 갇힌 자러라 20 빌라도는 예수를 놓고자 하여
다시 저희에게 말하되 21 저희는 소리질러 가로되 저를 십자가에
못 박게 하소서 십자가에 못 박게 하소서 하는지라 22 빌라도가 세
번째 말하되 이 사람이 무슨 악한 일을 하였느냐 나는 그 죽일 죄
를 찾지 못하였나니 때려서 놓으리라 한대 23 저희가 큰 소리로 재
촉하여 십자가에 못 박기를 구하니 저희의 소리가 이긴지라 24 이
에 빌라도가 저희의 구하는대로 하기를 언도하고 25 저희의 구하
는 자 곧 민란과 살인을 인하여 옥에 갇힌 자를 놓고 예수를 넘겨
주어 저희 뜻대로 하게 하니라

십자가에 못 박히시다(마 27:32-44; 막 15:21-32; 요 19:17-27)

26 ● 저희가 예수를 끌고 갈 때에 시몬이라는 구레네 사람
이 시골로서 오는 것을 잡아 그에게 십자가를 지워 예수를 좇게
하더라 27 또 백성과 및 그를 위하여 가슴을 치며 슬피 우는 여자
의 큰 무리가 따라 오는지라 28 예수께서 돌이켜 그들을 향하여
가라사대 예루살렘의 딸들아 나를 위하여 울지 말고 너희와 너희
자녀를 위하여 울라 29 보라 날이 이르면 사람이 말하기를 수태
못하는 이와 해산하지 못한 배와 먹이지 못한 젖이 복이 있다 하
리라 30 그 때에 사람이 산들을 대하여 우리 위에 무너지라 하며
작은 산들을 대하여 우리를 덮으라 하리라 31 푸른 나무에도 이
같이 하거든 마른 나무에는 어떻게 되리요 하시니라 32 또 다른
두 행악자도 사형을 받게 되어 예수와 함께 끌려 가니라 33 해골
이라 하는 곳에 이르러 거기서 예수를 십자가에 못 박고 두 행악

자도 그렇게 하니 하나는 우편에, 하나는 좌편에 있더라 34 이에
[1)]예수께서 가라사대 아버지여 저희를 사하여 주옵소서 자기의 하
는 것을 알지 못함이니이다 하시더라 저희가 그의 옷을 나눠 제
비 뽑을새 35 백성은 서서 구경하며 관원들도 비웃어 가로되 저
가 남을 구원하였으니 만일 하나님의 택하신 자 그리스도여든 자
기도 구원할찌어다 하고 36 군병들도 희롱하면서 나아와 신 포도
주를 주며 37 가로되 네가 만일 유대인의 왕이어든 네가 너를 구
원하라 하더라 38 그의 위에 이는 유대인의 왕이라 쓴 패가 있더
라 39 • 달린 행악자 중 하나는 비방하여 가로되 네가 그리스도가
아니냐 너와 우리를 구원하라 하되 40 하나는 그 사람을 꾸짖어
가로되 네가 동일한 정죄를 받고서도 하나님을 두려워 아니하느
냐 41 우리는 우리의 행한 일에 상당한 보응을 받는 것이니 이에
당연하거니와 이 사람의 행한 것은 옳지 않은 것이 없느니라 하고
42 가로되 예수여 당신의 나라에 임하실 때에 나를 생각하소서 하
니 43 예수께서 이르시되 내가 진실로 네게 이르노니 오늘 네가
나와 함께 낙원에 있으리라 하시니라

운명하시다(마 27:45-56; 막 15:33-41; 요 19:28-30)

44 • 때가 제 육시쯤 되어 해가 빛을 잃고 온 땅에 어두움이
임하여 제 구시까지 계속하며 45 성소의 휘장이 한가운데가 찢어지
더라 46 예수께서 큰 소리로 불러 가라사대 아버지여 내 영혼을 아
버지 손에 부탁하나이다 하고 이 말씀을 하신 후 운명하시다 47 백
부장이 그 된 일을 보고 하나님께 영광을 돌려 가로되 이 사람은
정녕 의인이었도다 하고 48 이를 구경하러 모인 무리도 그 된 일

1) 어떤 사본에, 예수께서부터 … 하시더라까지 없음

을 보고 다 가슴을 두드리며 돌아가고 49 예수의 아는 자들과 및
갈릴리로부터 따라온 여자들도 다 멀리 서서 이 일을 보니라

무덤에 넣어 두다(마 27:57-61; 막 15:42-47; 요 19:38-42)

50 • 공회 의원으로 선하고 의로운 요셉이라 하는 사람이
있으니 51 (저희의 결의와 행사에 가타 하지 아니한 자라) 그는 유
대인의 동네 아리마대 사람이요 하나님의 나라를 기다리는 자러
니 52 빌라도에게 가서 예수의 시체를 달라 하여 53 이를 내려 세
미포로 싸고 아직 사람을 장사한 일이 없는 바위에 판 무덤에 넣
어 두니 54 이 날은 예비일이요 안식일이 거의 되었더라 55 갈릴
리에서 예수와 함께 온 여자들이 뒤를 좇아 그 무덤과 그의 시체
를 어떻게 둔 것을 보고 56 돌아가 향품과 향유를 예비하더라

살아나시다(마 28:1-10; 막 16:1-8; 요 20:1-10)

• 계명을 좇아 안식일에 쉬더라

24 안식후 첫날 새벽에 이 여자들이 그 예비한 향품을 가지고
무덤에 가서 2 돌이 무덤에서 굴려 옮기운 것을 보고 3 들
어가니 주 예수의 시체가 뵈지 아니하더라 4 이를 인하여 근심할
때에 문득 찬란한 옷을 입은 두 사람이 곁에 섰는지라 5 여자들
이 두려워 얼굴을 땅에 대니 두 사람이 이르되 어찌하여 산 자를
죽은 자 가운데서 찾느냐 6 여기 계시지 않고 살아나셨느니라 갈
릴리에 계실 때에 너희에게 어떻게 말씀하신 것을 기억하라 7 이
르시기를 인자가 죄인의 손에 넘기워 십자가에 못 박히고 제 삼
일에 다시 살아나야 하리라 하셨느니라 한대 8 저희가 예수의 말
씀을 기억하고 9 무덤에서 돌아가 이 모든 것을 열 한 사도와 모

든 다른 이에게 고하니 10 (이 여자들은 막달라 마리아와 요안나
와 야고보의 모친 마리아라 또 저희와 함께한 다른 여자들도 이것
을 사도들에게 고하니라) 11 사도들은 저희 말이 허탄한듯이 뵈
어 믿지 아니하나 12 베드로는 일어나 무덤에 달려가서 구푸려 들
여다 보니 세마포만 보이는지라 그 된 일을 기이히 여기며 집으
로 돌아가니라

엠마오 길에서 제자들에게 나타나시다(막 16:12-13)

13 ●그 날에 저희 중 둘이 예루살렘에서 이십 오리 되는 엠
마오라 하는 촌으로 가면서 14 이 모든 된 일을 서로 이야기하더
라 15 저희가 서로 이야기하며 문의할 때에 예수께서 가까이 이르
러 저희와 동행하시나 16 저희의 눈이 가리워져서 그인줄 알아보
지 못하거늘 17 예수께서 이르시되 너희가 길 가면서 서로 주고 받
고 하는 이야기가 무엇이냐 하시니 두 사람이 슬픈 빛을 띠고 머
물러 서더라 18 그 한 사람인 글로바라 하는 자가 대답하여 가로
되 당신이 예루살렘에 우거하면서 근일 거기서 된 일을 홀로 알
지 못하느뇨 19 가라사대 무슨 일이뇨 가로되 나사렛 예수의 일이
니 그는 하나님과 모든 백성 앞에서 말과 일에 능하신 선지자여늘
20 우리 대제사장들과 관원들이 사형 판결에 넘겨주어 십자가에
못 박았느니라 21 우리는 이 사람이 이스라엘을 구속할 자라고 바
랐노라 이뿐 아니라 이 일이 된지가 사흘째요 22 또한 우리 중에
어떤 여자들이 우리로 놀라게 하였으니 이는 저희가 새벽에 무덤
에 갔다가 23 그의 시체는 보지 못하고 와서 그가 살으셨다 하는
천사들의 나타남을 보았다 함이라 24 또 우리와 함께한 자 중에

두어 사람이 무덤에 가 과연 여자들의 말한 바와 같음을 보았으
나 예수는 보지 못하였느니라 하거늘 25 가라사대 미련하고 선지
자들의 말한 모든 것을 마음에 더디 믿는 자들이여 26 그리스도가
이런 고난을 받고 자기의 영광에 들어가야 할 것이 아니냐 하시
고 27 이에 모세와 및 모든 선지자의 글로 시작하여 모든 성경에
쓴바 자기에 관한 것을 자세히 설명하시니라 28 저희의 가는 촌에
가까이 가매 예수는 더 가려하는것 같이 하시니 29 저희가 강권하
여 가로되 우리와 함께 유하사이다 때가 저물어가고 날이 이미 기
울었나이다 하니 이에 저희와 함께 유하러 들어 가시니라 30 저
희와 함께 [1]음식 잡수실 때에 떡을 가지사 축사하시고 떼어 저희
에게 주시매 31 저희 눈이 밝아져 그인줄 알아 보더니 예수는 저
희에게 보이지 아니하시는지라 32 저희가 서로 말하되 길에서 우
리에게 말씀하시고 우리에게 성경을 풀어 주실 때에 우리 속에서
마음이 뜨겁지 아니하더냐 하고 33 곧 그시로 일어나 예루살렘에
돌아가 보니 열 한 사도와 및 그와 함께한 자들이 모여 있어 34 말
하기를 주께서 과연 살아나시고 시몬에게 나타나셨다 하는지라
35 두 사람도 길에서 된 일과 예수께서 떡을 떼심으로 자기들에게
알려지신 것을 말하더라

열 한 제자에게 나타나시다

(마 28:16-20; 막 16:14-18; 요 20:19-23; 행 1:6-8)

36 • 이 말을 할 때에 예수께서 친히 그 가운데 서서 가라사
대 너희에게 평강이 있을찌어다 하시니 37 저희가 놀라고 무서워
하여 그 보는 것을 영으로 생각하는지라 38 예수께서 가라사대 어

1) 5:29 난하주를 보라

찌하여 두려워하며 어찌하여 마음에 의심이 일어나느냐 39 내 손
과 발을 보고 나인줄 알라 또 나를 만져보라 영은 살과 뼈가 없으
되 너희 보는 바와 같이 나는 있느니라 40 이 말씀을 하시고 손과
발을 보이시나 41 저희가 너무 기쁘므로 오히려 믿지 못하고 기이
히 여길 때에 이르시되 여기 무슨 먹을 것이 있느냐 하시니 42 이
에 구운 생선 한 토막을 드리매 43 받으사 그 앞에서 잡수시더라
44 ● 또 이르시되 내가 너희와 함께 있을 때에 너희에게 말한바 곧
모세의 율법과 선지자의 글과 시편에 나를 가리켜 기록된 모든 것
이 이루어져야 하리라 한 말이 이것이라 하시고 45 이에 저희 마
음을 열어 성경을 깨닫게 하시고 46 또 이르시되 이같이 그리스도
가 고난을 받고 제 삼일에 죽은 자 가운데서 살아날 것과 47 또 그
의 이름으로 죄 사함을 얻게 하는 회개가 예루살렘으로부터 시작
하여 모든 족속에게 전파될 것이 기록되었으니 48 너희는 이 모든
일의 증인이라 49 볼찌어다 내가 내 아버지의 약속하신 것을 너희
에게 보내리니 너희는 위로부터 능력을 입히울 때까지 이 성에 유
하라 하시니라

하늘로 올리우시다(막 16:19-20; 행 1:9-11)

50 ● 예수께서 저희를 데리고 베다니 앞까지 나가사 손을
들어 저희에게 축복하시더니 51 축복하실 때에 저희를 떠나 [1]〔하
늘로 올리우〕시니 52 저희가 [1]〔그에게 경배하고〕 큰 기쁨으로 예
루살렘에 돌아가 53 늘 성전에 있어 하나님을 찬송하니라

1) 어떤 사본에는, 이 괄호 내 구절이 없음

요한복음

말씀이 육신이 되시다

1 태초에 [1)]말씀이 계시니라 이 말씀이 하나님과 함께 계셨
으니 이 말씀은 곧 하나님이시니라 2 그가 태초에 하나님
과 함께 계셨고 3 만물이 그로 말미암아 지은바 되었으니 지은 것
이 하나도 그가 없이는 된 것이 없느니라 4 그 안에 생명이 있었
으니 이 생명은 사람들의 빛이라 5 빛이 어두움에 비취되 어두움
이 [2)]깨닫지 못하더라 6 하나님께로서 보내심을 받은 사람이 났으
니 이름은 요한이라 7 저가 증거하러 왔으니 곧 빛에 대하여 증거
하고 모든 사람으로 자기를 인하여 믿게 하려 함이라 8 그는 이 빛
이 아니요 이 빛에 대하여 증거하러 온 자라 9 참빛 곧 세상에 와
서 각 사람에게 비취는 빛이 있었나니 10 그가 세상에 계셨으며
세상은 그로 말미암아 지은바 되었으되 세상이 그를 알지 못하였
고 11 [3)]자기 땅에 오매 자기 백성이 영접지 아니하였으나 12 영접
하는 자 곧 그 이름을 믿는 자들에게는 하나님의 자녀가 되는 권
세를 주셨으니 13 이는 혈통으로나 육정으로나 사람의 뜻으로 나
지 아니하고 오직 하나님께로서 난 자들이니라 14 말씀이 육신이
되어 우리 가운데 거하시매 우리가 그 영광을 보니 아버지의 독
생자의 영광이요 은혜와 [4)]진리가 충만하더라 15 요한이 그에 대
하여 증거하여 외쳐 가로되 내가 전에 말하기를 내 뒤에 오시는
이가 나보다 앞선 것은 나보다 먼저 계심이니라 한 것이 이 사람
을 가리킴이라 하니라 16 우리가 다 그의 충만한데서 받으니 은
혜 위에 은혜러라 17 율법은 모세로 말미암아 주신 것이요 은혜
와 [4)]진리는 예수 그리스도로 말미암아 온 것이라 18 본래 하나님

1) 혹 도가 2) 혹 이기지 못하더라 3) 혹 자기 소유에 4) 헬, 참이

을 본 사람이 없으되 아버지 품속에 있는 [1]독생하신 하나님이 나
타내셨느니라

세례 요한의 전파(마 3:1-12; 막 1:7-8; 눅 3:15-17)

19 ● 유대인들이 예루살렘에서 제사장들과 레위인들을 요
한에게 보내어 네가 누구냐 물을 때에 요한의 증거가 이러하니라
20 요한이 드러내어 말하고 숨기지 아니하니 드러내어 하는 말이
나는 그리스도가 아니라 한대 21 또 묻되 그러면 무엇, 네가 엘리
야냐 가로되 나는 아니라 또 묻되 네가 그 선지자냐 대답하되 아
니라 22 또 말하되 누구냐 우리를 보낸 이들에게 대답하게 하라
너는 네게 대하여 무엇이라 하느냐 23 가로되 나는 선지자 이사
야의 말과 같이 [ㄱ]주의 길을 곧게 하라고 광야에서 외치는 자의 소
리로라 하니라 24 저희는 바리새인들에게서 보낸 자라 25 또 물
어 가로되 네가 만일 그리스도도 아니요 엘리야도 아니요 그 선지
자도 아닐찐대 어찌하여 세례를 주느냐 26 요한이 대답하되 나는
물로 세례를 주거니와 너희 가운데 너희가 알지 못하는 한 사람이
섰으니 27 곧 내 뒤에 오시는 그이라 나는 그의 신들메 풀기도 감
당치 못하겠노라 하더라 28 이 일은 요한의 세례 주던 곳 요단강
건너편 베다니에서 된 일이니라

하나님의 어린 양을 보라

29 ● 이튿날 요한이 예수께서 자기에게 나아오심을 보고
가로되 보라 세상 죄를 지고 가는 하나님의 어린 양이로다 30 내
가 전에 말하기를 내 뒤에 오는 사람이 있는데 나보다 앞선 것은
그가 나보다 먼저 계심이라 한 것이 이 사람을 가리킴이라 31 나

1) 어떤 사본에, 독생자가 ㄱ. 사 40:3

도 그를 알지 못하였으나 내가 와서 물로 세례를 주는 것은 그를
이스라엘에게 나타내려 함이라 하니라 32 요한이 또 증거하여 가
로되 내가 보매 성령이 비둘기 같이 하늘로서 내려와서 그의 위에
머물렀더라 33 나도 그를 알지 못하였으나 나를 보내어 물로 세
례를 주라 하신 그이가 나에게 말씀하시되 성령이 내려서 누구 위
에든지 머무는 것을 보거든 그가 곧 성령으로 세례를 주는 이인
줄 알라 하셨기에 34 내가 보고 그가 하나님의 아들이심을 증거하
였노라 하니라

두 제자

35 ●또 이튿날 요한이 자기 제자 중 두 사람과 함께 섰다
가 36 예수의 다니심을 보고 말하되 보라 하나님의 어린 양이로다
37 두 제자가 그의 말을 듣고 예수를 좇거늘 38 예수께서 돌이켜
그 좇는 것을 보시고 물어 가라사대 무엇을 구하느냐 가로되 랍
비여 어디 계시오니이까 하니 (랍비는 번역하면 선생이라) 39 예
수께서 가라사대 와 보라 그러므로 저희가 가서 계신데를 보고
그 날 함께 거하니 때가 제 십시쯤 되었더라 40 요한의 말을 듣고
예수를 좇는 두 사람 중에 하나는 시몬 베드로의 형제 안드레라
41 그가 먼저 자기의 형제 시몬을 찾아 말하되 우리가 메시야를 만
났다 하고 (메시야는 번역하면 그리스도라) 42 데리고 예수께로
오니 예수께서 보시고 가라사대 네가 요한의 아들 시몬이니 장차
게바라 하리라 하시니라 (게바는 번역하면 베드로라)

빌립과 나다나엘이 부르심을 받다

43 ●이튿날 예수께서 갈릴리로 나가려 하시다가 빌립을

만나 이르시되 나를 좇으라 하시니 44 빌립은 안드레와 베드로와
한 동네 벳새다 사람이라 45 빌립이 나다나엘을 찾아 이르되 모세
가 율법에 기록하였고 여러 선지자가 기록한 그이를 우리가 만났
으니 요셉의 아들 나사렛 예수니라 46 나다나엘이 가로되 나사렛
에서 무슨 선한 것이 날 수 있느냐 빌립이 가로되 와 보라 하니라
47 예수께서 나다나엘이 자기에게 오는 것을 보시고 그를 가리켜
가라사대 보라 이는 참 이스라엘 사람이라 그 속에 간사한 것이
없도다 48 나다나엘이 가로되 어떻게 나를 아시나이까 예수께서
대답하여 가라사대 빌립이 너를 부르기 전에 네가 무화과나무 아
래 있을 때에 보았노라 49 나다나엘이 대답하되 랍비여 당신은 하
나님의 아들이시요 당신은 이스라엘의 임금이로소이다 50 예수
께서 대답하여 가라사대 내가 너를 무화과나무 아래서 보았다 하
므로 믿느냐 이보다 더 큰 일을 보리라 51 또 가라사대 진실로 진
실로 너희에게 이르노니 하늘이 열리고 하나님의 사자들이 인자
위에 오르락 내리락하는 것을 보리라 하시니라

가나의 혼인 잔치

2 사흘 되던 날에 갈릴리 가나에 혼인이 있어 예수의 어머니
도 거기 계시고 2 예수와 그 제자들도 혼인에 청함을 받았
더니 3 포도주가 모자란지라 예수의 어머니가 예수에게 이르되
저희에게 포도주가 없다 하니 4 예수께서 가라사대 여자여 나와
무슨 상관이 있나이까 내 때가 아직 이르지 못하였나이다 5 그 어
머니가 하인들에게 이르되 너희에게 무슨 말씀을 하시든지 그대
로 하라 하니라 6 거기 유대인의 결례를 따라 두 세 통 드는 돌항

아리 여섯이 놓였는지라 7 예수께서 저희에게 이르시되 항아리
에 물을 채우라 하신즉 아구까지 채우니 8 이제는 떠서 연회장에
게 갖다 주라 하시매 갖다 주었더니 9 연회장은 물로 된 포도주를
맛보고 어디서 났는지 알지 못하되 물 떠온 하인들은 알더라 연
회장이 신랑을 불러 10 말하되 사람마다 먼저 좋은 포도주를 내고
취한 후에 낮은 것을 내거늘 그대는 지금까지 좋은 포도주를 두었
도다 하니라 11 예수께서 이 처음 [1]표적을 갈릴리 가나에서 행하
여 그 영광을 나타내시매 제자들이 그를 믿으니라 12 •그 후에 예
수께서 그 어머니와 형제들과 제자들과 함께 가버나움으로 내려
가 거기 여러 날 계시지 아니하시니라

성전을 깨끗하게 하시다(마 21:12-13; 막 11:15-17; 눅 19:45-46)

13 •유대인의 유월절이 가까운지라 예수께서 예루살렘으
로 올라가셨더니 14 성전 안에서 소와 양과 비둘기 파는 사람들과
돈 바꾸는 사람들의 앉은 것을 보시고 15 노끈으로 채찍을 만드사
양이나 소를 다 성전에서 내어 쫓으시고 돈 바꾸는 사람들의 돈을
쏟으시며 상을 엎으시고 16 비둘기 파는 사람들에게 이르시되 이
것을 여기서 가져가라 내 아버지의 집으로 장사하는 집을 만들지
말라 하시니 17 제자들이 성경 말씀에 [ㄱ]주의 전을 사모하는 열심
이 나를 삼키리라 한 것을 기억하더라 18 이에 유대인들이 대답하
여 예수께 말하기를 네가 이런 일을 행하니 무슨 [1]표적을 우리에
게 보이겠느뇨 19 예수께서 대답하여 가라사대 너희가 이 성전을
헐라 내가 사흘 동안에 일으키리라 20 유대인들이 가로되 이 성
전은 사십 륙년 동안에 지었거늘 네가 삼 일 동안에 일으키겠느뇨

1) 혹 이적 ㄱ. 시 69:9

하더라 21 그러나 예수는 성전된 자기 육체를 가리켜 말씀하신 것
이라 22 죽은 자 가운데서 살아나신 후에야 제자들이 이 말씀하신
것을 기억하고 성경과 및 예수의 하신 말씀을 믿었더라

예수는 모든 사람을 아신다

23 ●유월절에 예수께서 예루살렘에 계시니 많은 사람이
그 행하시는 [1)]표적을 보고 그 이름을 믿었으나 24 예수는 그 몸을
저희에게 의탁지 아니하셨으니 이는 친히 모든 사람을 아심이요
25 또 친히 사람의 속에 있는 것을 아시므로 사람에 대하여 아무의
증거도 받으실 필요가 없음이니라

예수와 니고데모

3 바리새인 중에 니고데모라 하는 사람이 있으니 유대인의
관원이라 2 그가 밤에 예수께 와서 가로되 랍비여 우리가
당신은 하나님께로서 오신 선생인줄 아나이다 하나님이 함께 하
시지 아니하시면 당신의 행하시는 이 [1)]표적을 아무라도 할 수 없
음이니이다 3 예수께서 대답하여 가라사대 진실로 진실로 네게
이르노니 사람이 [2)]거듭나지 아니하면 하나님 나라를 볼수 없느
니라 4 니고데모가 가로되 사람이 늙으면 어떻게 날 수 있삽나이
까 두번째 모태에 들어갔다가 날 수 있삽나이까 5 예수께서 대답
하시되 진실로 진실로 네게 이르노니 사람이 물과 성령으로 나지
아니하면 하나님 나라에 들어갈 수 없느니라 6 육으로 난 것은 육
이요 성령으로 난 것은 영이니 7 내가 네게 거듭나야 하겠다 하는
말을 기이히 여기지 말라 8 바람이 임의로 불매 네가 그 소리를 들
어도 어디서 오며 어디로 가는지 알지 못하나니 성령으로 난 사람

1) 혹 이적 2) 혹 위에서

은 다 이러하니라 9 니고데모가 대답하여 가로되 어찌 이러한 일
이 있을 수 있나이까 10 예수께서 가라사대 너는 이스라엘의 선생
으로서 이러한 일을 알지 못하느냐 11 진실로 진실로 네게 이르노
니 우리 아는 것을 말하고 본 것을 증거하노라 그러나 너희가 우
리 증거를 받지 아니하는도다 12 내가 땅의 일을 말하여도 너희가
믿지 아니하거든 하물며 하늘 일을 말하면 어떻게 믿겠느냐 13 하
늘에서 내려온 자 [1)]곧 인자 외에는 하늘에 올라간 자가 없느니라
14 모세가 광야에서 뱀을 든것 같이 인자도 들려야 하리니 15 이는
저를 믿는 자마다 영생을 얻게 하려 하심이니라 16 ● 하나님이 세
상을 이처럼 사랑하사 독생자를 주셨으니 이는 저를 믿는 자마다
멸망치 않고 영생을 얻게 하려 하심이니라 17 하나님이 그 아들을
세상에 보내신 것은 세상을 [2)]심판하려 하심이 아니요 저로 말미
암아 세상이 구원을 받게하려 하심이라 18 저를 믿는 자는 [2)]심판
을 받지 아니하는 것이요 믿지 아니하는 자는 하나님의 독생자의
이름을 믿지 아니하므로 벌써 [2)]심판을 받은 것이니라 19 그 정죄
는 이것이니 곧 빛이 세상에 왔으되 사람들이 자기 행위가 악하므
로 빛보다 어두움을 더 사랑한 것이니라 20 악을 행하는 자마다
빛을 미워하여 빛으로 오지 아니하나니 이는 그 행위가 드러날까
함이요 21 [3)]진리를 좇는 자는 빛으로 오나니 이는 그 행위가 하나
님 안에서 행한 것임을 나타내려 함이라 하시니라

그는 흥하여야 하고 나는 쇠하여야 하리라

22 ● 이 후에 예수께서 제자들과 유대 땅으로 가서 거기 함
께 유하시며 세례를 주시더라 23 요한도 살렘 가까운 애논에서 세

1) 어떤 사본에, 곧 하늘에 있는 인자 2) 혹, 정죄 3) 헬, 참

례를 주니 거기 물들이 많음이라 사람들이 와서 세례를 받더라
24 요한이 아직 옥에 갇히지 아니하였더라 25 이에 요한의 제자 중
에서 한 유대인으로 더불어 결례에 대하여 변론이 되었더니 26 저
희가 요한에게 와서 가로되 랍비여 선생님과 함께 요단강 저편에
있던 자 곧 선생님이 증거하시던 자가 세례를 주매 사람이 다 그
에게로 가더이다 27 요한이 대답하여 가로되 만일 하늘에서 주신
바 아니면 사람이 아무 것도 받을 수 없느니라 28 나의 말한바 나
는 그리스도가 아니요 그의 앞에 보내심을 받은 자라고 한 것을
증거할 자는 너희니라 29 신부를 취하는 자는 신랑이나 서서 신
랑의 음성을 듣는 친구가 크게 기뻐하나니 나는 이러한 기쁨이 충
만하였노라 30 그는 흥하여야 하겠고 나는 쇠하여야 하리라 하
니라

하늘로부터 오시는 이

31 •위로부터 오시는 이는 만물 위에 계시고 땅에서 난 이
는 땅에 속하여 땅에 속한 것을 말하느니라 하늘로서 오시는 이는
만물 위에 계시나니 32 그가 그 보고 들은 것을 증거하되 그의 증
거를 받는 이가 없도다 33 그의 증거를 받는 이는 하나님을 참되
시다 하여 인쳤느니라 34 하나님의 보내신 이는 하나님의 말씀을
하나니 이는 하나님이 성령을 한량 없이 주심이니라 35 아버지께
서 아들을 사랑하사 만물을 다 그 손에 주셨으니 36 아들을 믿는
자는 영생이 있고 아들을 순종치 아니하는 자는 영생을 보지 못하
고 도리어 하나님의 진노가 그 위에 머물러 있느니라

사마리아 여자와 대화하시다

4 예수의 제자를 삼고 세례를 주는 것이 요한보다 많다 하는
말을 바리새인들이 들은 줄을 주께서 아신지라 2 (예수께
서 친히 세례를 주신 것이 아니요 제자들이 준 것이라) 3 유대를
떠나사 다시 갈릴리로 가실쌔 4 사마리아로 통행하여야 하겠는
지라 5 사마리아에 있는 수가라 하는 동네에 이르시니 야곱이 그
아들 요셉에게 준 땅이 가깝고 6 거기 또 야곱의 우물이 있더라 예
수께서 행로에 곤하여 우물 곁에 그대로 앉으시니 때가 제 육시쯤
되었더라 7 사마리아 여자 하나가 물을 길러 왔으매 예수께서 물
을 좀 달라 하시니 8 이는 제자들이 먹을것을 사러 동네에 들어갔
음이러라 9 사마리아 여자가 가로되 당신은 유대인으로서 어찌
하여 사마리아 여자 나에게 물을 달라 하나이까 하니 이는 유대인
이 사마리아인과 상종치 아니함이러라 10 예수께서 대답하여 가
라사대 네가 만일 하나님의 선물과 또 네게 물좀 달라 하는 이가
누구인줄 알았더면 네가 그에게 구하였을 것이요 그가 생수를 네
게 주었으리라 11 여자가 가로되 주여 물 길을 그릇도 없고 이 우
물은 깊은데 어디서 이 생수를 얻겠삽나이까 12 우리 조상 야곱이
이 우물을 우리에게 주었고 또 여기서 자기와 자기 아들들과 짐승
이 다 먹었으니 당신이 야곱보다 더 크니이까 13 예수께서 대답하
여 가라사대 이 물을 먹는 자마다 다시 목마르려니와 14 내가 주
는 물을 먹는 자는 영원히 목마르지 아니하리니 나의 주는 물은
그 속에서 영생하도록 솟아나는 샘물이 되리라 15 여자가 가로되
주여 이런 물을 내게 주사 목마르지도 않고 또 여기 물 길러 오지
도 않게 하옵소서 16 가라사대 가서 네 남편을 불러 오라 17 여자

가 대답하여 가로되 나는 남편이 없나이다 예수께서 가라사대 네
가 남편이 없다 하는 말이 옳도다 18 네가 남편 다섯이 있었으나
지금 있는 자는 네 남편이 아니니 네 말이 참되도다 19 여자가 가
로되 주여 내가 보니 선지자로소이다 20 우리 조상들은 이 산에
서 예배하였는데 당신들의 말은 예배할 곳이 예루살렘에 있다 하
더이다 21 예수께서 가라사대 여자여 내 말을 믿으라 이 산에서
도 말고 예루살렘에서도 말고 너희가 아버지께 예배할 때가 이르
리라 22 너희는 알지 못하는 것을 예배하고 우리는 아는 것을 예
배하노니 이는 구원이 유대인에게서 남이니라 23 아버지께 참으
로 예배하는 자들은 신령과 진정으로 예배할 때가 오나니 곧 이때
라 아버지께서는 이렇게 자기에게 예배하는 자들을 찾으시느니
라 24 하나님은 영이시니 예배하는 자가 신령과 진정으로 예배할
찌니라 25 여자가 가로되 메시야 곧 그리스도라 하는 이가 오실
줄을 내가 아노니 그가 오시면 모든 것을 우리에게 고하시리이다
26 예수께서 이르시되 네게 말하는 내가 그로라 하시니라 27 • 이
때에 제자들이 돌아와서 예수께서 여자와 말씀하시는 것을 이상
히 여겼으나 무엇을 구하시나이까 어찌하여 저와 말씀하시나이
까 묻는 이가 없더라 28 여자가 물동이를 버려두고 동네에 들어
가서 사람들에게 이르되 29 나의 행한 모든 일을 내게 말한 사람
을 와 보라 이는 그리스도가 아니냐 하니 30 저희가 동네에서 나
와 예수께로 오더라 31 그 사이에 제자들이 청하여 가로되 랍비여
잡수소서 32 가라사대 내게는 너희가 알지 못하는 먹을 양식이 있
느니라 33 제자들이 서로 말하되 누가 잡수실 것을 갖다 드렸는

가 한대 34 예수께서 이르시되 나의 양식은 나를 보내신 이의 뜻
을 행하며 그의 일을 온전히 이루는 이것이니라 35 너희가 넉달이
지나야 추수할 때가 이르겠다 하지 아니하느냐 내가 너희에게 이
르노니 눈을 들어 밭을 보라 희어져 추수하게 되었도다 36 거두
는 자가 이미 삯도 받고 영생에 이르는 열매를 모으나니 이는 뿌
리는 자와 거두는 자가 함께 즐거워하게 하려 함이니라 37 그런즉
한 사람이 심고 다른 사람이 거둔다 하는 말이 옳도다 38 내가 너
희로 노력지 아니한 것을 거두러 보내었노니 다른 사람들은 노력
하였고 너희는 그들의 노력한 것에 참예하였느니라 39 •여자의
말이 그가 나의 행한 모든 것을 내게 말하였다 증거하므로 그 동
네 중에 많은 사마리아인이 예수를 믿는지라 40 사마리아인들이
예수께 와서 자기들과 함께 유하기를 청하니 거기서 이틀을 유하
시매 41 예수의 말씀을 인하여 믿는 자가 더욱 많아 42 그 여자에
게 말하되 이제 우리가 믿는 것은 네 말을 인함이 아니니 이는 우
리가 친히 듣고 그가 참으로 세상의 구주신줄 앎이니라 하였더라

왕의 신하의 아들을 고치시다(마 8:5-13; 눅 7:1-10)

43 •이틀이 지나매 예수께서 거기를 떠나 갈릴리로 가시
며 44 친히 증거하시기를 선지자가 고향에서는 높임을 받지 못한
다 하시고 45 갈릴리에 이르시매 갈릴리인들이 그를 영접하니 이
는 자기들도 명절에 갔다가 예수께서 명절 중 예루살렘에서 하신
모든 일을 보았음이더라 46 •예수께서 다시 갈릴리 가나에 이르
시니 전에 물로 포도주를 만드신 곳이라 왕의 신하가 있어 그 아
들이 가버나움에서 병들었더니 47 그가 예수께서 유대로부터 갈

릴리에 오심을 듣고 가서 청하되 내려오셔서 내 아들의 병을 고쳐
주소서 하니 저가 거의 죽게 되었음이라 48 예수께서 가라사대 너
희는 [1]표적과 기사를 보지 못하면 도무지 믿지 아니하리라 49 신
하가 가로되 주여 내 아이가 죽기 전에 내려오소서 50 예수께서
가라사대 가라 네 아들이 살았다 하신대 그 사람이 예수의 하신
말씀을 믿고 가더니 51 내려가는 길에서 그 종들이 오다가 만나서
아이가 살았다 하거늘 52 그 낫기 시작한 때를 물은즉 어제 제 칠
시에 열기가 떨어졌나이다 하는지라 53 아비가 예수께서 네 아들
이 살았다 말씀하신 그 때인줄 알고 자기와 그 온 집이 다 믿으니
라 54 이것은 예수께서 유대에서 갈릴리로 오신 후 행하신 두 번
째 [1]표적이니라

병자를 고치시다

5 그 후에 유대인의 명절이 있어 예수께서 예루살렘에 올라
가시니라 2 • 예루살렘에 있는 양문 곁에 히브리 말로 베
데스다라 하는 못이 있는데 거기 행각 다섯이 있고 3 그 안에 많
은 병자, 소경, 절뚝발이, 혈기 마른 자들이 누워 [2]〔물의 동함을
기다리니 4 이는 천사가 가끔 못에 내려와 물을 동하게 하는데 동
한 후에 먼저 들어가는 자는 어떤 병에 걸렸든지 낫게 됨이러라〕
5 거기 삼십 팔년 된 병자가 있더라 6 예수께서 그 누운 것을 보시
고 병이 벌써 오랜줄 아시고 이르시되 네가 낫고자 하느냐 7 병자
가 대답하되 주여 물이 동할 때에 나를 못에 넣어 줄 사람이 없어
내가 가는 동안에 다른 사람이 먼저 내려가나이다 8 예수께서 가
라사대 일어나 네 자리를 들고 걸어가라 하시니 9 그 사람이 곧 나

1) 혹 이적 2) 어떤 사본에는, 이 괄호 내 구절이 없고 3절 「누워」는 「누웠으니」가 되었음

아서 자리를 들고 걸어 가니라 •이 날은 안식일이니 10 유대인들
이 병 나은 사람에게 이르되 안식일인데 네가 자리를 들고 가는
것이 옳지 아니하니라 11 대답하되 나를 낫게 한 그가 자리를 들고
걸어가라 하더라 한대 12 저희가 묻되 너더러 자리를 들고 걸어가
라 한 사람이 누구냐 하되 13 고침을 받은 사람이 그가 누구신지
알지 못하니 이는 거기 사람이 많으므로 예수께서 이미 피하셨음
이라 14 그 후에 예수께서 성전에서 그 사람을 만나 이르시되 보
라 네가 나았으니 더 심한 것이 생기지 않게 다시는 죄를 범치 말
라 하시니 15 그 사람이 유대인들에게 가서 자기를 고친 이는 예
수라 하니라 16 그러므로 안식일에 이러한 일을 행하신다 하여 유
대인들이 예수를 핍박하게 된지라 17 예수께서 저희에게 이르시
되 내 아버지께서 이제까지 일하시니 나도 일한다 하시매 18 유대
인들이 이를 인하여 더욱 예수를 죽이고자 하니 이는 안식일만 범
할뿐 아니라 하나님을 자기의 친 아버지라 하여 자기를 하나님과
동등으로 삼으심이러라

아들의 권위

19 •그러므로 예수께서 저희에게 이르시되 내가 진실로
진실로 너희에게 이르노니 아들이 아버지의 하시는 일을 보지 않
고는 아무 것도 스스로 할 수 없나니 아버지께서 행하시는 그것을
아들도 그와 같이 행하느니라 20 아버지께서 아들을 사랑하사 자
기의 행하시는 것을 다 아들에게 보이시고 또 그보다 더 큰 일을
보이사 너희로 기이히 여기게 하시리라 21 아버지께서 죽은 자들
을 일으켜 살리심 같이 아들도 자기의 원하는 자들을 살리느니라

22 아버지께서 아무도 심판하지 아니하시고 심판을 다 아들에게
맡기셨으니 23 이는 모든 사람으로 아버지를 공경하는 것 같이 아
들을 공경하게 하려 하심이라 아들을 공경치 아니하는 자는 그를
보내신 아버지를 공경치 아니하느니라 24 내가 진실로 진실로 너
희에게 이르노니 내 말을 듣고 또 나 보내신 이를 믿는 자는 영생
을 얻었고 [1]심판에 이르지 아니하나니 사망에서 생명으로 옮겼느
니라 25 진실로 진실로 너희에게 이르노니 죽은 자들이 하나님의
아들의 음성을 들을 때가 오나니 곧 이 때라 듣는 자는 살아나리
라 26 아버지께서 자기 속에 생명이 있음 같이 아들에게도 생명을
주어 그 속에 있게 하셨고 27 또 인자됨을 인하여 심판하는 권세
를 주셨느니라 28 이를 기이히 여기지 말라 무덤 속에 있는 자가
다 그의 음성을 들을 때가 오나니 29 선한 일을 행한 자는 생명의
부활로, 악한 일을 행한 자는 심판의 부활로 나오리라

예수를 믿게 하는 증언

30 ● 내가 아무 것도 스스로 할 수 없노라 듣는대로 심판하
노니 나는 나의 원대로 하려하지 않고 나를 보내신 이의 원대로
하려는고로 내 심판은 의로우니라 31 내가 만일 나를 위하여 증거
하면 내 증거는 참되지 아니하되 32 나를 위하여 증거하시는 이
가 따로 있으니 나를 위하여 증거하시는 그 증거가 참인줄 아노라
33 너희가 요한에게 사람을 보내매 요한이 진리에 대하여 증거하
였느니라 34 그러나 나는 사람에게서 증거를 취하지 아니하노라
다만 이 말을 하는 것은 너희로 구원을 얻게 하려 함이니라 35 요
한은 켜서 비취는 등불이라 너희가 일시 그 빛에 즐거이 있기를

1) 혹, 정죄

원하였거니와 36 내게는 요한의 증거보다 더 큰 증거가 있으니 아
버지께서 내게 주사 이루게 하시는 역사 곧 나의 하는 그 역사가
아버지께서 나를 보내신 것을 나를 위하여 증거하는 것이요 37 또
한 나를 보내신 아버지께서 친히 나를 위하여 증거하셨느니라 너
희는 아무 때에도 그 음성을 듣지 못하였고 그 형용을 보지 못하
였으며 38 그 말씀이 너희 속에 거하지 아니하니 이는 그의 보내
신 자를 믿지 아니함이니라 39 너희가 성경에서 영생을 얻는줄 생
각하고 성경을 상고하거니와 이 성경이 곧 내게 대하여 증거하는
것이로다 40 그러나 너희가 영생을 얻기 위하여 내게 오기를 원
하지 아니하는도다 41 나는 사람에게 영광을 취하지 아니하노라
42 다만 하나님을 사랑하는 것이 너희 속에 없음을 알았노라 43 나
는 내 아버지의 이름으로 왔으매 너희가 영접지 아니하나 만일 다
른 사람이 자기 이름으로 오면 영접하리라 44 너희가 서로 영광을
취하고 유일하신 하나님께로부터 오는 영광은 구하지 아니하니
어찌 나를 믿을 수 있느냐 45 내가 너희를 아버지께 고소할까 생
각지 말라 너희를 고소하는 이가 있으니 곧 너희의 바라는 자 모
세니라 46 모세를 믿었더면 또 나를 믿었으리니 이는 그가 내게
대하여 기록하였음이라 47 그러나 그의 글도 믿지 아니하거든 어
찌 내 말을 믿겠느냐 하시니라

오천 명을 먹이시다(마 14:13-21; 막 6:30-44; 눅 9:10-17)

6 그 후에 예수께서 갈릴리 바다 곧 디베랴 바다 건너편으로
가시매 2 큰 무리가 따르니 이는 병인들에게 행하시는 [1]표
적을 봄이러라 3 예수께서 산에 오르사 제자들과 함께 거기 앉으

1) 혹 이적

시니 4 마침 유대인의 명절인 유월절이 가까운지라 5 예수께서
눈을 들어 큰 무리가 자기에게로 오는 것을 보시고 빌립에게 이르
시되 우리가 어디서 떡을 사서 이 사람들로 먹게 하겠느냐 하시니
6 이렇게 말씀하심은 친히 어떻게 하실 것을 아시고 빌립을 시험
코자 하심이라 7 빌립이 대답하되 각 사람으로 조금씩 받게 할찌
라도 이백 [1]데나리온의 떡이 부족하리이다 8 제자 중 하나 곧 시
몬 베드로의 형제 안드레가 예수께 여짜오되 9 여기 한 아이가 있
어 보리떡 다섯 개와 물고기 두 마리를 가졌나이다 그러나 그것
이 이 많은 사람에게 얼마나 되겠삽나이까 10 예수께서 가라사대
이 사람들로 [2]앉게 하라 하신대 그 곳에 잔디가 많은지라 사람들
이 [2]앉으니 수효가 오천쯤 되더라 11 예수께서 떡을 가져 축사하
신 후에 [2]앉은 자들에게 나눠 주시고 고기도 그렇게 저희의 원대
로 주시다 12 저희가 배부른 후에 예수께서 제자들에게 이르시되
남은 조각을 거두고 버리는 것이 없게 하라 하시므로 13 이에 거
두니 보리떡 다섯 개로 먹고 남은 조각이 열 두 바구니에 찼더라
14 그 사람들이 예수의 행하신 이 [3]표적을 보고 말하되 이는 참으
로 세상에 오실 그 선지자라 하더라 15 그러므로 예수께서 저희가
와서 자기를 억지로 잡아 임금 삼으려는 줄을 아시고 다시 혼자
산으로 떠나 가시니라

물 위로 걸으시다(마 14:22-27; 막 6:45-52)

16 • 저물매 제자들이 바다에 내려가서 17 배를 타고 바다
를 건너 가버나움으로 가는데 이미 어두웠고 예수는 아직 저희에
게 오시지 아니하셨더니 18 큰 바람이 불어 파도가 일어나더라

1) 은전의 명칭 2) 헬, 기대어 눕게 (유대인의 음식 먹을 때에 가지는 자세) 3) 혹 이적

19 제자들이 노를 저어 십여리쯤 가다가 예수께서 바다 위로 걸어
배에 가까이 오심을 보고 두려워하거늘 20 가라사대 내니 두려워
말라 하신대 21 이에 기뻐서 배로 영접하니 배는 곧 저희의 가려
던 땅에 이르렀더라

생명의 떡

22 ●이튿날 바다 건너편에 섰는 무리가 배 한척 밖에 다른
배가 거기 없는 것과 또 어제 예수께서 제자들과 함께 그 배에 오
르지 아니하시고 제자들만 가는 것을 보았더니 23 (그러나 디베
랴에서 배들이 주의 축사하신 후 여럿이 떡 먹던 그 곳에 가까이
왔더라) 24 무리가 거기 예수도 없으시고 제자들도 없음을 보고
곧 배들을 타고 예수를 찾으러 가버나움으로 가서 25 바다 건너
편에서 만나 랍비여 어느 때에 여기 오셨나이까 하니 26 예수께
서 대답하여 가라사대 내가 진실로 진실로 너희에게 이르노니 너
희가 나를 찾는 것은 [1]표적을 본 까닭이 아니요 떡을 먹고 배부른
까닭이로다 27 썩는 양식을 위하여 일하지 말고 영생하도록 있는
양식을 위하여 하라 이 양식은 인자가 너희에게 주리니 인자는 아
버지 하나님의 인치신 자니라 28 저희가 묻되 우리가 어떻게 하여
야 하나님의 일을 하오리이까 29 예수께서 대답하여 가라사대 하
나님의 보내신 자를 믿는 것이 하나님의 일이니라 하시니 30 저희
가 묻되 그러면 우리로 보고 당신을 믿게 행하시는 [1]표적이 무엇
이니이까, 하시는 일이 무엇이니이까 31 기록된바 [ㄱ]하늘에서 저
희에게 떡을 주어 먹게 하였다 함과 같이 우리 조상들은 광야에서
만나를 먹었나이다 32 예수께서 이르시되 내가 진실로 진실로 너

1) 혹 이적　ㄱ. 출 16:4, 15, 시 78:24, 105:40, 느 9:15

희에게 이르노니 하늘에서 내린 떡은 모세가 준것이 아니라 오직
내 아버지가 하늘에서 내린 참 떡을 너희에게 주시나니 33 하나님
의 떡은 하늘에서 내려 세상에게 생명을 주는 것이니라 34 저희가
가로되 주여 이 떡을 항상 우리에게 주소서 35 예수께서 가라사
대 내가 곧 생명의 떡이니 내게 오는 자는 결코 주리지 아니할 터
이요 나를 믿는 자는 영원히 목마르지 아니하리라 36 그러나 내가
너희더러 이르기를 너희는 나를 보고도 믿지 아니하는도다 하였
느니라 37 아버지께서 내게 주시는 자는 다 내게로 올 것이요 내
게 오는 자는 내가 결코 내어 쫓지 아니하리라 38 내가 하늘로서
내려 온 것은 내 뜻을 행하려 함이 아니요 39 나를 보내신 이의 뜻
을 행하려 함이니라 나를 보내신 이의 뜻은 내게 주신 자 중에 내
가 하나도 잃어버리지 아니하고 마지막 날에 다시 살리는 이것이
니라 40 내 아버지의 뜻은 아들을 보고 믿는 자마다 영생을 얻는
이것이니 마지막 날에 내가 이를 다시 살리리라 하시니라 41 • 자
기가 하늘로서 내려온 떡이라 하시므로 유대인들이 예수께 대하
여 수군거려 42 가로되 이는 요셉의 아들 예수가 아니냐 그 부모
를 우리가 아는데 제가 지금 어찌하여 하늘로서 내려왔다 하느냐
43 예수께서 대답하여 가라사대 너희는 서로 수군거리지 말라
44 나를 보내신 아버지께서 이끌지 아니하면 아무라도 내게 올 수
없으니 오는 그를 내가 마지막 날에 다시 살리리라 45 선지자의
글에 ㄱ저희가 다 하나님의 가르치심을 받으리라 기록되었은즉 아
버지께 듣고 배운 사람마다 내게로 오느니라 46 이는 아버지를 본
자가 있다는 것이 아니라 오직 하나님에게서 온 자만 아버지를 보

ㄱ. 사 54:13

았느니라 47 진실로 진실로 너희에게 이르노니 믿는 자는 영생을
가졌나니 48 내가 곧 생명의 떡이로라 49 너희 조상들은 광야에서
만나를 먹었어도 죽었거니와 50 이는 하늘로서 내려오는 떡이니
사람으로 하여금 먹고 죽지 아니하게 하는 것이니라 51 나는 하늘
로서 내려온 산 떡이니 사람이 이 떡을 먹으면 영생하리라 나의
줄 떡은 곧 세상의 생명을 위한 내 살이로라 하시니라 52 • 이러므
로 유대인들이 서로 다투어 가로되 이 사람이 어찌 능히 제 살을
우리에게 주어 먹게 하겠느냐 53 예수께서 이르시되 내가 진실로
진실로 너희에게 이르노니 인자의 살을 먹지 아니하고 인자의 피
를 마시지 아니하면 너희 속에 생명이 없느니라 54 내 살을 먹고
내 피를 마시는 자는 영생을 가졌고 마지막 날에 내가 그를 다시
살리리니 55 내 살은 참된 양식이요 내 피는 참된 음료로다 56 내
살을 먹고 내 피를 마시는 자는 내 안에 거하고 나도 그 안에 거하
나니 57 살아계신 아버지께서 나를 보내시매 내가 아버지로 인하
여 사는것 같이 나를 먹는 그 사람도 나로 인하여 살리라 58 이것
은 하늘로서 내려온 떡이니 조상들이 먹고도 죽은 그것과 같지 아
니하여 이 떡을 먹는 자는 영원히 살리라 59 이 말씀은 예수께서
가버나움 회당에서 가르치실 때에 하셨느니라

영생의 말씀

60 • 제자 중 여럿이 듣고 말하되 이 말씀은 어렵도다 누가
들을 수 있느냐 한대 61 예수께서 스스로 제자들이 이 말씀에 대
하여 수군거리는 줄 아시고 가라사대 이 말이 [1]너희에게 걸림이
되느냐 62 그러면 너희가 인자의 이전 있던 곳으로 올라가는 것을

1) 혹 너희로 실족케 하느냐

볼것 같으면 어찌 하려느냐 63 살리는 것은 영이니 육은 무익하니
라 내가 너희에게 이른 말이 영이요 생명이라 64 그러나 너희 중
에 믿지 아니하는 자들이 있느니라 하시니 이는 예수께서 믿지 아
니하는 자들이 누구며 자기를 팔 자가 누군지 처음부터 아심이러
라 65 또 가라사대 이러하므로 전에 너희에게 말하기를 내 아버지
께서 오게 하여 주지 아니하시면 누구든지 내게 올 수 없다 하였
노라 하시니라 66 •이러므로 제자 중에 많이 물러가고 다시 그와
함께 다니지 아니하더라 67 예수께서 열 두 제자에게 이르시되 너
희도 가려느냐 68 시몬 베드로가 대답하되 주여 영생의 말씀이 계
시매 우리가 뉘게로 가오리이까 69 우리가 주는 하나님의 거룩하
신 자신줄 믿고 알았삽나이다 70 예수께서 대답하시되 내가 너희
열 둘을 택하지 아니하였느냐 그러나 너희 중에 한 사람은 마귀니
라 하시니 71 이 말씀은 가룟 시몬의 아들 유다를 가리키심이라 저
는 열 둘 중의 하나로 예수를 팔 자러라

형제들이라도 예수를 믿지 아니하다

7 이 후에 예수께서 갈릴리에서 다니시고 유대에서 다니려
아니하심은 유대인들이 죽이려 함이러라 2 유대인의 명절
인 초막절이 가까운지라 3 그 형제들이 예수께 이르되 당신의 행
하는 일을 제자들도 보게 여기를 떠나 유대로 가소서 4 스스로 나
타나기를 구하면서 묻혀서 일하는 사람이 없나니 이 일을 행하려
하거든 자신을 세상에 나타내소서 하니 5 이는 그 형제들이라도
예수를 믿지 아니함이러라 6 예수께서 가라사대 내 때는 아직 이
르지 아니하였거니와 너희 때는 늘 준비되어 있느니라 7 세상이

너희를 미워하지 못하되 나를 미워하나니 이는 내가 세상의 행사
를 악하다 증거함이라 8 너희는 명절에 올라가라 나는 내 때가 아
직 차지 못하였으니 이 명절에 아직 올라가지 아니하노라 9 이 말
씀을 하시고 갈릴리에 머물러 계시니라

명절을 지키러 올라가시다

10 ●그 형제들이 명절에 올라간 후 자기도 올라가시되 나
타내지 않고 비밀히 하시니라 11 명절 중에 유대인들이 예수를 찾
으면서 그가 어디 있느냐 하고 12 예수께 대하여 무리 중에서 수
군거림이 많아 혹은 좋은 사람이라 하며 혹은 아니라 무리를 미혹
하게 한다 하나 13 그러나 유대인들을 두려워하므로 드러나게 그
를 말하는 자가 없더라 14 ●이미 명절의 중간이 되어 예수께서 성
전에 올라가사 가르치시니 15 유대인들이 기이히 여겨 가로되 이
사람은 배우지 아니하였거늘 어떻게 글을 아느냐 하니 16 예수께
서 대답하여 가라사대 내 교훈은 내 것이 아니요 나를 보내신 이
의 것이니라 17 사람이 하나님의 뜻을 행하려 하면 이 교훈이 하나
님께로서 왔는지 내가 스스로 말함인지 알리라 18 스스로 말하는
자는 자기 영광만 구하되 보내신 이의 영광을 구하는 자는 참되니
그 속에 불의가 없느니라 19 모세가 너희에게 율법을 주지 아니
하였느냐 너희 중에 율법을 지키는 자가 없도다 너희가 어찌하여
나를 죽이려 하느냐 20 무리가 대답하되 당신은 귀신이 들렸도다
누가 당신을 죽이려 하나이까 21 예수께서 대답하여 가라사대 내
가 한 가지 일을 행하매 너희가 다 이를 인하여 괴이히 여기는도
다 22 모세가 너희에게 할례를 주었으니 (그러나 할례는 모세에

게서 난 것이 아니요 조상들에게서 난 것이라) 그러므로 너희가
안식일에도 사람에게 할례를 주느니라 23 모세의 율법을 폐하지
아니하려고 사람이 안식일에도 할례를 받는 일이 있거든 내가 안
식일에 사람의 전신을 건전케 한 것으로 너희가 나를 노여워하느
냐 24 외모로 판단하지 말고 공의의 판단으로 판단하라 하시니라

이 사람이 그리스도인가

25 • 예루살렘 사람 중에서 혹이 말하되 이는 저희가 죽이
고자 하는 그 사람이 아니냐 26 보라 드러나게 말하되 저희가 아
무 말도 아니하는도다 당국자들은 이 사람을 참으로 그리스도인
줄 알았는가 27 그러나 우리는 이 사람이 어디서 왔는지 아노라
그리스도께서 오실 때에는 어디서 오시는지 아는 자가 없으리라
하는지라 28 예수께서 성전에서 가르치시며 외쳐 가라사대 너희
가 나를 알고 내가 어디서 온 것도 알거니와 내가 스스로 온 것이
아니로라 나를 보내신 이는 참이시니 너희는 그를 알지 못하나
29 나는 아노니 이는 내가 그에게서 났고 그가 나를 보내셨음이니
라 하신대 30 저희가 예수를 잡고자 하나 손을 대는 자가 없으니
이는 그의 때가 아직 이르지 아니하였음이러라 31 무리 중에 많
은 사람이 예수를 믿고 말하되 그리스도께서 오실찌라도 그 행하
실 [1]표적이 이 사람의 행한 것보다 더 많으랴 하니 32 예수께 대하
여 무리의 수군거리는 것이 바리새인들에게 들린지라 대제사장
들과 바리새인들이 그를 잡으려고 하속들을 보내니 33 예수께서
이르시되 내가 너희와 함께 조금 더 있다가 나를 보내신 이에게로
돌아가겠노라 34 너희가 나를 찾아도 만나지 못할 터이요 나 있는

1) 혹 이적

곳에 오지도 못하리라 하신대 35 이에 유대인들이 서로 묻되 이
사람이 어디로 가기에 우리가 저를 만나지 못하리요 헬라인 중에
흩어져 사는 자들에게로 가서 헬라인을 가르칠터인가 36 나를 찾
아도 만나지 못할터이요 나 있는 곳에 오지도 못하리라 한 이 말
이 무슨 말이냐 하니라

배에서 생수의 강이 흘러나리리라

37 ● 명절 끝날 곧 큰날에 예수께서 서서 외쳐 가라사대 누
구든지 목마르거든 내게로 와서 마시라 38 나를 믿는 자는 성경에
이름과 같이 그 배에서 생수의 강이 흘러나리라 하시니 39 이는
그를 믿는 자의 받을 성령을 가리켜 말씀하신 것이라 (예수께서
아직 영광을 받지 못하신 고로 성령이 아직 저희에게 계시지 아니
하시더라) 40 이 말씀을 들은 무리 중에서 혹은 이가 참으로 그 선
지자라 하며 41 혹은 그리스도라 하며 어떤이들은 그리스도가 어
찌 갈릴리에서 나오겠느냐 42 ㄱ성경에 이르기를 그리스도는 다
윗의 씨로 또 다윗의 살던 촌 베들레헴에서 나오리라 하지 아니하
였느냐 하며 43 예수를 인하여 무리 중에서 쟁론이 되니 44 그 중
에는 그를 잡고자 하는 자들도 있으나 손을 대는 자가 없었더라

대제사장들과 바리새인들은 믿지 않다

45 ● 하속들이 대제사장들과 바리새인들에게로 오니 저희
가 묻되 어찌하여 잡아오지 아니하였느냐 46 하속들이 대답하되
그 사람의 말하는 것처럼 말한 사람은 이때까지 없었나이다 하니
47 바리새인들이 대답하되 너희도 미혹되었느냐 48 당국자들이
나 바리새인 중에 그를 믿는 이가 있느냐 49 율법을 알지 못하는

ㄱ. 삼하 7:12 이하, 미 5:2

이 무리는 저주를 받은 자로다 50 그 중에 한 사람 곧 전에 예수께
왔던 니고데모가 저희에게 말하되 51 우리 율법은 사람의 말을 듣
고 그 행한 것을 알기 전에 판결하느냐 52 저희가 대답하여 가로
되 너도 갈릴리에서 왔느냐 상고하여 보라 갈릴리에서는 선지자
가 나지 못하느니라 하였더라

간음하다가 잡혀 온 여자가 용서받다

53 [1)]〔다 각각 집으로 돌아가고

8 예수는 감람산으로 가시다 2 아침에 다시 성전으로 들어
오시니 백성이 다 나아오는지라 앉으사 저희를 가르치시
더니 3 서기관들과 바리새인들이 간음 중에 잡힌 여자를 끌고 와
서 가운데 세우고 4 예수께 말하되 선생이여 이 여자가 간음하다
가 현장에서 잡혔나이다 5 [ㄱ]모세는 율법에 이러한 여자를 돌로
치라 명하였거니와 선생은 어떻게 말하겠나이까 6 저희가 이렇
게 말함은 고소할 조건을 얻고자하여 예수를 시험함이러라 예수
께서 몸을 굽히사 손가락으로 땅에 쓰시니 7 저희가 묻기를 마지
아니하는지라 이에 일어나 가라사대 너희 중에 죄 없는 자가 먼
저 돌로 치라 하시고 8 다시 몸을 굽히사 손가락으로 땅에 쓰시
니 9 저희가 이 말씀을 듣고 양심의 가책을 받아 어른으로 시작하
여 젊은이까지 하나씩 하나씩 나가고 오직 예수와 그 가운데 섰는
여자만 남았더라 10 예수께서 일어나사 여자 외에 아무도 없는 것
을 보시고 이르시되 여자여 너를 고소하던 그들이 어디 있느냐 너
를 정죄한 자가 없느냐 11 대답하되 주여 없나이다 예수께서 가라
사대 나도 너를 정죄하지 아니하노니 가서 다시는 죄를 범치 말

1) 어떤 사본에, 7:53부터 8:11까지 없음　ㄱ. 레 20:10, 신 22:22 이하

라 하시니라〕

나는 세상의 빛

12 ● 예수께서 또 일러 가라사대 나는 세상의 빛이니 나를 따
르는 자는 어두움에 다니지 아니하고 생명의 빛을 얻으리라 13 바
리새인들이 가로되 네가 너를 위하여 증거하니 네 증거는 참되지
아니하도다 14 예수께서 대답하여 가라사대 내가 나를 위하여 증
거하여도 내 증거가 참되니 나는 내가 어디서 오며 어디로 가는
것을 앎이어니와 너희는 내가 어디서 오며 어디로 가는 것을 알지
못하느니라 15 너희는 육체를 따라 판단하나 나는 아무도 판단치
아니하노라 16 만일 내가 판단하여도 내 판단이 참되니 이는 내
가 혼자 있는 것이 아니요 나를 보내신 이가 나와 함께 계심이라
17 너희 ㄱ율법에도 두 사람의 증거가 참되다 기록하였으니 18 내가
나를 위하여 증거하는 자가 되고 나를 보내신 아버지도 나를 위하
여 증거하시느니라 19 이에 저희가 묻되 네 아버지가 어디 있느냐
예수께서 대답하시되 너희는 나를 알지 못하고 내 아버지도 알지
못하는도다 나를 알았더면 내 아버지도 알았으리라 20 이 말씀은
성전에서 가르치실 때에 연보 궤 앞에서 하셨으나 잡는 사람이 없
으니 이는 그의 때가 아직 이르지 아니하였음이러라

나의 가는 곳에는 너희가 오지 못하리라

21 ● 다시 이르시되 내가 가리니 너희가 나를 찾다가 너희
죄 가운데서 죽겠고 나의 가는 곳에는 너희가 오지 못하리라 22 유
대인들이 가로되 저가 나의 가는 곳에는 너희가 오지 못하리라 하
니 저가 자결하려는가 23 예수께서 가라사대 너희는 아래서 났고

ㄱ. 신 19:15, 17:6

나는 위에서 났으며 너희는 이 세상에 속하였고 나는 이 세상에
속하지 아니하였느니라 24 이러므로 내가 너희에게 말하기를 너
희가 너희 죄 가운데서 죽으리라 하였노라 너희가 만일 내가 그
인줄 믿지 아니하면 너희 죄 가운데서 죽으리라 25 저희가 말하
되 네가 누구냐 예수께서 가라사대 나는 처음부터 너희에게 말하
여 온 자니라 26 내가 너희를 대하여 말하고 판단할 것이 많으나
나를 보내신 이가 참되시매 내가 그에게 들은 그것을 세상에게 말
하노라 하시되 27 저희는 아버지를 가리켜 말씀하신 줄을 깨닫지
못하더라 28 이에 예수께서 가라사대 너희는 인자를 든 후에 내
가 그인 줄을 알고 또 내가 스스로 아무 것도 하지 아니하고 오직
아버지께서 가르치신대로 이런 것을 말하는 줄도 알리라 29 나를
보내신 이가 나와 함께 하시도다 내가 항상 그의 기뻐하시는 일을
행하므로 나를 혼자 두지 아니하셨느니라 30 이 말씀을 하시매 많
은 사람이 믿더라

진리가 너희를 자유케 하리라

31 • 그러므로 예수께서 자기를 믿은 유대인들에게 이르시
되 너희가 내 말에 거하면 참 내 제자가 되고 32 진리를 알찌니 진
리가 너희를 자유케 하리라 33 저희가 대답하되 우리가 아브라함
의 자손이라 남의 종이 된 적이 없거늘 어찌하여 우리가 자유케
되리라 하느냐 34 예수께서 대답하시되 진실로 진실로 너희에게
이르노니 죄를 범하는 자마다 죄의 종이라 35 종은 영원히 집에
거하지 못하되 아들은 영원히 거하나니 36 그러므로 아들이 너희
를 자유케 하면 너희가 참으로 자유하리라 37 나도 너희가 아브라

함의 자손인줄 아노라 그러나 내 말이 너희 속에 있을 곳이 없으
므로 나를 죽이려 하는도다 38 나는 내 아버지에게서 본 것을 말
하고 너희는 너희 아비에게서 들은 것을 행하느니라 39 대답하여
가로되 우리 아버지는 아브라함이라 하니 예수께서 가라사대 너
희가 아브라함의 자손이면 아브라함의 행사를 할것이어늘 40 지
금 하나님께 들은 진리를 너희에게 말한 사람인 나를 죽이려 하는
도다 아브라함은 이렇게 하지 아니하였느니라 41 너희는 너희 아
비의 행사를 하는도다 대답하되 우리가 음란한데서 나지 아니하
였고 아버지는 한분 뿐이시니 곧 하나님이시로다 42 예수께서 가
라사대 하나님이 너희 아버지였으면 너희가 나를 사랑하였으리
니 이는 내가 하나님께로 나서 왔음이라 나는 스스로 온 것이 아
니요 아버지께서 나를 보내신 것이니라 43 어찌하여 내 말을 깨닫
지 못하느냐 이는 내 말을 들을줄 알지 못함이로다 44 너희는 너
희 아비 마귀에게서 났으니 너희 아비의 욕심을 너희도 행하고자
하느니라 저는 처음부터 살인한 자요 [1]진리가 그 속에 없으므로
[1]진리에 서지 못하고 거짓을 말할 때마다 제 것으로 말하나니 이
는 저가 거짓말장이요 거짓의 아비가 되었음이니라 45 내가 [1]진
리를 말하므로 너희가 나를 믿지 아니하는도다 46 너희 중에 누가
나를 죄로 책잡겠느냐 내가 [1]진리를 말하매 어찌하여 나를 믿지
아니하느냐 47 하나님께 속한 자는 하나님의 말씀을 듣나니 너희
가 듣지 아니함은 하나님께 속하지 아니 하였음이로다 48 유대인
들이 대답하여 가로되 우리가 너를 사마리아 사람이라 또는 귀신
이 들렸다 하는 말이 옳지 아니하냐 49 예수께서 대답하시되 나는

1) 혹 참된 것

귀신 들린 것이 아니라 오직 내 아버지를 공경함이어늘 너희가 나
를 무시하는도다 50 나는 내 영광을 구치 아니하나 구하고 판단하
시는 이가 계시니라 51 진실로 진실로 너희에게 이르노니 사람이
내 말을 지키면 죽음을 영원히 보지 아니하리라 52 유대인들이 가
로되 지금 네가 귀신 들린 줄을 아노라 아브라함과 선지자들도 죽
었거늘 네 말은 사람이 내 말을 지키면 죽음을 영원히 맛보지 아
니하리라 하니 53 너는 이미 죽은 우리 조상 아브라함보다 크냐
또 선지자들도 죽었거늘 너는 너를 누구라 하느냐 54 예수께서 대
답하시되 내가 내게 영광을 돌리면 내 영광이 아무 것도 아니어니
와 내게 영광을 돌리시는 이는 내 아버지시니 곧 너희가 너희 하
나님이라 칭하는 그이시라 55 너희는 그를 알지 못하되 나는 아노
니 만일 내가 알지 못한다 하면 나도 너희 같이 거짓말장이가 되
리라 나는 그를 알고 또 그의 말씀을 지키노라 56 너희 조상 아브
라함은 나의 때 볼 것을 즐거워하다가 보고 기뻐하였느니라 57 유
대인들이 가로되 네가 아직 오십도 못되었는데 아브라함을 보았
느냐 58 예수께서 가라사대 진실로 진실로 너희에게 이르노니 아
브라함이 나기 전부터 내가 있느니라 하시니 59 저희가 돌을 들어
치려하거늘 예수께서 숨어 성전에서 나가시니라

날 때부터 맹인 된 사람을 고치시다

9 예수께서 길 가실 때에 날 때부터 소경된 사람을 보신지라
2 제자들이 물어 가로되 랍비여 이 사람이 소경으로 난 것
이 뉘 죄로 인함이오니이까 자기오니이까 그 부모오니이까 3 예
수께서 대답하시되 이 사람이나 그 부모가 죄를 범한 것이 아니니

라 그에게서 하나님의 하시는 일을 나타내고자 하심이니라 4 때
가 아직 낮이매 나를 보내신 이의 일을 우리가 하여야 하리라 밤
이 오리니 그때는 아무도 일할 수 없느니라 5 내가 세상에 있는 동
안에는 세상의 빛이로라 6 이 말씀을 하시고 땅에 침을 뱉아 진
흙을 이겨 그의 눈에 바르시고 7 이르시되 실로암 못에 가서 씻으
라 하시니 (실로암은 번역하면 보냄을 받았다는 뜻이라) 이에 가
서 씻고 밝은 눈으로 왔더라 8 이웃 사람들과 및 전에 저가 걸인
인 것을 보았던 사람들이 가로되 이는 앉아서 구걸하던 자가 아
니냐 9 혹은 그 사람이라 하며 혹은 아니라 그와 비슷하다 하거늘
제 말은 내가 그로라 하니 10 저희가 묻되 그러면 네 눈이 어떻게
떠졌느냐 11 대답하되 예수라 하는 그 사람이 진흙을 이겨 내 눈
에 바르고 나더러 실로암에 가서 씻으라 하기에 가서 씻었더니 보
게 되었노라 12 저희가 가로되 그가 어디 있느냐 가로되 알지 못
하노라 하니라

보게 된 맹인과 바리새인들

13 ● 저희가 전에 소경 되었던 사람을 데리고 바리새인들
에게 갔더라 14 예수께서 진흙을 이겨 눈을 뜨게 하신 날은 안식
일이라 15 그러므로 바리새인들도 그 어떻게 보게 된 것을 물으니
가로되 그 사람이 진흙을 내 눈에 바르매 내가 씻고 보나이다 하
니 16 바리새인 중에 혹은 말하되 이 사람이 안식일을 지키지 아
니하니 하나님께로서 온 자가 아니라 하며 혹은 말하되 죄인으로
서 어떻게 이러한 [1]표적을 행하겠느냐 하여 피차 쟁론이 되었더
니 17 이에 소경 되었던 자에게 다시 묻되 그 사람이 네 눈을 뜨게

1) 혹 이적

하였으니 너는 그를 어떠한 사람이라 하느냐 대답하되 선지자니
이다 한대 18 유대인들이 저가 소경으로 있다가 보게 된 것을 믿
지 아니하고 그 부모를 불러 묻되 19 이는 너희 말에 소경으로 났
다 하는 너희 아들이냐 그러면 지금은 어떻게 되어 보느냐 20 그
부모가 대답하여 가로되 이가 우리 아들인 것과 소경으로 난 것
을 아나이다 21 그러나 지금 어떻게 되어 보는지 또는 누가 그 눈
을 뜨게 하였는지 우리는 알지 못하나이다 저에게 물어 보시오 저
가 장성하였으니 자기 일을 말하리이다 22 그 부모가 이렇게 말
한 것은 이미 유대인들이 누구든지 예수를 그리스도로 시인하는
자는 출교하기로 결의하였으므로 저희를 무서워함이러라 23 이
러므로 그 부모가 말하기를 저가 장성하였으니 저에게 물어 보시
오 하였더라 24 이에 저희가 소경 되었던 사람을 두번째 불러 이
르되 너는 영광을 하나님께 돌리라 우리는 저 사람이 죄인인줄 아
노라 25 대답하되 그가 죄인인지 내가 알지 못하나 한 가지 아는
것은 내가 소경으로 있다가 지금 보는 그것이니이다 26 저희가 가
로되 그 사람이 네게 무엇을 하였느냐 어떻게 네 눈을 뜨게 하였
느냐 27 대답하되 내가 이미 일렀어도 듣지 아니하고 어찌하여 다
시 듣고자 하나이까 당신들도 그 제자가 되려 하나이까 28 저희가
욕하여 가로되 너는 그의 제자나 우리는 모세의 제자라 29 하나님
이 모세에게는 말씀하신 줄을 우리가 알거니와 이 사람은 어디서
왔는지 알지 못하노라 30 그 사람이 대답하여 가로되 이상하다 이
사람이 내 눈을 뜨게 하였으되 당신들이 그가 어디서 왔는지 알
지 못하는도다 31 하나님이 죄인을 듣지 아니하시고 경건하여 그

의 뜻대로 행하는 자는 들으시는 줄을 우리가 아나이다 32 창세
이후로 소경으로난 자의 눈을 뜨게 하였다 함을 듣지 못하였으니
33 이 사람이 하나님께로부터 오지 아니하였으면 아무 일도 할 수
없으리이다 34 저희가 대답하여 가로되 네가 온전히 죄 가운데서
나서 우리를 가르치느냐 하고 이에 쫓아내어 보내니라

바리새인들의 죄

35 ● 예수께서 저희가 그 사람을 쫓아냈다 하는 말을 들으
셨더니 그를 만나사 가라사대 네가 [1)]인자를 믿느냐 36 대답하여
가로되 주여 그가 누구시오니이까 내가 믿고자 하나이다 37 예수
께서 가라사대 네가 그를 보았거니와 지금 너와 말하는 자가 그이
니라 38 가로되 주여 내가 믿나이다 하고 절하는지라 39 예수께
서 가라사대 내가 심판하러 이 세상에 왔으니 보지 못하는 자들은
보게 하고 보는 자들은 소경되게 하려 함이라 하시니 40 바리새인
중에 예수와 함께 있던 자들이 이 말씀을 듣고 가로되 우리도 소
경인가 41 예수께서 가라사대 너희가 소경 되었더면 죄가 없으려
니와 본다고 하니 너희 죄가 그저 있느니라

양의 우리 비유

10 내가 진실로 진실로 너희에게 이르노니 양의 우리에 문으
로 들어가지 아니하고 다른데로 넘어가는 자는 절도며 강
도요 2 문으로 들어가는 이가 양의 목자라 3 문지기는 그를 위하
여 문을 열고 양은 그의 음성을 듣나니 그가 자기 양의 이름을 각
각 불러 인도하여 내느니라 4 자기 양을 다 내어 놓은 후에 앞서
가면 양들이 그의 음성을 아는고로 따라 오되 5 타인의 음성은

1) 어떤 사본에, 하나님 아들을

알지 못하는고로 타인을 따르지 아니하고 도리어 도망하느니라
6 예수께서 이 비유로 저희에게 말씀하셨으나 저희는 그 하신 말
씀이 무엇인지 알지 못하니라

선한 목자

7 • 그러므로 예수께서 다시 이르시되 내가 진실로 진실로
너희에게 말하노니 나는 양의 문이라 8 나보다 먼저 온 자는 다 절
도요 강도니 양들이 듣지 아니하였느니라 9 내가 문이니 누구든
지 나로 말미암아 들어가면 구원을 얻고 또는 들어가며 나오며 꼴
을 얻으리라 10 도적이 오는 것은 도적질하고 죽이고 멸망시키려
는 것뿐이요 내가 온 것은 양으로 생명을 얻게 하고 더 풍성히 얻
게 하려는 것이라 11 나는 선한 목자라 선한 목자는 양들을 위하여
목숨을 버리거니와 12 삯군은 목자도 아니요 양도 제 양이 아니라
이리가 오는 것을 보면 양을 버리고 달아나나니 이리가 양을 늑
탈하고 또 헤치느니라 13 달아나는 것은 저가 삯군인 까닭에 양을
돌아보지 아니함이나 14 나는 선한 목자라 내가 내 양을 알고 양
도 나를 아는 것이 15 아버지께서 나를 아시고 내가 아버지를 아
는 것 같으니 나는 양을 위하여 목숨을 버리노라 16 또 이 우리에
들지 아니한 다른 양들이 내게 있어 내가 인도하여야 할터이니 저
희도 내 음성을 듣고 한 무리가 되어 한 목자에게 있으리라 17 아
버지께서 나를 사랑하시는 것은 내가 다시 목숨을 얻기 위하여 목
숨을 버림이라 18 이를 내게서 빼앗는 자가 있는 것이 아니라 내
가 스스로 버리노라 나는 버릴 권세도 있고 다시 얻을 권세도 있
으니 이 계명은 내 아버지에게서 받았노라 하시니라 19 • 이 말씀

을 인하여 유대인 중에 다시 분쟁이 일어나니 20 그 중에 많은 사
람이 말하되 저가 귀신 들려 미쳤거늘 어찌하여 그 말을 듣느냐
하며 21 혹은 말하되 이 말은 귀신 들린 자의 말이 아니라 귀신이
소경의 눈을 뜨게 할 수 있느냐 하더라

유대인들이 예수를 돌로 치려 하다

22 ● 예루살렘에 수전절이 이르니 때는 겨울이라 23 예수
께서 성전 안 솔로몬 행각에서 다니시니 24 유대인들이 에워싸고
가로되 당신이 언제까지나 우리 마음을 의혹케 하려나이까 그리
스도여든 밝히 말하시오 하니 25 예수께서 대답하시되 내가 너희
에게 말하였으되 믿지 아니하는도다 내가 내 아버지의 이름으로
행하는 일들이 나를 증거하는 것이어늘 26 너희가 내 양이 아니
므로 믿지 아니하는도다 27 내 양은 내 음성을 들으며 나는 저희
를 알며 저희는 나를 따르느니라 28 내가 저희에게 영생을 주노
니 영원히 멸망치 아니할 터이요 또 저희를 내 손에서 빼앗을 자
가 없느니라 29 [1]저희를 주신 내 아버지는 만유보다 크시매 아무
도 아버지 손에서 빼앗을 수 없느니라 30 나와 아버지는 하나이니
라 하신대 31 유대인들이 다시 돌을 들어 치려 하거늘 32 예수께
서 대답하시되 내가 아버지께로 말미암아 여러가지 선한 일을 너
희에게 보였거늘 그 중에 어떤 일로 나를 돌로 치려하느냐 33 유
대인들이 대답하되 선한 일을 인하여 우리가 너를 돌로 치려는 것
이 아니라 참람함을 인함이니 네가 사람이 되어 자칭 하나님이라
함이로라 34 예수께서 가라사대 너희 [ㄱ]율법에 기록한바 내가 너
희를 신이라 하였노라 하지 아니하였느냐 35 성경은 폐하지 못하

1) 어떤 사본에, 내 아버지께서 내게 주신 것이 만물보다 크매 ㄱ. 시 82:6

나니 하나님의 말씀을 받은 사람들을 신이라 하셨거든 36 하물며
아버지께서 거룩하게 하사 세상에 보내신 자가 나는 하나님 아들
이라 하는 것으로 너희가 어찌 참람하다 하느냐 37 만일 내가 내
아버지의 일을 행치 아니하거든 나를 믿지 말려니와 38 내가 행
하거든 나를 믿지 아니할찌라도 그 일은 믿으라 그러면 너희가 아
버지께서 내 안에 계시고 내가 아버지 안에 있음을 깨달아 알리
라 하신대 39 저희가 다시 예수를 잡고자 하였으나 그 손에서 벗
어나 나가시니라 40 • 다시 요단강 저편 요한이 처음으로 세례 주
던 곳에 가사 거기 거하시니 41 많은 사람이 왔다가 말하되 요한
은 아무 [1]표적도 행치 아니하였으나 요한이 이 사람을 가리켜 말
한 것은 다 참이라 하더라 42 그리하여 거기서 많은 사람이 예수
를 믿으니라

죽은 나사로를 살리시다

11 어떤 병든 자가 있으니 이는 마리아와 그 형제 마르다의 촌
베다니에 사는 나사로라 2 이 마리아는 향유를 주께 붓고
머리털로 주의 발을 씻기던 자요 병든 나사로는 그의 오라비러라
3 이에 그 누이들이 예수께 사람을 보내어 가로되 주여 보시옵소
서 사랑하시는 자가 병들었나이다 하니 4 예수께서 들으시고 가
라사대 이 병은 죽을 병이 아니라 하나님의 영광을 위함이요 하나
님의 아들로 이를 인하여 영광을 얻게 하려함이라 하시더라 5 예
수께서 본래 마르다와 그 [2]동생과 나사로를 사랑하시더니 6 나사
로가 병들었다 함을 들으시고 그 계시던 곳에 이틀을 더 유하시
고 7 그 후에 제자들에게 이르시되 유대로 다시 가자 하시니 8 제

1) 혹 이적 2) 형제

자들이 말하되 랍비여 방금도 유대인들이 돌로 치려 하였는데 또
그리로 가시려 하나이까 9 예수께서 대답하시되 낮이 열 두시가
아니냐 사람이 낮에 다니면 이 세상의 빛을 보므로 실족하지 아
니하고 10 밤에 다니면 빛이 그 사람 안에 없는고로 실족하느니라
11 이 말씀을 하신 후에 또 가라사대 우리 친구 나사로가 잠들었도
다 그러나 내가 깨우러 가노라 12 제자들이 가로되 주여 잠들었
으면 낫겠나이다 하더라 13 예수는 그의 죽음을 가리켜 말씀하신
것이나 저희는 잠들어 쉬는 것을 가리켜 말씀하심인줄 생각하는
지라 14 이에 예수께서 밝히 이르시되 나사로가 죽었느니라 15 내
가 거기 있지 아니한 것을 너희를 위하여 기뻐하노니 이는 너희
로 믿게 하려함이라 그러나 그에게로 가자 하신대 16 디두모라 하
는 도마가 다른 제자들에게 말하되 우리도 주와 함께 죽으러 가
자 하니라

나는 부활이요 생명이다

17 • 예수께서 와서 보시니 나사로가 무덤에 있은지 이미 나
흘이라 18 베다니는 예루살렘에서 가깝기가 한 오리쯤 되매 19 많
은 유대인이 마르다와 마리아에게 그 오라비의 일로 위문하러 왔
더니 20 마르다는 예수 오신다는 말을 듣고 곧 나가 맞되 마리아
는 집에 앉았더라 21 마르다가 예수께 여짜오되 주께서 여기 계셨
더면 내 오라비가 죽지 아니하였겠나이다 22 그러나 나는 이제라
도 주께서 무엇이든지 하나님께 구하시는 것을 하나님이 주실 줄
을 아나이다 23 예수께서 가라사대 네 오라비가 다시 살리라 24 마
르다가 가로되 마지막 날 부활에는 다시 살 줄을 내가 아나이다

25 예수께서 가라사대 나는 부활이요 생명이니 나를 믿는 자는 죽
어도 살겠고 26 무릇 살아서 나를 믿는 자는 영원히 죽지 아니하
리니 이것을 네가 믿느냐 27 가로되 주여 그러하외다 주는 그리스
도시요 세상에 오시는 하나님의 아들이신줄 내가 믿나이다 28 이
말을 하고 돌아가서 가만히 그 형제 마리아를 불러 말하되 선생님
이 오셔서 너를 부르신다 하니 29 마리아가 이 말을 듣고 급히 일
어나 예수께 나아가매 30 예수는 아직 마을로 들어오지 아니하시
고 마르다의 맞던 곳에 그저 계시더라 31 마리아와 함께 집에 있
어 위로하던 유대인들은 그의 급히 일어나 나가는 것을 보고 곡하
러 무덤에 가는 줄로 생각하고 따라가더니 32 마리아가 예수 계
신 곳에 와서 보이고 그 발 앞에 엎드리어 가로되 주께서 여기 계
셨더면 내 오라비가 죽지 아니하였겠나이다 하더라 33 예수께서
그의 우는 것과 또 함께 온 유대인들의 우는 것을 보시고 심령에
통분히 여기시고 민망히 여기사 34 가라사대 그를 어디 두었느냐
가로되 주여 와서 보옵소서 하니 35 예수께서 눈물을 흘리시더라
36 이에 유대인들이 말하되 보라 그를 어떻게 사랑하였는가 하며
37 그중 어떤 이는 말하되 소경의 눈을 뜨게 한 이 사람이 그 사람
은 죽지 않게 할 수 없었더냐 하더라 38 이에 예수께서 다시 속으
로 통분히 여기시며 무덤에 가시니 무덤이 굴이라 돌로 막았거늘
39 예수께서 가라사대 돌을 옮겨 놓으라 하시니 그 죽은 자의 누이
마르다가 가로되 주여 죽은지가 나흘이 되었으매 벌써 냄새가 나
나이다 40 예수께서 가라사대 내 말이 네가 믿으면 하나님의 영
광을 보리라 하지 아니하였느냐 하신대 41 돌을 옮겨 놓으니 예수

께서 눈을 들어 우러러 보시고 가라사대 아버지여 내 말을 들으신
것을 감사하나이다 42 항상 내 말을 들으시는 줄을 내가 알았나이
다 그러나 이 말씀 하옵는 것은 둘러선 무리를 위함이니 곧 아버
지께서 나를 보내신 것을 저희로 믿게 하려 함이니이다 43 이 말
씀을 하시고 큰 소리로 나사로야 나오라 부르시니 44 죽은 자가
수족을 베로 동인채로 나오는데 그 얼굴은 수건에 싸였더라 예수
께서 가라사대 풀어 놓아 다니게 하라 하시니라

예수를 죽이려고 모의하다(마 26:1-5; 막 14:1-2; 눅 22:1-2)

45 ●마리아에게 와서 예수의 하신 일을 본 많은 유대인이
저를 믿었으나 46 그 중에 어떤 자는 바리새인들에게 가서 예수
의 하신 일을 고하니라 47 ●이에 대제사장들과 바리새인들이 공
회를 모으고 가로되 이 사람이 많은 [1]표적을 행하니 우리가 어떻
게 하겠느냐 48 만일 저를 이대로 두면 모든 사람이 저를 믿을 것
이요 그리고 로마인들이 와서 우리 땅과 민족을 빼앗아 가리라 하
니 49 그 중에 한 사람 그 해 대제사장인 가야바가 저희에게 말하
되 너희가 아무 것도 알지 못하는도다 50 한 사람이 백성을 위하
여 죽어서 온 민족이 망하지 않게 되는 것이 너희에게 유익한 줄
을 생각지 아니하는도다 하였으니 51 이 말은 스스로 함이 아니요
그 해에 대제사장이므로 예수께서 그 민족을 위하시고 52 또 그
민족만 위할뿐 아니라 흩어진 하나님의 자녀를 모아 하나가 되게
하기 위하여 죽으실 것을 미리 말함이러라 53 이 날부터는 저희
가 예수를 죽이려고 모의하니라 54 ●그러므로 예수께서 다시 유
대인 가운데 드러나게 다니지 아니하시고 여기를 떠나 빈 들 가까

1) 혹 이적

운 곳인 에브라임이라는 동네에 가서 제자들과 함께 거기 유하시
니라 55 유대인의 유월절이 가까우매 많은 사람이 자기를 성결케
하기 위하여 유월절 전에 시골서 예루살렘으로 올라갔더니 56 저
희가 예수를 찾으며 성전에 서서 서로 말하되 너희 생각에는 어떠
하뇨 저가 명절에 오지 아니하겠느냐 하니 57 이는 대제사장들과
바리새인들이 누구든지 예수 있는 곳을 알거든 고하여 잡게 하라
명령하였음이러라

예수의 발에 향유를 붓다(마 26:6-13; 막 14:3-9)

12 유월절 엿새 전에 예수께서 베다니에 이르시니 이곳은 예
수께서 죽은 자 가운데서 살리신 나사로의 있는 곳이라
2 거기서 예수를 위하여 잔치할새 마르다는 일을 보고 나사로는
예수와 함께 [1]앉은자 중에 있더라 3 마리아는 지극히 비싼 향유
곧 순전한 나드 한 근을 가져다가 예수의 발에 붓고 자기 머리털
로 그의 발을 씻으니 향유 냄새가 집에 가득하더라 4 제자 중 하
나로서 예수를 잡아 줄 가룟 유다가 말하되 5 이 향유를 어찌하여
삼백 [2]데나리온에 팔아 가난한 자들에게 주지 아니하였느냐 하
니 6 이렇게 말함은 가난한 자들을 생각함이 아니요 저는 도적이
라 돈 궤를 맡고 거기 넣는 것을 훔쳐 감이러라 7 예수께서 가라사
대 저를 가만 두어 나의 장사할 날을 위하여 이를 두게 하라 8 가
난한 자들은 항상 너희와 함께 있거니와 나는 항상 있지 아니하
리라 하시니라

나사로를 죽이려고 모의하다

9 • 유대인의 큰 무리가 예수께서 여기 계신줄을 알고 오

1) 6:10 난하주를 보라 2) 은전의 명칭

니 이는 예수만 위함이 아니요 죽은 자 가운데서 살리신 나사로도
보려 함이러라 10 대제사장들이 나사로까지 죽이려고 모의하니
11 나사로 까닭에 많은 유대인이 가서 예수를 믿음이러라

예루살렘으로 가시다(마 21:1-11; 막 11:1-11; 눅 19:28-40)

12 ●그 이튿날에는 명절에 온 큰 무리가 예수께서 예루살
렘으로 오신다 함을 듣고 13 종려나무 가지를 가지고 맞으러 나
가 외치되 호산나 찬송하리로다 주의 이름으로 오시는이 곧 이스
라엘의 왕이시여 하더라 14 예수는 한 어린 나귀를 만나서 타시
니 15 이는 기록된바 [ㄱ]시온 딸아 두려워 말라 보라 너의 왕이 나
귀새끼를 타고 오신다 함과 같더라 16 제자들은 처음에 이 일을
깨닫지 못하였다가 예수께서 영광을 얻으신 후에야 이것이 예수
께 대하여 기록된 것임과 사람들이 예수께 이같이 한 것인줄 생
각났더라 17 나사로를 무덤에서 불러내어 죽은자 가운데서 살리
실 때에 함께 있던 무리가 증거한지라 18 이에 무리가 예수를 맞
음은 이 [1)]표적 행하심을 들었음이러라 19 바리새인들이 서로 말
하되 볼찌어다 너희 하는 일이 쓸데 없다 보라 온 세상이 저를 좇
는도다 하니라

인자가 들려야 하리라

20 ●명절에 예배하러 올라온 사람 중에 헬라인 몇이 있는
데 21 저희가 갈릴리 벳새다 사람 빌립에게 가서 청하여 가로되
선생이여 우리가 예수를 뵈옵고자 하나이다 하니 22 빌립이 안드
레에게 가서 말하고 안드레와 빌립이 예수께 가서 여짜온대 23 예
수께서 대답하여 가라사대 인자의 영광을 얻을 때가 왔도다 24 내

1) 혹 이적 ㄱ. 슥 9:9

가 진실로 진실로 너희에게 이르노니 한 알의 밀이 땅에 떨어져
죽지 아니하면 한 알 그대로 있고 죽으면 많은 열매를 맺느니라
25 자기 [1]생명을 사랑하는 자는 잃어버릴 것이요 이 세상에서 자
기 [1]생명을 미워하는 자는 영생하도록 보존하리라 26 사람이 나
를 섬기려면 나를 따르라 나 있는 곳에 나를 섬기는 자도 거기 있
으리니 사람이 나를 섬기면 내 아버지께서 저를 귀히 여기시리라
27 지금 내 [1]마음이 민망하니 무슨 말을 하리요 아버지여 나를 구
원하여 이 때를 면하게 하여 주옵소서 그러나 내가 이를 위하여
이 때에 왔나이다 28 아버지여 아버지의 이름을 영광스럽게 하옵
소서 하시니 이에 하늘에서 소리가 나서 가로되 내가 이미 영광스
럽게 하였고 또 다시 영광스럽게 하리라 하신대 29 곁에 서서 들
은 무리는 우뢰가 울었다고도 하며 또 어떤이들은 천사가 저에게
말하였다고도 하니 30 예수께서 대답하여 가라사대 이 소리가 난
것은 나를 위한 것이 아니요 너희를 위한 것이니라 31 이제 이 세
상의 심판이 이르렀으니 이 세상 임금이 쫓겨나리라 32 내가 땅에
서 들리면 모든 사람을 내게로 이끌겠노라 하시니 33 이렇게 말씀
하심은 자기가 어떠한 죽음으로 죽을 것을 보이심이러라 34 이에
무리가 대답하되 우리는 율법에서 그리스도가 영원히 계신다 함
을 들었거늘 너는 어찌하여 인자가 들려야 하리라 하느냐 이 인자
는 누구냐 35 예수께서 가라사대 아직 잠시 동안 빛이 너희 중에
있으니 빛이 있을 동안에 다녀 어두움에 붙잡히지 않게 하라 어두
움에 다니는 자는 그 가는 바를 알지 못하느니라 36 너희에게 아
직 빛이 있을 동안에 빛을 믿으라 그리하면 빛의 아들이 되리라

1) 혹 영혼

유대 사람들이 믿지 아니하다

• 예수께서 이 말씀을 하시고 저희를 떠나가서 숨으시니
라 37 이렇게 많은 [1)]표적을 저희 앞에서 행하셨으나 저를 믿지 아
니하니 38 이는 선지자 이사야의 말씀을 이루려 하심이라 가로되
[ㄱ]주여 우리에게 들은 바를 누가 믿었으며 주의 팔이 뉘게 나타났
나이까 하였더라 39 저희가 능히 믿지 못한 것은 이 까닭이니 곧
이사야가 다시 일렀으되 40 [ㄴ]저희 눈을 멀게 하시고 저희 마음을
완고하게 하셨으니 이는 저희로 하여금 눈으로 보고 마음으로 깨
닫고 돌이켜 내게 고침을 받지 못하게 하려 함이니라 하였음이더
라 41 이사야가 이렇게 말한 것은 주의 영광을 보고 주를 가리켜
말한 것이라 42 그러나 관원 중에도 저를 믿는 자가 많되 바리새
인들을 인하여 드러나게 말하지 못하니 이는 출회를 당할까 두려
워함이라 43 저희는 사람의 영광을 하나님의 영광보다 더 사랑하
였더라

마지막 날과 심판

44 • 예수께서 외쳐 가라사대 나를 믿는 자는 나를 믿는 것
이 아니요 나를 보내신 이를 믿는 것이며 45 나를 보는 자는 나
를 보내신 이를 보는 것이니라 46 나는 빛으로 세상에 왔나니 무
릇 나를 믿는 자로 어두움에 거하지 않게 하려 함이로라 47 사람
이 내 말을 듣고 지키지 아니할찌라도 내가 저를 심판하지 아니
하노라 내가 온 것은 세상을 심판하려 함이 아니요 세상을 구원하
려 함이로라 48 나를 저버리고 내 말을 받지 아니하는 자를 심판
할 이가 있으니 곧 나의 한 그 말이 마지막 날에 저를 심판하리라

1) 혹 이적 ㄱ. 사 53:1 ㄴ. 사 6:10

49 내가 내 자의로 말한 것이 아니요 나를 보내신 아버지께서 나의
말할 것과 이를 것을 친히 명령하여 주셨으니 50 나는 그의 명령
이 영생인줄 아노라 그러므로 나의 이르는 것은 내 아버지께서 내
게 말씀하신 그대로 이르노라 하시니라

제자들의 발을 씻기시다

13 유월절 전에 예수께서 자기가 세상을 떠나 아버지께로 돌
아가실 때가 이른줄 아시고 세상에 있는 자기 사람들을 사
랑하시되 끝까지 사랑하시니라 2 마귀가 벌써 시몬의 아들 가룟
유다의 마음에 예수를 팔려는 생각을 넣었더니 3 저녁 먹는 중 예
수는 아버지께서 모든 것을 자기 손에 맡기신 것과 또 자기가 하
나님께로부터 오셨다가 하나님께로 돌아가실 것을 아시고 4 저
녁 잡수시던 자리에서 일어나 겉옷을 벗고 수건을 가져다가 허리
에 두르시고 5 이에 대야에 물을 담아 제자들의 발을 씻기시고 그
두르신 수건으로 씻기기를 시작하여 6 시몬 베드로에게 이르시
니 가로되 주여 주께서 내 발을 씻기시나이까 7 예수께서 대답하
여 가라사대 나의 하는 것을 네가 이제는 알지 못하나 이 후에는
알리라 8 베드로가 가로되 내 발을 [1)]절대로 씻기지 못하시리이다
예수께서 대답하시되 내가 너를 씻기지 아니하면 네가 나와 상관
이 없느니라 9 시몬 베드로가 가로되 주여 내 발 뿐아니라 손과 머
리도 씻겨 주옵소서 10 예수께서 가라사대 이미 목욕한 자는 발
밖에 씻을 필요가 없느니라 온 몸이 깨끗하니라 너희가 깨끗하나
다는 아니니라 하시니 11 이는 자기를 팔 자가 누구인지 아심이라
그러므로 다는 깨끗지 아니하다 하시니라 12 • 저희 발을 씻기신

1) 혹 영원히

후에 옷을 입으시고 다시 앉아 저희에게 이르시되 내가 너희에게
행한 것을 너희가 아느냐 13 너희가 나를 선생이라 또는 주라 하
니 너희 말이 옳도다 내가 그러하다 14 내가 주와 또는 선생이 되
어 너희 발을 씻겼으니 너희도 서로 발을 씻기는 것이 옳으니라
15 내가 너희에게 행한것 같이 너희도 행하게 하려하여 본을 보였
노라 16 내가 진실로 진실로 너희에게 이르노니 종이 상전보다 크
지 못하고 보냄을 받은 자가 보낸 자보다 크지 못하니 17 너희가
이것을 알고 행하면 복이 있으리라 18 내가 너희를 다 가리켜 말
하는 것이 아니라 내가 나의 택한 자들이 누구인지 앎이라 그러나
ㄱ내 떡을 먹는 자가 내게 발꿈치를 들었다 한 성경을 응하게 하려
는 것이니라 19 지금부터 일이 이루기 전에 미리 너희에게 이름은
일이 이룰 때에 내가 그인줄 너희로 믿게 하려 함이로라 20 내가
진실로 진실로 너희에게 이르노니 나의 보낸 자를 영접하는 자는
나를 영접하는 것이요 나를 영접하는 자는 나를 보내신 이를 영접
하는 것이니라

너희 중 하나가 나를 팔리라(마 26:20-25; 막 14:17-21; 눅 22:21-23)

21 ● 예수께서 이 말씀을 하시고 심령에 민망하여 증거하
여 가라사대 내가 진실로 진실로 너희에게 이르노니 너희 중 하나
가 나를 팔리라 하시니 22 제자들이 서로 보며 뉘게 대하여 말씀
하시는지 의심하더라 23 예수의 제자 중 하나 곧 그의 사랑하시는
자가 예수의 품에 의지하여 누웠는지라 24 시몬 베드로가 머릿짓
을 하여 말하되 말씀하신 자가 누구인지 말하라 한대 25 그가 예수
의 가슴에 그대로 의지하여 말하되 주여 누구오니이까 26 예수께

ㄱ. 시 41:9

서 대답하시되 내가 한 조각을 찍어다가 주는 자가 그니라 하시고
곧 한 조각을 찍으셔다가 가룟 시몬의 아들 유다를 주시니 27 조
각을 받은 후 곧 사단이 그 속에 들어간지라 이에 예수께서 유다
에게 이르시되 네 하는 일을 속히 하라 하시니 28 이 말씀을 무슨
뜻으로 하셨는지 그 [1]앉은 자 중에 아는 이가 없고 29 어떤이들
은 유다가 돈 궤를 맡았으므로 명절에 우리의 쓸 물건을 사라 하
시는지 혹 가난한 자들에게 무엇을 주라 하시는 줄로 생각하더라
30 유다가 그 조각을 받고 곧 나가니 밤이러라

새 계명

31 • 저가 나간 후에 예수께서 가라사대 지금 인자가 영광
을 얻었고 하나님도 인자를 인하여 영광을 얻으셨도다 32 만일 하
나님이 저로 인하여 영광을 얻으셨으면 하나님도 자기로 인하여
저에게 영광을 주시리니 곧 주시리라 33 소자들아 내가 아직 잠
시 너희와 함께 있겠노라 너희가 나를 찾을터이나 그러나 일찍
내가 유대인들에게 너희는 나의 가는 곳에 올 수 없다고 말한 것
과 같이 지금 너희에게도 이르노라 34 새 계명을 너희에게 주노
니 서로 사랑하라 내가 너희를 사랑한것 같이 너희도 서로 사랑
하라 35 너희가 서로 사랑하면 이로써 모든 사람이 너희가 내 제
자인줄 알리라

베드로가 부인할 것을 이르시다(마 26:31-35; 막 14:27-31; 눅 22:31-34)

36 • 시몬 베드로가 가로되 주여 어디로 가시나이까 예수
께서 대답하시되 나의 가는 곳에 네가 지금은 따라 올 수 없으
나 후에는 따라 오리라 37 베드로가 가로되 주여 내가 지금은 어

1) 6:10 난하주를 보라

찌하여 따를 수 없나이까 주를 위하여 내 목숨을 버리겠나이다
38 예수께서 대답하시되 네가 나를 위하여 네 목숨을 버리겠느냐
내가 진실로 진실로 네게 이르노니 닭 울기 전에 네가 세번 나를
부인하리라

내가 곧 길이요 진리요 생명이다

14 너희는 마음에 근심하지 말라 하나님을 [1]믿으니 또 나를
믿으라 2 내 아버지 집에 거할 곳이 많도다 그렇지 않으면
너희에게 일렀으리라 내가 너희를 위하여 처소를 예비하러 가노
니 3 가서 너희를 위하여 처소를 예비하면 내가 다시 와서 너희를
내게로 영접하여 나 있는 곳에 너희도 있게 하리라 4 내가 가는
곳에 그 길을 너희가 알리라 5 도마가 가로되 주여 어디로 가시는
지 우리가 알지 못하거늘 그 길을 어찌 알겠삽나이까 6 예수께서
가라사대 내가 곧 길이요 진리요 생명이니 나로 말미암지 않고는
아버지께로 올 자가 없느니라 7 너희가 나를 알았더면 내 아버지
도 알았으리로다 이제부터는 너희가 그를 알았고 또 보았느니라
8 빌립이 가로되 주여 아버지를 우리에게 보여 주옵소서 그리하
면 족하겠나이다 9 예수께서 가라사대 빌립아 내가 이렇게 오래
너희와 함께 있으되 네가 나를 알지 못하느냐 나를 본 자는 아버
지를 보았거늘 어찌하여 아버지를 보이라 하느냐 10 나는 아버지
안에 있고 아버지는 내 안에 계신 것을 네가 믿지 아니하느냐 내
가 너희에게 이르는 말이 스스로 하는 것이 아니라 아버지께서 내
안에 계셔 그의 일을 하시는 것이라 11 내가 아버지 안에 있고 아
버지께서 내 안에 계심을 믿으라 그렇지 못하겠거든 행하는 그 일

1) 혹 믿고

을 인하여 나를 믿으라 12 내가 진실로 진실로 너희에게 이르노니
나를 믿는 자는 나의 하는 일을 저도 할 것이요 또한 이보다 큰 것
도 하리니 이는 내가 아버지께로 감이니라 13 너희가 내 이름으로
무엇을 구하든지 내가 시행하리니 이는 아버지로 하여금 아들을
인하여 영광을 얻으시게 하려 함이라 14 내 이름으로 무엇이든지
내게 구하면 내가 시행하리라 15 너희가 나를 사랑하면 나의 계명
을 지키리라 16 내가 아버지께 구하겠으니 그가 또 다른 보혜사를
너희에게 주사 영원토록 너희와 함께 있게 하시리니 17 저는 진리
의 영이라 세상은 능히 저를 받지 못하나니 이는 저를 보지도 못
하고 알지도 못함이라 그러나 너희는 저를 아나니 저는 너희와 함
께 거하심이요 또 너희 속에 계시겠음이라 18 내가 너희를 고아와
같이 버려두지 아니하고 너희에게로 오리라 19 조금 있으면 세상
은 다시 나를 보지 못할 터이로되 너희는 나를 보리니 이는 내가
살았고 너희도 살겠음이라 20 그 날에는 내가 아버지 안에, 너희
가 내 안에, 내가 너희 안에 있는 것을 너희가 알리라 21 나의 계명
을 가지고 지키는 자라야 나를 사랑하는 자니 나를 사랑하는 자는
내 아버지께 사랑을 받을 것이요 나도 그를 사랑하여 그에게 나를
나타내리라 22 가룟인 아닌 유다가 가로되 주여 어찌하여 자기를
우리에게는 나타내시고 세상에게는 아니하려 하시나이까 23 예
수께서 대답하여 가라사대 사람이 나를 사랑하면 내 말을 지키리
니 내 아버지께서 저를 사랑하실 것이요 우리가 저에게 와서 거처
를 저와 함께 하리라 24 나를 사랑하지 아니하는 자는 내 말을 지
키지 아니하나니 너희의 듣는 말은 내 말이 아니요 나를 보내신

아버지의 말씀이니라

보혜사를 약속하시다

25 • 내가 아직 너희와 함께 있어서 이 말을 너희에게 하였
거니와 26 보혜사 곧 아버지께서 내 이름으로 보내실 성령 그가
너희에게 모든 것을 가르치시고 내가 너희에게 말한 모든 것을 생
각나게 하시리라 27 평안을 너희에게 끼치노니 곧 나의 평안을 너
희에게 주노라 내가 너희에게 주는 것은 세상이 주는 것 같지 아
니하니라 너희는 마음에 근심도 말고 두려워하지도 말라 28 내가
갔다가 너희에게로 온다 하는 말을 너희가 들었나니 나를 사랑하
였더면 나의 아버지께로 감을 기뻐하였으리라 아버지는 나보다
크심이니라 29 이제 일이 이루기 전에 너희에게 말한 것은 일이
이룰 때에 너희로 믿게 하려 함이라 30 이후에는 내가 너희와 말
을 많이 하지 아니하리니 이 세상 임금이 오겠음이라 그러나 저는
내게 관계할 것이 없으니 31 오직 내가 아버지를 사랑하는 것과
아버지의 명하신대로 행하는 것을 세상으로 알게 하려 함이로라
일어나라 여기를 떠나자 하시니라

나는 포도나무요 너희는 가지다

15 내가 참 포도나무요 내 아버지는 그 농부라 2 무릇 내게 있
어 과실을 맺지 아니하는 가지는 아버지께서 이를 제해 버
리시고 무릇 과실을 맺는 가지는 더 과실을 맺게 하려하여 이를
깨끗케 하시느니라 3 너희는 내가 일러준 말로 이미 깨끗하였으
니 4 내 안에 거하라 나도 너희 안에 거하리라 가지가 포도나무에
붙어 있지 아니하면 절로 과실을 맺을 수 없음 같이 너희도 내 안

에 있지 아니하면 그러하리라 5 나는 포도나무요 너희는 가지니
저가 내 안에, 내가 저 안에 있으면 이 사람은 과실을 많이 맺나니
나를 떠나서는 너희가 아무 것도 할 수 없음이라 6 사람이 내 안
에 거하지 아니하면 가지처럼 밖에 버리워 말라지나니 사람들이
이것을 모아다가 불에 던져 사르느니라 7 너희가 내 안에 거하고
내 말이 너희 안에 거하면 무엇이든지 원하는대로 구하라 그리하
면 이루리라 8 너희가 과실을 많이 맺으면 내 아버지께서 영광을
받으실 것이요 너희가 내 제자가 되리라 9 아버지께서 나를 사랑
하신 것 같이 나도 너희를 사랑하였으니 나의 사랑 안에 거하라
10 내가 아버지의 계명을 지켜 그의 사랑 안에 거하는것 같이 너희
도 내 계명을 지키면 내 사랑 안에 거하리라 11 내가 이것을 너희
에게 이름은 내 기쁨이 너희 안에 있어 너희 기쁨을 충만하게 하
려함이니라 12 내 계명은 곧 내가 너희를 사랑한 것 같이 너희도
서로 사랑하라 하는 이것이니라 13 사람이 친구를 위하여 자기 목
숨을 버리면 이에서 더 큰 사랑이 없나니 14 너희가 나의 명하는
대로 행하면 곧 나의 친구라 15 이제부터는 너희를 종이라 하지
아니하리니 종은 주인의 하는 것을 알지 못함이라 너희를 친구라
하였노니 내가 내 아버지께 들은 것을 다 너희에게 알게 하였음이
니라 16 너희가 나를 택한 것이 아니요 내가 너희를 택하여 세웠
나니 이는 너희로 가서 과실을 맺게 하고 또 너희 과실이 항상 있
게 하여 내 이름으로 아버지께 무엇을 구하든지 다 받게 하려 함
이니라 17 내가 이것을 너희에게 명함은 너희로 서로 사랑하게 하
려함이로라 18 세상이 너희를 미워하면 너희보다 먼저 나를 미워

한 줄을 알라 19 너희가 세상에 속하였으면 세상이 자기의 것을
사랑할 터이나 너희는 세상에 속한 자가 아니요 도리어 세상에서
나의 택함을 입은 자인고로 세상이 너희를 미워하느니라 20 내가
너희더러 종이 주인보다 더 크지 못하다 한 말을 기억하라 사람들
이 나를 핍박하였은즉 너희도 핍박할 터이요 내 말을 지켰은즉 너
희 말도 지킬 터이라 21 그러나 사람들이 내 이름을 인하여 이 모
든 일을 너희에게 하리니 이는 나 보내신 이를 알지 못함이니라
22 내가 와서 저희에게 말하지 아니하였더면 죄가 없었으려니와
지금은 그 죄를 핑계할 수 없느니라 23 나를 미워하는 자는 또 내
아버지를 미워하느니라 24 내가 아무도 못한 일을 저희 중에서 하
지 아니하였더면 저희가 죄 없었으려니와 지금은 저희가 나와 및
내 아버지를 보았고 또 미워하였도다 25 그러나 이는 저희 율법에
ㄱ기록된바 저희가 연고 없이 나를 미워하였다한 말을 응하게 하
려 함이니라 26 내가 아버지께로서 너희에게 보낼 보혜사 곧 아버
지께로서 나오시는 진리의 성령이 오실 때에 그가 나를 증거하실
것이요 27 너희도 처음부터 나와 함께 있었으므로 증거하느니라

성령의 일

16 내가 이것을 너희에게 이름은 너희로 실족지 않게 하려 함
이니 2 사람들이 너희를 출회할 뿐아니라 때가 이르면 무
릇 너희를 죽이는 자가 생각하기를 이것이 하나님을 섬기는 예라
하리라 3 저희가 이런 일을 할 것은 아버지와 나를 알지 못함이라
4 오직 너희에게 이 말을 이른 것은 너희로 그 때를 당하면 내가 너
희에게 이 말 한 것을 기억나게 하려 함이요 처음부터 이 말을 하

ㄱ. 시 35:19, 69:4

지 아니한 것은 내가 너희와 함께 있었음이니라 5 지금 내가 나를
보내신 이에게로 가는데 너희 중에서 나더러 어디로 가느냐 묻는
자가 없고 6 도리어 내가 이 말을 하므로 너희 마음에 근심이 가득
하였도다 7 그러하나 내가 너희에게 실상을 말하노니 내가 떠나
가는 것이 너희에게 유익이라 내가 떠나가지 아니하면 보혜사가
너희에게로 오시지 아니할 것이요 가면 내가 그를 너희에게로 보
내리니 8 그가 와서 죄에 대하여, 의에 대하여, 심판에 대하여 세
상을 책망하시리라 9 죄에 대하여라 함은 저희가 나를 믿지 아니
함이요 10 의에 대하여라 함은 내가 아버지께로 가니 너희가 다시
나를 보지 못함이요 11 심판에 대하여라 함은 이 세상 임금이 심
판을 받았음이니라 12 내가 아직도 너희에게 이를 것이 많으나 지
금은 너희가 감당치 못하리라 13 그러하나 진리의 성령이 오시면
그가 너희를 모든 진리 가운데로 인도하시리니 그가 자의로 말하
지 않고 오직 듣는 것을 말하시며 장래 일을 너희에게 알리시리라
14 그가 내 영광을 나타내리니 내 것을 가지고 너희에게 알리겠음
이니라 15 무릇 아버지께 있는 것은 다 내 것이라 그러므로 내가
말하기를 그가 내 것을 가지고 너희에게 알리리라 하였노라 16 조
금 있으면 너희가 나를 보지 못하겠고 또 조금 있으면 나를 보리
라 하신대 17 제자 중에서 서로 말하되 우리에게 말씀하신바 조
금 있으면 나를 보지 못하겠고 또 조금 있으면 나를 보리라 하
시며 또 내가 아버지께로 감이라 하신 것이 무슨 말씀이뇨 하고
18 또 말하되 조금 있으면이라한 말씀이 무슨 말씀이뇨 무엇을 말
씀하시는지 알지 못하노라 하거늘 19 예수께서 그 묻고자 함을 아

시고 가라사대 내 말이 조금 있으면 나를 보지 못하겠고 또 조금 있
으면 나를 보리라 하므로 서로 문의하느냐 20 내가 진실로 진실로
너희에게 이르노니 너희는 곡하고 애통하리니 세상이 기뻐하리
라 너희는 근심하겠으나 너희 근심이 도리어 기쁨이 되리라 21 여
자가 해산하게 되면 그 때가 이르렀으므로 근심하나 아이를 낳으
면 세상에 사람 난 기쁨을 인하여 그 고통을 다시 기억지 아니하
느니라 22 지금은 너희가 근심하나 내가 다시 너희를 보리니 너희
마음이 기쁠 것이요 너희 기쁨을 빼앗을 자가 없느니라 23 그 날
에는 너희가 아무 것도 내게 [1]묻지 아니하리라 내가 진실로 진실
로 너희에게 이르노니 너희가 무엇이든지 아버지께 구하는 것을
내 이름으로 주시리라 24 지금까지는 너희가 내 이름으로 아무 것
도 구하지 아니하였으나 구하라 그리하면 받으리니 너희 기쁨이
충만하리라

내가 세상을 이겼다

25 ●이것을 비사로 너희에게 일렀거니와 때가 이르면 다
시 비사로 너희에게 이르지 않고 아버지에 대한 것을 밝히 이르리
라 26 그 날에 너희가 내 이름으로 구할 것이요 내가 너희를 위하
여 아버지께 구하겠다 하는 말이 아니니 27 이는 너희가 나를 사
랑하고 또 나를 하나님께로서 온줄 믿은 고로 아버지께서 친히 너
희를 사랑하심이니라 28 내가 아버지께로 나와서 세상에 왔고 다
시 세상을 떠나 아버지께로 가노라 하시니 29 제자들이 말하되 지
금은 밝히 말씀하시고 아무 비사도 하지 아니하시니 30 우리가 지
금에야 주께서 모든 것을 아시고 또 사람의 물음을 기다리시지 않

1) 혹 구하지 아니하리라

는줄 아나이다 이로써 하나님께로서 나오심을 우리가 믿삽나이
다 31 예수께서 대답하시되 이제는 너희가 믿느냐 32 보라 너희가
다 각각 제 곳으로 흩어지고 나를 혼자 둘 때가 오나니 벌써 왔도
다 그러나 내가 혼자 있는 것이 아니라 아버지께서 나와 함께 계
시느니라 33 이것을 너희에게 이름은 너희로 내 안에서 평안을 누
리게 하려함이라 세상에서는 너희가 환난을 당하나 담대하라 내
가 세상을 이기었노라 하시니라

기도하시다

17 예수께서 이 말씀을 하시고 눈을 들어 하늘을 우러러 가
라사대 아버지여 때가 이르렀사오니 아들을 영화롭게 하
사 아들로 아버지를 영화롭게 하게 하옵소서 2 아버지께서 아들
에게 주신 모든 자에게 영생을 주게 하시려고 만민을 다스리는 권
세를 아들에게 주셨음이로소이다 3 영생은 곧 유일하신 참 하나
님과 그의 보내신 자 예수 그리스도를 아는 것이니이다 4 아버지
께서 내게 하라고 주신 일을 내가 이루어 아버지를 이 세상에서
영화롭게 하였사오니 5 아버지여 창세 전에 내가 아버지와 함께
가졌던 영화로써 지금도 아버지와 함께 나를 영화롭게 하옵소서
6 세상 중에서 내게 주신 사람들에게 내가 아버지의 이름을 나타
내었나이다 저희는 아버지의 것이었는데 내게 주셨으며 저희는
아버지의 말씀을 지키었나이다 7 지금 저희는 아버지께서 내게
주신 것이 다 아버지께로서 온 것인줄 알았나이다 8 나는 아버지
께서 내게 주신 말씀들을 저희에게 주었사오며 저희는 이것을 받
고 내가 아버지께로부터 나온 줄을 참으로 아오며 아버지께서 나

를 보내신 줄도 믿었사옵나이다 9 내가 저희를 위하여 비옵나니
내가 비옵는 것은 세상을 위함이 아니요 내게 주신 자들을 위함이
니이다 저희는 아버지의 것이로소이다 10 내 것은 다 아버지의 것
이요 아버지의 것은 내 것이온데 내가 저희로 말미암아 영광을 받
았나이다 11 나는 세상에 더 있지 아니하오나 저희는 세상에 있사
옵고 나는 아버지께로 가옵나니 거룩하신 아버지여 내게 주신 아
버지의 이름으로 저희를 보전하사 우리와 같이 저희도 하나가 되
게 하옵소서 12 내가 저희와 함께 있을 때에 내게 주신 아버지의
이름으로 저희를 보전하와 지키었나이다 그 중에 하나도 멸망치
않고 오직 멸망의 자식 뿐이오니 이는 성경을 응하게 함이니이다
13 지금 내가 아버지께로 가오니 내가 세상에서 이 말을 하옵는 것
은 저희로 내 기쁨을 저희 안에 충만히 가지게하려 함이니이다
14 내가 아버지의 말씀을 저희에게 주었사오매 세상이 저희를 미
워하였사오니 이는 내가 세상에 속하지 아니함 같이 저희도 세상
에 속하지 아니함을 인함이니이다 15 내가 비옵는 것은 저희를 세
상에서 데려가시기를 위함이 아니요 오직 악에 빠지지 않게 보전
하시기를 위함이니이다 16 내가 세상에 속하지 아니함 같이 저희
도 세상에 속하지 아니하였삽나이다 17 저희를 진리로 거룩하게
하옵소서 아버지의 말씀은 진리니이다 18 아버지께서 나를 세상
에 보내신 것 같이 나도 저희를 세상에 보내었고 19 또 저희를 위
하여 내가 나를 거룩하게 하오니 이는 저희도 진리로 거룩함을 얻
게 하려 함이니이다 20 내가 비옵는 것은 이 사람들만 위함이 아
니요 또 저희 말을 인하여 나를 믿는 사람들도 위함이니 21 아버

지께서 내 안에, 내가 아버지 안에 있는것 같이 저희도 다 하나가
되어 우리 안에 있게 하사 세상으로 아버지께서 나를 보내신 것
을 믿게 하옵소서 22 내게 주신 영광을 내가 저희에게 주었사오니
이는 우리가 하나가 된것 같이 저희도 하나가 되게 하려 함이니이
다 23 곧 내가 저희 안에, 아버지께서 내 안에 계셔 저희로 온전함
을 이루어 하나가 되게 하려 함은 아버지께서 나를 보내신 것과
또 나를 사랑하심 같이 저희도 사랑하신 것을 세상으로 알게 하려
함이로소이다 24 아버지여 내게 주신 자도 나 있는 곳에 나와 함
께 있어 아버지께서 창세 전부터 나를 사랑하시므로 내게 주신 나
의 영광을 저희로 보게 하시기를 원하옵나이다 25 의로우신 아버
지여 세상이 아버지를 알지 못하여도 나는 아버지를 알았삽고 저
희도 아버지께서 나를 보내신줄 알았삽나이다 26 내가 아버지의
이름을 저희에게 알게 하였고 또 알게 하리니 이는 나를 사랑하
신 사랑이 저희 안에 있고 나도 저희 안에 있게 하려 함이니이다

잡히시다(마 26:47-56; 막 14:43-50; 눅 22:47-53)

18 예수께서 이 말씀을 하시고 제자들과 함께 기드론 시내 저
편으로 나가시니 거기 동산이 있는데 제자들과 함께 들어
가시다 2 거기는 예수께서 제자들과 가끔 모이시는 곳이므로 예
수를 파는 유다도 그곳을 알더라 3 유다가 군대와 및 대제사장들
과 바리새인들에게서 얻은 하속들을 데리고 등과 홰와 병기를 가
지고 그리로 오는지라 4 예수께서 그 당할 일을 다 아시고 나아가
가라사대 너희가 누구를 찾느냐 5 대답하되 나사렛 예수라 하거
늘 가라사대 내로라 하시니라 그를 파는 유다도 저희와 함께 섰

더라 6 예수께서 저희에게 내로라 하실 때에 저희가 물러가서 땅
에 엎드러지는지라 7 이에 다시 누구를 찾느냐고 물으신대 저희
가 말하되 나사렛 예수라 하거늘 8 예수께서 대답하시되 너희에
게 내로라 하였으니 나를 찾거든 이 사람들의 가는 것을 용납하라
하시니 9 이는 아버지께서 내게 주신 자 중에서 하나도 잃지 아니
하였삽나이다 하신 말씀을 응하게 하려 함이러라 10 이에 시몬 베
드로가 검을 가졌는데 이것을 빼어 대제사장의 종을 쳐서 오른편
귀를 베어버리니 그 종의 이름은 말고라 11 예수께서 베드로더러
이르시되 검을 집에 꽂으라 아버지께서 주신 잔을 내가 마시지 아
니하겠느냐 하시니라

대제사장 앞에 서시다(마 26:57-58; 막 14:53-54; 눅 22:54)

12 ● 이에 군대와 천부장과 유대인의 하속들이 예수를 잡
아 결박하여 13 먼저 안나스에게로 끌고 가니 안나스는 그 해의
대제사장인 가야바의 장인이라 14 가야바는 유대인들에게 한 사
람이 백성을 위하여 죽는 것이 유익하다 권고하던 자러라

베드로가 예수를 모른다고 하다

(마 26:69-70; 막 14:66-68; 눅 22:55-57)

15 ● 시몬 베드로와 또 다른 제자 하나가 예수를 따르니 이
제자는 대제사장과 아는 사람이라 예수와 함께 대제사장의 집 뜰
에 들어가고 16 베드로는 문 밖에 섰는지라 대제사장과 아는 그
다른 제자가 나가서 문 지키는 여자에게 말하여 베드로를 데리고
들어왔더니 17 문 지키는 여종이 베드로에게 말하되 너도 이 사
람의 제자 중 하나가 아니냐 하니 그가 말하되 나는 아니라 하고

18 그 때가 추운고로 종과 하속들이 숯불을 피우고 서서 쬐니 베드
로도 함께 서서 쬐더라

대제사장이 예수께 묻다(마 26:59-66; 막 14:55-64; 눅 22:66-71)

19 • 대제사장이 예수에게 그의 제자들과 그의 교훈에 대
하여 물으니 20 예수께서 대답하시되 내가 드러내어 놓고 세상에
말하였노라 모든 유대인들의 모이는 회당과 성전에서 항상 가르
쳤고 은밀히는 아무 것도 말하지 아니하였거늘 21 어찌하여 내게
묻느냐 내가 무슨 말을 하였는지 들은 자들에게 물어 보라 저희
가 나의 하던 말을 아느니라 22 이 말씀을 하시매 곁에 섰는 하속
하나가 손으로 예수를 쳐 가로되 네가 대제사장에게 이 같이 대
답하느냐 하니 23 예수께서 대답하시되 내가 말을 잘못하였으면
그 잘못한 것을 증거하라 잘하였으면 네가 어찌하여 나를 치느냐
하시더라 24 안나스가 예수를 결박한 그대로 대제사장 가야바에
게 보내니라

베드로가 다시 예수를 모른다고 하다

(마 26:71-75; 막 14:69-72; 눅 22:58-62)

25 • 시몬 베드로가 서서 불을 쬐더니 사람들이 묻되 너도
그 제자 중 하나가 아니냐 베드로가 부인하여 가로되 나는 아니라
하니 26 대제사장의 종 하나는 베드로에게 귀를 베어 버리운 사람
의 일가라 가로되 네가 그 사람과 함께 동산에 있던 것을 내가 보
지 아니하였느냐 27 이에 베드로가 또 부인하니 곧 닭이 울더라

빌라도 앞에 서시다(마 27:1-2, 11-14; 막 15:1-5; 눅 23:1-5)

28 • 저희가 예수를 가야바에게서 관정으로 끌고 가니 새

벽이라 저희는 더럽힘을 받지 아니하고 유월절 잔치를 먹고자 하
여 관정에 들어가지 아니하더라 29 그러므로 빌라도가 밖으로 저
희에게 나가서 말하되 너희가 무슨 일로 이 사람을 고소하느냐
30 대답하여 가로되 이 사람이 행악자가 아니었더면 우리가 당신
에게 넘기지 아니하였겠나이다 31 빌라도가 가로되 너희가 저를
데려다가 너희 법대로 재판하라 유대인들이 가로되 우리에게는
사람을 죽이는 권이 없나이다 하니 32 이는 예수께서 자기가 어
떠한 죽음으로 죽을 것을 가리켜 하신 말씀을 응하게 하려 함이
러라 33 •이에 빌라도가 다시 관정에 들어가 예수를 불러 가로되
네가 유대인의 왕이냐 34 예수께서 대답하시되 이는 네가 스스로
하는 말이뇨 다른 사람들이 나를 대하여 네게 한 말이뇨 35 빌라
도가 대답하되 내가 유대인이냐 네 나라 사람과 대제사장들이 너
를 내게 넘겼으니 네가 무엇을 하였느냐 36 예수께서 대답하시되
내 나라는 이 세상에 속한 것이 아니라 만일 내 나라가 이 세상에
속한 것이었더면 내 종들이 싸워 나로 유대인들에게 넘기우지 않
게 하였으리라 이제 내 나라는 여기에 속한 것이 아니니라 37 빌
라도가 가로되 그러면 네가 왕이 아니냐 예수께서 대답하시되 네
말과 같이 내가 왕이니라 내가 이를 위하여 났으며 이를 위하여
세상에 왔나니 곧 진리에 대하여 증거하려 함이로라 무릇 진리에
속한 자는 내 소리를 듣느니라 하신대 38 빌라도가 가로되 진리가
무엇이냐 하더라

사형 선고를 받으시다(마 27:15-31; 막 15:6-20; 눅 23:13-25)

•이 말을 하고 다시 유대인들에게 나가서 이르되 나는 그

에게서 아무 죄도 찾지 못하노라 39 유월절이면 내가 너희에게 한
사람을 놓아 주는 전례가 있으니 그러면 너희는 내가 유대인의 왕
을 너희에게 놓아 주기를 원하느냐 하니 40 저희가 또 소리질러
가로되 이 사람이 아니라 바라바라 하니 바라바는 강도러라

19 이에 빌라도가 예수를 데려다가 채찍질하더라 2 군병들이
가시로 면류관을 엮어 그의 머리에 씌우고 자색 옷을 입히
고 3 앞에 와서 가로되 유대인의 왕이여 평안할찌어다 하며 손바
닥으로 때리더라 4 빌라도가 다시 밖에 나가 말하되 보라 이 사람
을 데리고 너희에게 나오나니 이는 내가 그에게서 아무 죄도 찾지
못한 것을 너희로 알게 하려 함이로라 하더라 5 이에 예수께서 가
시 면류관을 쓰고 자색 옷을 입고 나오시니 빌라도가 저희에게 말
하되 보라 이 사람이로다 하매 6 대제사장들과 하속들이 예수를
보고 소리질러 가로되 십자가에 못 박게 하소서 십자가에 못 박
게 하소서 하는지라 빌라도가 가로되 너희가 친히 데려다가 십자
가에 못 박으라 나는 그에게서 죄를 찾지 못하노라 7 유대인들이
대답하되 우리에게 법이 있으니 그 법대로 하면 저가 당연히 죽
을 것은 저가 자기를 하나님 아들이라 함이니이다 8 빌라도가 이
말을 듣고 더욱 두려워하여 9 다시 관정에 들어가서 예수께 말하
되 너는 어디로서냐 하되 예수께서 대답하여 주지 아니하시는지
라 10 빌라도가 가로되 내게 말하지 아니하느냐 내가 너를 놓을
권세도 있고 십자가에 못 박을 권세도 있는줄 알지 못하느냐 11 예
수께서 대답하시되 위에서 주지 아니하셨더면 나를 해할 권세가
없었으리니 그러므로 나를 네게 넘겨 준 자의 죄는 더 크니라 하

시니 12 이러하므로 빌라도가 예수를 놓으려고 힘썼으나 유대인
들이 소리질러 가로되 이 사람을 놓으면 가이사의 충신이 아니니
이다 무릇 자기를 왕이라 하는 자는 가이사를 반역하는 것이니이
다 13 빌라도가 이 말을 듣고 예수를 끌고 나와서 박석(히브리 말
로 가바다)이란 곳에서 재판석에 앉았더라 14 이 날은 유월절의
예비일이요 때는 제 육시라 빌라도가 유대인들에게 이르되 보라
너희 왕이로다 15 저희가 소리지르되 없이 하소서 없이 하소서 저
를 십자가에 못 박게 하소서 빌라도가 가로되 내가 너희 왕을 십
자가에 못 박으랴 대제사장들이 대답하되 가이사 외에는 우리에
게 왕이 없나이다 하니 16 이에 예수를 십자가에 못 박히게 저희
에게 넘겨주니라

십자가에 못 박히시다(마 27:32-44; 막 15:21-32; 눅 23:26-43)

17 •저희가 예수를 맡으매 예수께서 자기의 십자가를 지
시고 해골(히브리 말로 골고다)이라 하는 곳에 나오시니 18 저희
가 거기서 예수를 십자가에 못 박을쌔 다른 두 사람도 그와 함께
좌우편에 못 박으니 예수는 가운데 있더라 19 빌라도가 패를 써서
십자가 위에 붙이니 나사렛 예수 유대인의 왕이라 기록되었더라
20 예수의 못 박히신 곳이 성에서 가까운고로 많은 유대인이 이 패
를 읽는데 히브리와 로마와 헬라 말로 기록되었더라 21 유대인의
대제사장들이 빌라도에게 이르되 유대인의 왕이라 말고 자칭 유
대인의 왕이라 쓰라 하니 22 빌라도가 대답하되 나의 쓸 것을 썼
다 하니라 23 •군병들이 예수를 십자가에 못 박고 그의 옷을 취
하여 네 깃에 나눠 각각 한 깃씩 얻고 속옷도 취하니 이 속옷은 호

지 아니하고 위에서부터 통으로 짠 것이라 24 군병들이 서로 말하
되 이것을 찢지 말고 누가 얻나 제비 뽑자 하니 이는 성경에 ㄱ저희
가 내 옷을 나누고 내 옷을 제비 뽑나이다 한 것을 응하게 하려 함
이러라 군병들은 이런 일을 하고 25 예수의 십자가 곁에는 그 모
친과 이모와 글로바의 아내 마리아와 막달라 마리아가 섰는지라
26 예수께서 그 모친과 사랑하시는 제자가 곁에 섰는 것을 보시고
그 모친께 말씀하시되 여자여 보소서 아들이니이다 하시고 27 또
그 제자에게 이르시되 보라 네 어머니라 하신대 그 때부터 그 제
자가 자기 집에 모시니라

영혼이 돌아가시다(마 27:45-56; 막 15:33-41; 눅 23:44-49)

28 ●이 후에 예수께서 모든 일이 이미 이룬줄 아시고 성경
으로 응하게 하려하사 가라사대 ㄴ내가 목마르다 하시니 29 거기
신 포도주가 가득히 담긴 그릇이 있는지라 사람들이 신 포도주를
머금은 해융을 우슬초에 매어 예수의 입에 대니 30 예수께서 신
포도주를 받으신 후 가라사대 다 이루었다 하시고 머리를 숙이시
고 영혼이 돌아가시니라

창으로 옆구리를 찌르다

31 ●이 날은 예비일이라 유대인들은 그 안식일이 큰 날이
므로 그 안식일에 시체들을 십자가에 두지 아니하려 하여 빌라도
에게 그들의 다리를 꺾어 시체를 치워 달라 하니 32 군병들이 가
서 예수와 함께 못 박힌 첫째 사람과 또 그 다른 사람의 다리를 꺾
고 33 예수께 이르러는 이미 죽은 것을 보고 다리를 꺾지 아니하
고 34 그 중 한 군병이 창으로 옆구리를 찌르니 곧 피와 물이 나오

ㄱ. 시 22:18 ㄴ. 시 69:21

더라 35 이를 본 자가 증거하였으니 그 증거가 참이라 저가 자기
의 말하는 것이 참인줄 알고 너희로 믿게 하려함이니라 36 이 일
이 이룬 것은 [ㄱ]그 뼈가 하나도 꺾이우지 아니하리라 한 성경을 응
하게 하려함이라 37 또 다른 성경에 [ㄴ]저희가 그 찌른 자를 보리라
하였느니라

새 무덤에 예수를 두다(마 27:57-61; 막 15:42-47; 눅 23:50-56)

38 ●아리마대 사람 요셉이 예수의 제자나 유대인을 두려
워하여 은휘하더니 이 일 후에 빌라도더러 예수의 시체를 가져가
기를 구하매 빌라도가 허락하는지라 이에 가서 예수의 시체를 가
져가니라 39 일찍 예수께 밤에 나아왔던 니고데모도 몰약과 침향
섞은 것을 백 근쯤 가지고 온지라 40 이에 예수의 시체를 가져다
가 유대인의 장례법대로 그 향품과 함께 세마포로 쌌더라 41 예수
의 십자가에 못 박히신 곳에 동산이 있고 동산 안에 아직 사람을
장사한 일이 없는 새 무덤이 있는지라 42 이 날은 유대인의 예비
일이요 또 무덤이 가까운고로 예수를 거기 두니라

살아나시다(마 28:1-10; 막 16:1-8; 눅 24:1-2)

20 안식 후 첫날 이른 아침 아직 어두울 때에 막달라 마리아
가 무덤에 와서 돌이 무덤에서 옮겨간 것을 보고 2 시몬 베
드로와 예수의 사랑하시던 그 다른 제자에게 달려가서 말하되 사
람이 주를 무덤에서 가져다가 어디 두었는지 우리가 알지 못하겠
다 하니 3 베드로와 그 다른 제자가 나가서 무덤으로 갈쌔 4 둘이
같이 달음질하더니 그 다른 제자가 베드로보다 더 빨리 달아나서
먼저 무덤에 이르러 5 구푸려 세마포 놓인 것을 보았으나 들어가

ㄱ. 출 12:46, 민 9:12, 시 34:20 ㄴ. 슥 12:10

지는 아니하였더니 6 시몬 베드로도 따라 와서 무덤에 들어가 보
니 세마포가 놓였고 7 또 머리를 쌌던 수건은 세마포와 함께 놓이
지 않고 딴 곳에 개켜 있더라 8 그 때에야 무덤에 먼저 왔던 그 다
른 제자도 들어가 보고 믿더라 9 (저희는 성경에 그가 죽은 자 가
운데서 다시 살아나야 하리라 하신 말씀을 아직 알지 못하더라)
10 이에 두 제자가 자기 집으로 돌아가니라

막달라 마리아에게 나타나시다(막 16:9-11)

11 • 마리아는 무덤 밖에 서서 울고 있더니 울면서 구푸려
무덤 속을 들여다보니 12 흰 옷 입은 두 천사가 예수의 시체 뉘었
던 곳에 하나는 머리 편에, 하나는 발 편에 앉았더라 13 천사들이
가로되 여자여 어찌하여 우느냐 가로되 사람이 내 주를 가져다가
어디 두었는지 내가 알지 못함이니이다 14 이 말을 하고 뒤로 돌
이켜 예수의 서신 것을 보나 예수신줄 알지 못하더라 15 예수께서
가라사대 여자여 어찌하여 울며 누구를 찾느냐 하시니 마리아는
그가 동산지기인 줄로 알고 가로되 주여 당신이 옮겨 갔거든 어디
두었는지 내게 이르소서 그리하면 내가 가져가리이다 16 예수께
서 마리아야 하시거늘 마리아가 돌이켜 히브리 말로 랍오니여 하
니 (이는 선생님이라) 17 예수께서 이르시되 나를 만지지 말라 내
가 아직 아버지께로 올라가지 못하였노라 너는 내 형제들에게 가
서 이르되 내가 내 아버지 곧 너희 아버지, 내 하나님 곧 너희 하
나님께로 올라간다 하라 하신대 18 막달라 마리아가 가서 제자들
에게 내가 주를 보았다 하고 또 주께서 자기에게 이렇게 말씀하
셨다 이르니라

제자들에게 나타나시다(마 28:16-20; 막 16:14-18; 눅 24:36-49)

19 ● 이날 곧 안식 후 첫날 저녁 때에 제자들이 유대인들을
두려워하여 모인 곳에 문들을 닫았더니 예수께서 오사 가운데 서
서 가라사대 너희에게 평강이 있을찌어다 20 이 말씀을 하시고 손
과 옆구리를 보이시니 제자들이 주를 보고 기뻐하더라 21 예수께
서 또 가라사대 너희에게 평강이 있을찌어다 아버지께서 나를 보
내신 것 같이 나도 너희를 보내노라 22 이 말씀을 하시고 저희를
향하사 숨을 내쉬며 가라사대 성령을 받으라 23 너희가 뉘 죄든
지 사하면 사하여질 것이요 뉘 죄든지 그대로 두면 그대로 있으
리라 하시니라

도마가 의심하다

24 ● 열 두 제자 중에 하나인 디두모라 하는 도마는 예수 오
셨을 때에 함께 있지 아니한지라 25 다른 제자들이 그에게 이르되
우리가 주를 보았노라 하니 도마가 가로되 내가 그 손의 못자국을
보며 내 손가락을 그 못자국에 넣으며 내 손을 그 옆구리에 넣어
보지 않고는 믿지 아니하겠노라 하니라 26 ● 여드레를 지나서 제
자들이 다시 집안에 있을 때에 도마도 함께 있고 문들이 닫혔는데
예수께서 오사 가운데 서서 가라사대 너희에게 평강이 있을찌어
다 하시고 27 도마에게 이르시되 네 손가락을 이리 내밀어 내 손
을 보고 네 손을 내밀어 내 옆구리에 넣어보라 그리하고 믿음 없
는 자가 되지 말고 믿는 자가 되라 28 도마가 대답하여 가로되 나
의 주시며 나의 하나님이시니이다 29 예수께서 가라사대 너는 나
를 본 고로 믿느냐 보지못하고 믿는 자들은 복되도다 하시니라

이 책을 기록한 목적

30 ● 예수께서 제자들 앞에서 이책에 기록되지 아니한 다
른 [1]표적도 많이 행하셨으나 31 오직 이것을 기록함은 너희로 예
수께서 하나님의 아들 그리스도이심을 믿게 하려 함이요 또 너희
로 믿고 그 이름을 힘입어 생명을 얻게 하려 함이니라

일곱 제자에게 나타나시다

21 그 후에 예수께서 디베랴 바다에서 또 제자들에게 자기를
나타내셨으니 나타내신 일이 이러하니라 2 시몬 베드로와
디두모라 하는 도마와 갈릴리 가나 사람 나다나엘과 세베대의 아
들들과 또 다른 제자 둘이 함께 있더니 3 시몬 베드로가 나는 물
고기 잡으러 가노라 하매 저희가 우리도 함께 가겠다 하고 나가서
배에 올랐으나 이 밤에 아무 것도 잡지 못하였더니 4 날이 새어갈
때에 예수께서 바닷가에 서셨으나 제자들이 예수신줄 알지 못하
는지라 5 예수께서 이르시되 애들아 너희에게 고기가 있느냐 대
답하되 없나이다 6 가라사대 그물을 배 오른편에 던지라 그리하
면 얻으리라 하신대 이에 던졌더니 고기가 많아 그물을 들 수 없
더라 7 예수의 사랑하시는 그 제자가 베드로에게 이르되 주시라
하니 시몬 베드로가 벗고 있다가 주라 하는 말을 듣고 겉옷을 두
른 후에 바다로 뛰어 내리더라 8 다른 제자들은 육지에서 상거가
불과 한 오십 간쯤 되므로 작은 배를 타고 고기든 그물을 끌고 와
서 9 육지에 올라보니 숯불이 있는데 그 위에 생선이 놓였고 떡도
있더라 10 예수께서 가라사대 지금 잡은 생선을 좀 가져오라 하신
대 11 시몬 베드로가 올라가서 그물을 육지에 끌어 올리니 가득히

1) 혹 이적

찬 큰 고기가 일백 쉰 세 마리라 이같이 많으나 그물이 찢어지지
아니하였더라 12 예수께서 가라사대 와서 조반을 먹으라 하시니
제자들이 주신 줄 아는 고로 당신이 누구냐 감히 묻는 자가 없더
라 13 예수께서 가셔서 떡을 가져다가 저희에게 주시고 생선도 그
와 같이 하시니라 14 이것은 예수께서 죽은자 가운데서 살아나신
후에 세 번째로 제자들에게 나타나신 것이라

내 양을 먹이라

15 ● 저희가 조반 먹은 후에 예수께서 시몬 베드로에게 이
르시되 요한의 아들 시몬아 네가 이 [1]사람들보다 나를 더 사랑하
느냐 하시니 가로되 주여 그러하외다 내가 주를 사랑하는줄 주께
서 아시나이다 가라사대 내 어린 양을 먹이라 하시고 16 또 두번
째 가라사대 요한의 아들 시몬아 네가 나를 사랑하느냐 하시니 가
로되 주여 그러하외다 내가 주를 사랑하는줄 주께서 아시나이다
가라사대 내 양을 치라 하시고 17 세번째 가라사대 요한의 아들 시
몬아 네가 나를 사랑하느냐 하시니 주께서 세번째 네가 나를 사
랑하느냐 하시므로 베드로가 근심하여 가로되 주여 모든 것을 아
시오매 내가 주를 사랑하는 줄을 주께서 아시나이다 예수께서 가
라사대 내 양을 먹이라 18 내가 진실로 진실로 네게 이르노니 젊
어서는 네가 스스로 띠 띠고 원하는 곳으로 다녔거니와 늙어서는
네 팔을 벌리리니 남이 네게 띠 띠우고 원치 아니하는 곳으로 데
려가리라 19 이 말씀을 하심은 베드로가 어떠한 죽음으로 하나님
께 영광을 돌릴 것을 가리키심이러라 이 말씀을 하시고 베드로에
게 이르시되 나를 따르라 하시니 20 베드로가 돌이켜 예수의 사랑

1) 혹 것들보다

하시는 그 제자가 따르는 것을 보니 그는 만찬석에서 예수의 품에
의지하여 주여 주를 파는 자가 누구오니이까 묻던 자러라 21 이
에 베드로가 그를 보고 예수께 여짜오되 주여 이 사람은 어떻게
되겠삽나이까 22 예수께서 가라사대 내가 올 때까지 그를 머물게
하고자 할찌라도 네게 무슨 상관이냐 너는 나를 따르라 하시더라
23 이 말씀이 형제들에게 나가서 그 제자는 죽지 아니하겠다 하였
으나 예수의 말씀은 그가 죽지 않겠다 하신 것이 아니라 내가 올
때까지 그를 머물게 하고자 할찌라도 네게 무슨 상관이냐 하신 것
이러라 24 • 이일을 증거하고 이 일을 기록한 제자가 이 사람이라
우리는 그의 증거가 참인줄 아노라 25 • 예수의 행하신 일이 이
외에도 많으니 만일 낱낱이 기록된다면 이 세상이라도 이 기록된
책을 두기에 부족할줄 아노라

개역한글 성경

말씀을 듣다 - 신약 1

The New Testament 1

펴낸곳 주식회사 홍성사
펴낸이 정애주
국효숙 김의연 박혜란 손상범
송민규 오민택 임영주 차길환

2024. 9. 10. 초판 1쇄 인쇄 2024. 9. 25. 초판 1쇄 발행

등록번호 제1-499호 1977. 8. 1.
주소 (04084) 서울시 마포구 양화진4길 3
전화 02) 333-5161 팩스 02) 333-5165
홈페이지 hongsungsa.com 이메일 hsbooks@hongsungsa.com
페이스북 facebook.com/hongsungsa
양화진책방 02) 333-5161

•잘못된 책은 바꿔 드립니다. •책값은 뒤표지에 있습니다.

ISBN 978-89-365-1585-0 (04230)
ISBN 978-89-365-0564-6 (세트)